Coletânea de Textos de

Helena Petrovna Blavatsky

Uma Visão Esotérica dos Evangelhos

Volume III

Coletânea de Textos de

Helena Petrovna Blavatsky

Uma Visão Esotérica dos Evangelhos

Volume III

Tradução e organização: Marly Winckler

EDITORA
TEOSÓFICA

Direitos Autorais à
EDITORA TEOSÓFICA
SIG Quadra 6, nº 1235
70.6100460 – Brasília, DF
Tel.: (61) 3322-7843
Whatsapp: 61 98613 4906
E-mail: editorateosofica@editorateosofica.com.br
Site: www.editorateosofica.com.br
Instagram: @editorateosofica

B645c Blavatsky, H. P.
Coletânea de textos de Helena P. Blavatsky Vol III/
H.P. Blavatsky; Marly Winckler (Org.) –
Brasília: Editora Teosófica, 2024.
356 p.
Tradutora: Marly Winckler

ISBN 978-85-7922-249-8

1. Teosofia. 2. Filosofia esotérica.
I. Winckler, Marly. II. Título.
CDU 141.332

Revisão: Marly Winckler e Solimeire de Oliveira Schilling

Diagramação/Capa: Ana Paula Cichelero

Sumário

Apresentação

O Volume III da *Coletânea de Textos de Helena Petrovna Blavatsky*, *Uma Visão Esotérica dos Evangelhos*, compreende o famoso texto "O Caráter Esotérico dos Evangelhos", escrito em três fascículos, publicados originalmente na revista *Lucifer*, fundada pela autora, em Londres. A primeira parte da série foi publicada no exemplar de novembro de 1887; a segunda, em dezembro de 1887 e a terceira em fevereiro de 1888. Fazem parte do Volume VIII dos *Escritos Compilados de H. P. Blavatsky*, compilados por seu sobrinho-neto, Boris de Zirkoff. A série não foi concluída. Paralelamente, H.P.B. escrevia vários outros artigos e *A Doutrina Secreta*, sua magna obra, cujo primeiro volume foi publicado em outubro de 1888. H. P. Blavatsky vivia então em Londres, para onde se mudou em maio de 1887, portanto, seis meses antes de começar a escrever este texto. Neste mesmo ano, no dia 19 de maio de 1887, foi fundada a Loja Blavatsky.

H. P. Blavatsky escreveu cerca de 10.000 páginas de livros, além de, aproximadamente, mil artigos em inglês, francês, russo e italiano, contidos nos 14 volumes dos *Escritos Compilados de H. P. Blavatsky*. Nestes livros e artigos, Helena Blavatsky fez aproximadamente 440 comentários ao Novo Testamento.

H.P.B. também expressou sua visão sobre a perspectiva esotérica dos Evangelhos em vários importantes ensaios, artigos e notas de pé de página de escritos de outros autores. Conforme nota do Compilador, Boris de Zirkof (*Escritos Compilados de H.P. Blavatsky*, Vol. VIII, p. 219):

> "*Menção especial deve ser feita à sua extensa controvérsia com o abade Roca publicada nas páginas de* Le Lotus *(Vol. II, dezem-*

bro, 1887; Vol. III, abril e junho, 1888); seu contundente artigo "The Origin of the Gospels and the Bishop of Bombay" ("A Origem dos Evangelhos e o Bispo de Bombaim"), *que apareceu no* The Theosophist *(Vol. IV, outubro, 1882, p. 6-9); seu artigo intitulado "A Word with the Theosophists"* ("Uma Palavra com os Teosofistas") *(*ibid., *Vol. IV, março 1883, p. 143-45); suas valiosas notas editoriais ao artigo "The Cruxifixion of Man" ("A Crucificação do Homem"), publicado em* Lucifer *(Vol. II, maio, 1888, pp. 243-50), incorporando uma análise do "Cry on the Cross"* (Súplica na Cruz)*; suas muitas passagens sobre temas similares ao longo dos volumes de* A Doutrina Secreta *e* Ísis sem Véu*; e as várias seções devotadas quase que exclusivamente a estes temas no volume intitulado "A Doutrina Secreta", Vol. III, publicado em 1897."*

Em "O Caráter Esotérico dos Evangelhos", Primeira Parte desta *Coletânea*, H. P. Blavatsky discorre sobre o significado oculto ou esotérico de passagens do Novo Testamento. Segundo a autora, a ideia de escrever o texto surgiu de uma carta recebida por ela, publicada sob o título: "São os Ensinamentos Atribuídos a Jesus Contraditórios?" H.P.B. concorda com as críticas apontadas na carta, afirmando que, em vista das revisões da Bíblia e de seus muitos milhares de erros, enganos de tradução e interpolações (algumas admitidas, outras não), não é possível censurar alguém por recusar-se a acreditar nestes textos.

Porém, ela objeta a que se considerem os Evangelhos simplesmente "depósitos de falsidades", pois todos os textos religiosos serão "depósitos de falsidades" se aceitos a partir de interpretações exotéricas literais. Para compreender adequadamente os Evangelhos, seria necessário conhecer as chaves de sua interpretação. Estas chaves de interpretação são tratadas em "O Caráter Esotérico dos Evangelhos".

Destacamos algumas passagens desse artigo:

(...) Duas coisas tornam-se evidentes *para todos*...: (*a*) "a vinda de Cristo" significa *a presença de* Christos em um mundo regenerado e, de forma alguma, a vinda real de Jesus em corpo de "Cristo"; (*b*) este Cristo não deve ser buscado no deserto, nem "no interior da casa", nem no santuário de qualquer templo ou igreja construídos pelo homem; porque Cristo, o verdadeiro Salvador esotérico, *não é nenhum homem*, mas o PRINCÍPIO DIVINO em cada ser humano.

(...) Caso, de fato, o mundo seja forçado a aceitar a Bíblia em seu sentido literal, em vista das modernas descobertas feitas por orientalistas e pelos esforços de estudiosos independentes e cabalistas, é fácil prever que mesmo as atuais novas gerações da Europa e dos Estados Unidos a repudiarão, como o fizeram todos os materialistas e lógicos. Pois, quanto mais se estudam os antigos textos religiosos, mais certo se fica de que a base do Novo Testamento é a mesma dos Vedas, da teogonia egípcia e das alegorias masdeístas.

(...) A adoração da letra morta da Bíblia é outra forma de *idolatria*, nada mais. Um dogma fundamental de fé não pode existir sob a forma de um Jano de dupla face. A "justificação" *por Cristo* não pode ser conseguida por escolha e capricho próprios, *seja* pela "fé" ou por "obras" e, portanto, *Tiago* (2:25) contradizendo a Paulo (*Hebreus* 11, 31) e *vice-versa*, um deles deve estar errado. Por esta razão, a Bíblia *não é* a "Palavra de Deus", mas contém, na melhor das hipóteses, a palavra de homens falíveis e instrutores *imperfeitos*. Entretanto, se lida *esotericamente*, ela de fato contém se não *toda* a verdade, ainda assim "nada mais que a verdade", qualquer que seja sua aparência alegórica.

(...) O "princípio crístico", o despertado e glorificado Espírito da Verdade, sendo universal e eterno, o verdadeiro *Christos* não pode ser monopolizado por pessoa alguma, mesmo que essa pessoa se arrogue o título de "Vigário de Cristo" ou "Chefe" desta ou daquela religião. O espírito de "Chrêst" e de "Cristo" não pode ser confinado a nenhum credo ou seita simplesmente porque esta seita resolve colocar-se acima de todas as outras religiões ou seitas.

(...) Os do clero que porventura conhecem o verdadeiro significado da palavra *Cristo* (pois são educados na ideia de que estudar tais assuntos é *pecaminoso*) mantêm-no como segredo e não o tornam conhecido de seus paroquianos. Exigem uma fé cega e implícita e *proíbem a investigação como sendo um pecado imperdoável*, embora nada do que leve ao conhecimento da verdade possa ser outra coisa que não sagrado. Pois o que é a "Sabedoria Divina", ou *Gnose*, se não a realidade essencial por trás das aparências evanescentes de objetos na natureza – a própria alma do Logos manifestado?

Por esta obra, H. P. Blavatsky foi agraciada, em 1888, com a Medalha Subba Row, sendo a segunda a receber a honraria. A medalha foi instituída em 1883, a ser concedida a autores teosóficos que produzissem os melhores ensaios sobre os seguintes temas: Ciência e Filosofia Oculta Ariana; Filosofia Esotérica Budista; Ciência Esotérica Caldaica e Filosofia e Zoroastrianismo; Cabala Judaica e Interpretação Esotérica da Religião Cristã.

No presente Volume, além do artigo "O Caráter Esotérico dos Evangelhos", estão reunidos na Segunda Parte os seguintes textos, mencionados na Nota de Boris de Zirkof: "A Origem dos Evangelhos e o Bispo de Bombaim", "Uma Palavra com os Teosofistas",

"Uma Palavra com 'Zero'"; a controvérsia com o Abade Roca: "O Esoterismo do Dogma Cristão – A Criação Segundo os Ensinamentos de Moisés e dos Mahātmas", "Notas sobre 'O Esoterismo do Dogma Cristão' do Abade Roca", "A Crucificação do Homem" e "*É I*sto um Erro?".

Este último texto, "*É isto um Erro?*", foi acrescentado por se relacionar com o anterior, "A Crucificação do Homem", e também por ter sido sugerido pelo compilador como fazendo parte do conjunto de textos que enfocam o cristianismo. Conforme Boris de Zirkoff (*Escritos Compilados de H. P. Blavatsky* – Vol. VIII, pp. 341-342):

> Esta polêmica série de artigos foi iniciada com uma contribuição bastante liberal da pena brilhante de um cônego francês, o abade Roca, nas páginas de *Le Lotus*, a revista mensal de "Isis", o Ramo francês da Sociedade Teosófica. Esta revista foi descrita na folha de rosto como uma "*Revue de Hautes Études Théosophiques*, tendant à favoriser le rapprochement entre l'Orient et l'Occident" (Revista de Altos Estudos Teosóficos, concebida para promover a aproximação entre Oriente e Ocidente). A revista reivindicava estar "sob a inspiração de H. P. Blavatsky", era editada por F. K. Gaboriau e foi iniciada em março de 1887, em Paris.
>
> O artigo de abertura do abade Roca apareceu no Volume II, nº 9, de dezembro de 1887. Foi seguido, no mesmo exemplar, pela resposta de H.P.B. A tréplica do abade Roca apareceu em fevereiro de 1888. A segunda resposta de H.P.B. foi publicada em abril de 1888. O abade juntou à controvérsia outra resposta no exemplar de junho de 1888, e H.P.B. apensou a seu artigo um amplo número de notas de pé de página iluminadores que encerrou a série.

No exemplar de janeiro de 1888 da revista *Lucifer* (Vol. I), H.P.B. publicou sua própria tradução para o inglês, um tanto abreviada, do ensaio de abertura do abade Roca, juntando a ele algumas breves notas de pé de página.

No que diz respeito ao abade Roca, muito pouco se sabe sobre ele. Não há dúvida de que se tratava de um eclesiástico de mente aberta, que tentou combater vários abusos da Igreja Romana e foi excomungado no devido tempo por isso. Completou seus primeiros estudos na Escola Carmelita de Altos Estudos e, finalmente, se tornou cônego da diocese de Perpinhã, nos Pirineus Orientais da província francesa. Ele publicou três obras antes de incorrer na ira de seus superiores: *Le Christ, le Pape et la Démocratie* (Paris, 1884), *La Crise fatale et le salut de l'Europe* e *La Fin de l'ancien monde* (Paris, 1886). A Congregação do Índex, em comunicado datado de 19 de setembro de 1888, apressou-se a aconselhar os fiéis de que correriam o risco de danação eterna se lessem estes livros, e ao abade foi dada a chance de retratar-se de suas opiniões hereges. Ele se recusou a fazê-lo. Consequentemente, o bispo de Perpinhã, agindo em nome do papa Leão XIII, impôs-lhe uma "suspensão", privando-o do exercício de todas as suas funções nas Ordens Sacras, assim como de seu meio de vida, tendo em vista que ele se recusou a submeter-se ao decreto pelo qual suas obras foram colocadas no Índex.

Destemido, o abade anunciou o lançamento de sua próxima obra, intitulada *Glorieux Centenaire* – 1889. – *Monde nouveau. Nouveaux Cieux. Nouvelle Terre*, que foi publicada em Paris em 1889. Parece ter tido grande entusiasmo com os ensinamentos e escritos de Saint-Yves d'Alveydre, com quem H.P.B. parece discordar em muitos pontos, tendo escrito um trabalho intitulado Étude critique sur les Missions de St.-Yves (Estudo Crítico de *As Missões* de St. Yves).

Nenhuma informação veio à luz com relação aos anos posteriores da vida do abade, apesar de repetidas tentativas de obtê-las de várias fontes.

No exemplar de dezembro de 1887, do *Le Lotus*, o editor publicou a seguinte Nota Editorial, anunciando o primeiro fascículo da controvérsia:

"É com o maior prazer que o editor de *Le Lotus* abre suas páginas hoje a um eminente cônego [*chanoine*] da Igreja Católica Romana. Devemos confessar que, apesar da qualidade e da natureza ampla de nosso programa de relacionamento universal e fraternal, dificilmente esperaríamos recrutar nossos aderentes dentre os membros da Igreja que representa neste globo precisamente o oposto da civilização. Nosso prazer será compartilhado, sem dúvida, por nossos assinantes e nossos irmãos de "Ísis", uma vez que esperamos que o senhor Roca deseje marchar em nossas fileiras conosco. Com seus irmãos brâmanes, parses, espíritas e materialistas, cristãos ou pagãos, publicaremos de tempos em tempos seus artigos, tão bem ponderados e escritos, que não hesitamos em dar-lhe um lugar excepcional entre os poucos distinguidos homens ainda por serem encontrados entre o clero romano na França. As notas que se seguem ao "Esoterismo do Dogma Cristão" mostrarão a nossos leitores que nossa reverenciada madame Blavatsky circunscreveu a questão com vigor, sem ambiguidades e sem partidarismo. Quem nos ama, nos segue!"

Foram traduzidas, nesta obra, todas as notas acrescentadas por Boris de Zirkoff, sobrinho-neto de H. P. Blavatsky, responsável pela edição dos *Escritos Compilados de H. P. Blavatsky*, em 15 volumes.

Para citações da Bíblia, foi utilizada a mesma versão usada no original, a *King James* (Rei Jaime), disponível em português no site http://www.bkjfiel.com.br.

PRIMEIRA PARTE

O Caráter Esotérico dos Evangelhos

[Os números sobrescritos que aparecem em vários lugares ao longo deste Ensaio referem-se às Notas do Compilador que imediatamente o seguem, nas páginas 217-239.]

— I —

[*Lucifer*, Vol. I, nº 3, novembro, 1887, p. 173-180.]

"... Dize-nos, quando serão estas coisas, e qual será o sinal *de tua presença e da consumação da era*?",[1] indagaram os discípulos ao MESTRE, no Monte das Oliveiras.

A resposta dada pelo "Homem das Dores", o *Chrêstos*, em sua provação, mas também em seu caminho para o triunfo, como *Christos* ou Cristo[2], é profética e bastante

---

[1] São Mateus 24:3, *et seq*. As frases em itálico são as que foram corrigidas no Novo Testamento após a recente revisão, em 1881, da versão de 1611; que se encontra cheia de erros, voluntários e involuntários. As palavras "presença" em lugar de "vinda" e "consumação da era" em lugar de "fim do mundo" alteraram, agora, todo o significado do texto, mesmo para os mais sinceros cristãos, exceto para os adventistas.

[2] Aquele que não ponderar sobre a grande diferença existente entre o significado das duas palavras gregas *χρηστός* e *χριστός* e não dominá-la deve permanecer, para sempre, cego ao verdadeiro sentido esotérico dos Evangelhos; isto é, para o Espírito vivo sepultado sob as letras mortas estéreis dos textos, o verdadeiro fruto do Mar Morto do cristianismo da boca para fora.

sugestiva. É de fato uma advertência. A resposta deve ser citada na íntegra. Disse-lhes... Jesus:

> Vede que *ninguém* vos engane. Pois muitos virão em meu nome dizendo: Eu sou o Cristo; e enganarão a muitos. Haveis de ouvir falar de guerras ... mas não é ainda o fim. *Pois se levantará nação contra nação, reino contra reino; e haverá fomes e terremotos em diversos lugares.* Porém, tudo isto é o princípio das dores... Hão de se levantar muitos falsos profetas e a muitos enganarão... e então virá o fim. ... quando, pois, virdes a abominação de desolação, predita pelo profeta Daniel... Então se alguém vos disser: *Eis aqui o Cristo!;* ou Ei-lo ali! – não acrediteis... Se vos disserem: Eis que ele está no deserto! – não saiais; ei-lo no interior da casa – não acrediteis. Porque assim como o relâmpago sai do Oriente e se mostra até o Ocidente, assim será a *presença* do Filho do homem etc. etc.

Duas coisas tornam-se evidentes *para todos* nas passagens acima, agora que sua falsa tradução está corrigida no texto revisto: (*a*) "a vinda de Cristo" significa *a presença de* CHRISTOS em um mundo regenerado e, de forma alguma, a vinda real de Jesus em corpo de "Cristo"; (*b*) este Cristo não deve ser buscado no deserto, nem "no interior da casa", nem no santuário de qualquer templo ou igreja construídos pelo homem; porque Cristo, o verdadeiro SALVADOR esotérico, *não é nenhum homem*, mas o PRINCÍPIO DIVINO em cada ser humano. Aquele que se empenhar em ressuscitar o Espírito *crucificado nele, por suas próprias paixões terrenas*, e enterrado profundamente no "sepulcro" de sua carne pecaminosa; aquele que tiver força para fazer rolar de volta *a pedra de matéria* da porta de seu próprio santuário *interior, tem Cristo desperto nele.*[3] O "Filho do Homem" não é filho da mulher-cativa *carne,* mas, na verdade, da mulher-livre *Espírito*[4], filho dos próprios feitos do homem e fruto de seu próprio labor espiritual.

Por outro lado, a nenhuma outra época, desde o princípio da era cristã, os sinais precursores descritos em *Mateus* aplicam-se tão gráfica e convincentemente quanto à nossa. Quando nação se levantou contra nação mais que nestes nossos dias? Quando as "fomes" – outro nome para pauperismo miserável e multidões famintas do proletariado – foram mais cruéis, os terremotos mais frequentes ou cobriram tantas áreas simultaneamente quanto nos últimos anos? Milenaristas e adventistas de fé inabalável podem continuar dizendo que "a vinda do Cristo (carnalizado)" está muito próxima e prepararem-se para "o fim do mundo". Os teosofistas – pelo menos

---

[3] "Porque vós sois o templo ["santuário" no Novo Testamento *revisado*] do Deus vivente." (2 *Cor* 6:16.)

[4] Espírito, ou Espírito Santo, era feminino entre os judeus, como entre os povos mais antigos e também entre os primeiros cristãos. *Sophia* dos gnósticos e o terceiro Sephiroth *Binah* (o Jeová *feminino* dos cabalistas) são princípios femininos – "Espírito-Divino" ou *Ruach*. "*Achath Ruach Elohim Chayyim*". "O Um é *Ela*, o Espírito dos Elohim da Vida", é dito em *Sepher Yetzirah*. [Cap. I, seç. 9.]

alguns deles – que compreendem o significado oculto dos universalmente esperados Avatares, Messias, Sosioshes e Cristos – sabem que não há o "fim do mundo", mas "a consumação da era", isto é, o fecho de um ciclo, que agora está se aproximando rapidamente.[5] Se nossos leitores esqueceram-se das passagens finais do artigo "The Signs of the Times" (Sinais dos Tempos) de *Lucifer* de outubro último, que o leiam novamente, e se aperceberão do significado deste ciclo particular.[(1)]

Muitas e muitas vezes, a advertência sobre os "falsos Cristos" e profetas que enganarão o povo tem sido interpretada por cristãos caridosos, adoradores da letra morta de suas escrituras, como se se aplicasse, geralmente, aos místicos e, mais especialmente, aos teosofistas. O recente trabalho do Sr. Pember, *Earth's Earliest Ages* (Os Tempos

---

[5] Há vários ciclos dignos de nota que terminam no final deste século. Primeiramente, os 5.000 anos do ciclo de Kaliyuga; depois o ciclo Messiânico dos judeus samaritanos (também cabalísticos) do homem relacionado com *Peixes* (Ichthys ou "Homem-Peixe" *Dag*). Este é um ciclo histórico e não muito longo, mas muito oculto, que dura, aproximadamente, 2.155 anos solares, mas que tem um significado verdadeiro apenas quando computado em meses lunares. Ocorreu em 2410 e 255 a.C., ou quando o equinócio entrou no signo de Áries, e ocorreu novamente quando entrou no signo de *Peixes*. Quando entrar, dentro de mais alguns anos, no signo de *Aquário*, os psicólogos terão algum trabalho extra, e as idiossincrasias psíquicas da humanidade sofrerão uma grande mudança.

Primitivos da Terra), é uma prova disso. No entanto, parece bastante evidente que as palavras do Evangelho de Mateus, e outros, dificilmente poderiam aplicar-se aos teosofistas. Pois estes nunca disseram que Cristo está "aqui" ou "ali", no deserto ou na cidade, e muito menos "no interior da casa", atrás do altar de qualquer igreja moderna. Pagãos ou cristãos de nascimento (os teosofistas) recusam-se a materializar e, assim, degradar aquele que é o mais puro e maior ideal – o símbolo dos símbolos –, o Espírito Divino imortal no homem, quer o chamemos de Hórus, Krishna, Buda ou Cristo. Nenhum deles jamais disse: "Eu sou o Cristo", pois os nascidos no Ocidente sentem-se, até aqui, apenas *Chrêstians*[6], embora muito se empenhem em tornar-se *Cristãos* em Espírito. É àqueles que em seu grande orgulho e vaidade se recusam a conquistar o direito a este nome, levando primeiramente a vida de *Chrêstos*[7]; àqueles que arrogantemente se procla-

---

[6] O mais antigo escritor cristão, Justino, o Mártir, chama, em sua *First Apology* (Primeira Apologia), seus correligionários de *Chrêstians*, *χρηστιανοί* – e não de cristãos.

[7] Clemente de Alexandria, no século II, encontrou uma séria discrepância nesta paronomásia (liv. III, cap. XVII, p. 53 *et circa* – *Salmo,* 55, D) de que todos aqueles que acreditavam em Chrêst (isto é, em "um *bom homem*") tanto são *Chrêstians quanto* chamados de *Chrêstians*, isto é, *bons homens*" (*Miscelâneas*, liv. II, cap. IV, citado em *Anacalypsis* de Higgins, I, 568)[2]. E Lactâncio (*Instituições Divinas*, liv. IV, cap. VII) diz que é apenas por *ignorância* que as pessoas se chamam cristãos em

mam *cristãos* (os glorificados, os ungidos) pela única virtude do batismo quando contam com apenas alguns dias de vida, que as palavras de Jesus acima citadas se aplicam mais efetivamente. Pode o *insight* profético daquele que proferiu esta notável advertência ser posto em dúvida por qualquer um que veja os numerosos "falsos profetas" e pseudoapóstolos (*de Cristo*) vagando agora pelo mundo? Estes dividiram a Verdade divina una em fragmentos, e partiram, para falar dos protestantes apenas, a rocha da Verdade Eterna em trezentos e cinquenta pedaços diferentes, que agora representam a maioria de suas seitas divergentes. Tomando o número redondo de 350, e admitindo, para efeito de discussão, que pelo menos uma delas possa ter a verdade aproximada, ainda assim 349 *devem necessariamente ser falsas*[8]. Cada uma delas diz que Cristo está, exclusivamente, no "interior de sua casa" e o nega aos demais, enquanto, na verdade, a grande maioria de seus respectivos seguidores crucifica Cristo diariamente na árvore da matéria – na verdade, a "árvore da infâmia" dos antigos romanos!

---

vez de Chrêstians: "*Sed exponenda huius nominis ratio est propter ignorantium errorem qui eum immutata littera Chrestum solent dicere*".

[8] Somente na Inglaterra, há mais de 239 seitas diferentes. (Ver *Whitaker's Almanac*). Em 1883, havia apenas 186 denominações diferentes, e agora elas crescem continuamente a cada ano, tendo surgido mais 53 seitas em apenas quatro anos!

A adoração da letra morta da Bíblia é mais uma forma de *idolatria*, nada mais. Um dogma fundamental de fé não pode existir sob a forma de um Jano de dupla face. A "justificação" *por Cristo* não pode ser conseguida por escolha e capricho próprios, *seja* pela "fé" ou por "obras", e, portanto, *Tiago* (2:25) contradizendo Paulo (*Hebreus* 11:31) e *vice-versa*[9], um deles deve estar errado. Por esta razão, a Bíblia *não é* a "Palavra de Deus", mas contém, na melhor das hipóteses, a palavra de homens falíveis e instrutores *imperfeitos*. Entretanto, se lida *esotericamente*, ela de fato contém se não *toda* a verdade, ainda assim "*nada mais que a verdade*", qualquer que seja sua aparência alegórica. Apenas: *Quot homines tot sententiae* (Cada cabeça uma sentença).

O "princípio crístico", o despertado e glorificado Espírito da Verdade, sendo universal e eterno, o verdadeiro

---

[9] É justo notar, em relação a São Paulo, que esta contradição se deve seguramente a adulterações posteriores de suas Epístolas. Paulo era um gnóstico, isto é, um "Filho da Sabedoria", e um Iniciado nos verdadeiros *mistérios de Christos*, embora possa ter vociferado (ou fizeram com que ele parecesse assim fazer) contra algumas seitas gnósticas, que eram muitas em seus dias. Mas seu Christos não era Jesus de Nazaré, nem qualquer homem vivente, como tão habilmente mostrou o Sr. Gerald Massey em sua conferência: "Paulo, o Oponente Gnóstico de Pedro". Ele era um Iniciado, um verdadeiro "Mestre-Construtor" ou adepto, conforme descrito em *Ísis sem Véu*, vol. II, p. 90-91.

Christos não pode ser monopolizado por pessoa alguma, mesmo que essa pessoa se arrogue o título de "Vigário de Cristo" ou "Chefe" desta ou daquela religião. O espírito de "Chrêst" e de "Cristo" não pode ser confinado a nenhum credo ou seita simplesmente porque esta seita resolve colocar-se acima de todas as outras religiões ou seitas. O nome tem sido usado de maneira tão intolerante e dogmática, sobretudo em nossos dias, que o cristianismo é agora a religião da arrogância *par excellence*, um trampolim para a ambição, uma sinecura para riqueza, impostura e poder; uma máscara conveniente para a hipocrisia. O antigo nobre epíteto, que fez Justino, o Mártir, afirmar "*a partir do mero nome*, que nos é imputado como um crime, *somos os melhores*"[10], está agora degradado. O missionário orgulha-se da assim chamada *conversão* de um pagão, missionário este que sempre faz do cristianismo uma *profissão*, mas raramente uma religião, uma fonte de renda do fundo missionário, e um pretexto, uma vez que o sangue de Jesus os lavou a todos, por antecipação, de todos os pequenos crimes, desde a bebedeira e a mentira até o roubo. Esse mesmo missionário, entretanto, não hesitaria em condenar publicamente o maior dos santos à danação eterna e ao fogo do inferno se esse santo homem houvesse apenas se negado a passar pela infrutífera

---

10 "*...ὅσον γε ἐκ τοῦ κατηγορουμένουν ἡμῶν ὀνοματος ...*" (*Primeira Apologia*, IV).(3)

e sem sentido forma de batismo pela água acompanhado de pregadores *da boca para fora* e ritualismo vão.

Dizemos "pregadores da boca para fora" e "ritualismo vão" deliberadamente. Poucos cristãos entre os leigos têm consciência do verdadeiro sentido da palavra *Cristo*; e os do clero que porventura o conhecem (pois são educados na ideia de que estudar tais assuntos é *pecaminoso*) mantêm este conhecimento em segredo e não o compartilham com seus paroquianos. Exigem uma fé cega e implícita e *proíbem a investigação como sendo um pecado imperdoável*, embora nada do que leve ao conhecimento da verdade possa ser outra coisa que não sagrado. Pois o que é a "Sabedoria Divina", ou *Gnose*, se não a realidade essencial por trás das aparências evanescentes de objetos na natureza – a própria alma do LOGOS manifestado? Por que razão deveriam homens que se empenham em alcançar a união com a Deidade eterna e absoluta tremer de medo à ideia de inquirir a respeito de seus mistérios – por mais aterradores? Por que, acima de tudo, deveriam usar nomes e palavras que são para eles mesmos um mistério selado – um mero som? Será porque um *establishment* inescrupuloso e sequioso de poder, chamado Igreja, gritou "lobo" a cada uma dessas tentativas e, denunciando-as como "blasfêmias", tratou sempre de matar o espírito de investigação? Mas a Teosofia, a "Sabedoria Divina", nunca deu ouvido a esses gritos e tem a coragem de emitir suas opiniões. O mundo de céticos e fanáticos pode chamá-la ora de um "ismo" vazio, ora de "satanismo", mas nunca poderá destruí-la. Os teosofistas já foram chamados de ateus, já foram acusados de que têm ódio ao cristianismo, que são inimigos de Deus e dos deuses. Não são nada disso. Portanto, concordaram hoje em publicar uma clara declaração de suas ideias e uma profissão de sua fé – pelo menos em relação ao monoteísmo e ao cristianismo – e colocá-las diante do leitor imparcial a fim de que ele as julgue e a seus detratores, com base no mérito de suas respectivas fés. Nenhuma mente amante da verdade se oporia a um procedimento tão honesto e sincero, nem seria ela ofuscada por qualquer quantidade de nova luz lançada sobre o assunto, por mais surpreendente. Pelo contrário, essas mentes agradecerão a *Lucifer*, talvez, enquanto aquelas, de quem se disse "*qui vult decipi dicipiatur*" (quem quiser enganar que seja enganado), que continuem enganadas!

As editoras desta revista propõem-se a publicar uma série de ensaios sobre o sentido oculto ou esotérico do "Novo Testamento"(4). A Bíblia, assim como qualquer outra escritura das grandes religiões mundiais, não pode ser excluída dessa classe de escritos alegóricos e simbólicos que têm sido, desde tempos pré-históricos, o receptáculo dos ensinamentos secretos dos Mistérios da Iniciação, sob uma forma mais ou menos velada. Os autores primitivos dos *Logia* (agora Evangelhos) certamente conheciam *a* verdade, e *toda* a verdade, mas seus sucessores possuíam, com igual certeza, apenas dogma e forma, que levam, no fundo, ao poder hierárquico, ao invés de conduzir ao espírito dos chamados ensinamentos de Cristo. Daí a gradual perversão. Como acertadamente disseram Higgins, na Cristologia de São Paulo, e Justino, o Mártir, temos a religião esotérica do Vaticano, um gnosticismo refinado para os cardeais, e um mais grosseiro para o povo. É o último, um pouco mais materializado e desfigurado, que chegou até nossos tempos.

A ideia de escrever esta série foi-nos sugerida por uma carta publicada em nosso exemplar de outubro, sob o título "Are the Teachings Ascribed to Jesus Contradictory?"(5) (São os Ensinamentos Atribuídos a Jesus Contraditórios?). Devemos acrescentar, entretanto, que não vai aqui nenhuma tentativa de contradizer ou enfraquecer, em hipótese alguma, o que foi dito pelo Sr. Gerald Massey em sua crítica. As contradições apontadas pelo eminente conferencista e autor são muito evidentes para serem explicadas por qualquer "pregador" ou defensor da Bíblia; pois o que ele disse – apenas em uma linguagem mais concisa e vigorosa – é o que foi dito do descendente de José Pandira (ou Panthera) em *Ísis sem Véu* (vol. II, p. 201), com base no *Sepher Toldoth Jeshu* talmúdico. Sua crença com relação ao caráter espúrio da Bíblia e do

Novo Testamento, *como agora estão editados,* é, portanto, também a crença da presente autora. Em vista da recente revisão da Bíblia e de seus muitos milhares de erros, enganos de tradução e interpolações (algumas confessadas, outras não), pegaria mal a um oponente censurar alguém por recusar-se a acreditar nos textos autorizados.

Mas as editoras fazem objeção a uma curta frase na crítica em questão. O Sr. Gerald Massey escreve:

> Qual a utilidade de se tomar um "juramento sobre a Bíblia" a respeito da veracidade de alguma coisa se o livro sobre o qual se está jurando é um depósito de falsidades já desmoralizadas ou a ponto de sê-lo?

Certamente não seria um estudioso de símbolos com o poder e a erudição do Sr. G. Massey que chamaria o *Livro dos Mortos*, ou os *Vedas*, ou qualquer outra Escritura antiga, de "depósito de falsidades"[11]. Por que não con-

---

[11] A extraordinária quantidade de informações coletadas por esse talentoso egiptólogo mostra que ele dominou completamente o segredo da produção do *Novo Testamento*. O Sr. Massey conhece a diferença entre o Christos espiritual, divino e puramente metafísico e a "figura leiga" inventada do Jesus "carnalizado". Ele sabe também que o cânone cristão, sobretudo os *Evangelhos*, *Atos* e *Epístolas*, é composto de fragmentos da sabedoria gnóstica, cujo fundamento é *pré-cristão* e é construído com base nos MISTÉRIOS da Iniciação. É o modo de apresentação teológica e as passagens interpoladas – tais como em *Marcos* 16, do verso 9 até o final – que tornam os

siderar sob a mesma ótica de todos os outros, o Velho, e, *ainda em maior medida*, o *Novo* Testamento?

Todos são "depósitos de falsidades", se aceitos a partir de interpretações exotéricas da letra morta de seus glossaristas teológicos antigos e, sobretudo, dos modernos. Cada um desses registros tem servido, por sua vez, como meio de assegurar poder e proteger a política ambiciosa de um clero inescrupuloso. Todos promoveram a superstição, todos transformaram seus deuses em Molochs e demônios amaldiçoadores sedentos de sangue, e todos fizeram com que as nações servissem aos últimos mais do que ao Deus da Verdade. Mas embora os dogmas ardilosamente planejados e as más interpretações intencionais feitas por escoliastas estejam acima de qualquer dúvida, "as falsidades já desmoralizadas", os textos em si são minas de verdades universais. Porém, para o mundo de profanos e pecadores, de qualquer forma – eles eram e ainda são como os misteriosos caracteres traçados pelos "dedos da mão de um homem" na parede do Palácio de Baltazar: é preciso que Daniel os leia e os interprete.

Evangelhos um "depósito de (*perversas*) falsidades", e maculam o Christos. Mas o ocultista que discerne entre as duas correntes (a gnóstica verdadeira e a *pseudo*-cristã) sabe que as passagens livres de adulterações teológicas pertencem à sabedoria arcaica, e é desta forma que age o Sr. Gerald Massey, embora seus pontos de vista divirjam dos nossos.

Mas a Verdade não se permitiu passar sem testemunhas. Há, além de grandes Iniciados em simbologia das escrituras, vários estudiosos silenciosos dos mistérios do esoterismo arcaico, eruditos proficientes em hebraico e outras línguas mortas, que devotaram a vida a decifrar os enigmas das falas das Esfinges das religiões do mundo. E esses estudiosos, embora nenhum deles tenha ainda dominado as «sete chaves» que abrem o grande problema, descobriram o suficiente para poder afirmar: *havia* uma linguagem-mistério universal, na qual as Escrituras do Mundo foram escritas, dos *Vedas* ao *Apocalipse*, do *Livro dos Mortos* aos *Atos*. De qualquer forma, uma das chaves – a numérica e geométrica[12] – da Linguagem-Mistério foi agora resgatada; uma linguagem realmente antiga que até nossos dias permanecia oculta, mas cujas evidências existem em abundância, como pode ser provado por inegáveis demonstrações matemáticas. Caso, de fato, o mundo seja forçado a aceitar a Bíblia em seu sentido de letra morta, em vista das modernas descober-

---

12 "A chave para a recuperação da linguagem, no que diz respeito aos esforços da autora, foi encontrada, é estranho dizer, no uso da razão integral, descoberta em números do diâmetro para a circunferência de um círculo", por um geômetra. "Esta razão é 6.561 para o diâmetro e 20.612 para a circunferência" (Manuscrito Cabalístico).(6) Em um dos futuros exemplares de *Lucifer*, com a permissão do descobridor, fornecerei mais detalhes a este respeito. – *Ed.* (7)

tas feitas por orientalistas e pelos esforços de estudiosos independentes e cabalistas, é fácil prever que mesmo as novas gerações atuais da Europa e dos Estados Unidos a repudiarão, como o fizeram todos os materialistas e lógicos. Pois, quanto mais se estudam os antigos textos religiosos, mais certo se fica de que a base do Novo Testamento é a mesma dos Vedas, da teogonia egípcia e das alegorias masdeístas. As expiações por meio de sangue – pactos e transferências de sangue de deuses para homens e por homens sacrificados aos deuses – são as primeiras ideias fundamentais de toda cosmogonia e teogonia; alma, vida e sangue eram sinônimos em todas as línguas, de modo preeminente entre os judeus, e essa dádiva de sangue significava dádiva de vida. Muitas lendas entre nações distantes (geograficamente) atribuem a alma e a consciência da humanidade recém-criada ao sangue dos deuses criadores. Beroso registra uma lenda da Caldéia que imputa a criação de uma nova raça da humanidade à mistura de poeira com o sangue que escorria da cabeça partida do deus Belo. "É por esta razão que os homens são racionais e compartilham do conhecimento divino", explica Beroso[13]. E Lenormant mostrou (*The Beginnings*

[13] *Ancient Fragments*, de Cory, p. 59. O mesmo fazem Sanchonlathon e Hesíodo quando atribuem a *vivificação* da humanidade ao sangue derramado dos deuses. Mas sangue e *alma* são uma e única coisa (*nephesh*), e o sangue dos deuses significa aqui a alma animada.

of History – Primórdios da História –, p. 52, nota de pé de página) que "os órficos... disseram que a *parte imaterial do homem, sua alma* [sua vida] nasce do sangue de Dionísio Zagreu, a quem os Titãs cortaram em pedaços..."(8). O sangue "revivifica os mortos" – isto é, interpretado metafisicamente, dá vida *consciente* e alma ao homem de matéria ou barro – como é o moderno materialista agora. O sentido místico da injunção, "Em verdade, em verdade, vos digo: *se não comerdes a carne* do Filho do homem e não *beberdes o seu sangue,* não tendes a vida em vós" [*João* 6:53], nunca poderá ser entendido nem apreciado em seu verdadeiro valor *oculto*, exceto por aqueles que possuam uma das *sete chaves*, e não deem muita importância a São Pedro.[14] Estas palavras, ditas por Jesus de Nazaré,

---

[14] A existência dessas *sete* chaves é virtualmente admitida graças a uma profunda pesquisa do saber egiptológico, feita novamente pelo Sr. G. Massey. Opondo-se aos ensinamentos do *Budismo Esotérico* – infelizmente mal interpretado por ele em quase todos os aspectos – ele escreve o seguinte em sua conferência a respeito de "*The Seven Souls of Man and their Culmination in Christ*" (As Sete Almas do Homem e sua Culminação em Cristo – p. 21):

> "... este sistema de pensamento, este modo de representação, este setenário de poderes, em vários aspectos, foi estabelecido no Egito há pelo menos sete mil anos, como descobrimos a partir de certas alusões a Atum [o deus 'no qual a paternidade estava individualizada como o *progenitor de uma alma eterna*', o *sétimo* princípio dos teosofistas] encontradas recentemente em inscrições descobertas

ou Jeshua Ben-Panthera, são as palavras de um INICIADO. Devem ser interpretadas com a ajuda de *três* chaves – uma que abre a porta *psíquica*, a segunda que abre a porta da fisiologia e a terceira que abre o mistério do ser terreno, desvelando a fusão inseparável entre teogonia e antropologia. Por revelar algumas destas verdades, com a única intenção de salvar a humanidade intelectual das insanidades do materialismo e do pessimismo, é que os místicos têm sido frequentemente denunciados como servos do Anticristo, mesmo pelos cristãos mais dignos, piedosos e respeitáveis.

A primeira chave que se deve usar para elucidar os segredos obscuros que envolvem o nome místico de Cristo é a chave que abriu a porta dos antigos mistérios dos primitivos arianos, sabeus e egípcios. A gnose, substituída pelo esquema cristão, era universal. Era o eco da religião-sabedoria primordial que havia sido, outrora, a herança de toda a humanidade; e, portanto, pode-se na verdade dizer que, em seu aspecto puramente metafísico, o Espírito de Cristo (o *logos* divino) era presente na

---

em Saqqarah. Digo em vários aspectos *porque a Gnose dos Mistérios era pelo menos sétupla em sua natureza* – Elemental, Biológica, Elementar (humana), Estelar, Lunar, Solar e Espiritual – *e nada menos que a apreensão do sistema como um todo pode nos capacitar a discernir as várias partes, distinguir uma da outra e determinar quais e o que são, à medida que tentamos seguir o Sete simbólico através de suas várias fases de caráter.*"(9)

humanidade desde seu início. O autor das *Homilias Clementinas*[(10)] está certo; o mistério de Christos – que agora se supõe ter sido ensinado por Jesus de Nazaré – "era idêntico" ao que, desde o início, havia sido comunicado "àqueles que eram dignos", tal como foi citado em outra conferência[15]. Podemos constatar no Evangelho *segundo* Lucas que "dignos" eram aqueles que haviam sido iniciados nos mistérios da Gnose e que eram "considerados dignos" de obter a "ressurreição dos mortos" *nesta vida*... "aqueles que sabiam que não mais poderiam morrer e que eram iguais aos anjos como filhos de Deus e da Ressurreição". Em outras palavras, eram os grandes adeptos *de qualquer religião*; e as palavras se aplicam a todos aqueles que, sem serem Iniciados, se empenham e conseguem, mediante esforços pessoais, *viver a vida* e obter a iluminação espiritual que naturalmente se segue da fusão da personalidade – o "Filho" – com o "Pai", seu Espírito divino individual, *o Deus dentro* deles. Esta "ressurreição" jamais poderá ser monopolizada pelos cristãos, pois é um direito de nascença de todo ser humano dotado de alma e espírito, qualquer que seja sua religião. Esse indivíduo é um *homem-Cristo*. Por outro lado, os que optam por ignorar o Cristo (princípio) dentro de si mesmos deverão morrer como *pagãos irregenerados* – não obstante os ba-

---

15 "Gnostic and Historic Christianity" (Cristianismo Gnóstico e Histórico).[(11)]

tismos, sacramentos, orações da boca para fora e crenças em dogmas.

Para acompanhar esta explicação, o leitor deve ter em mente o real sentido arcaico da paronomásia envolvida nos dois termos: *Chrêstos* e *Christos*. O primeiro certamente significa mais que meramente um "bom", um "excelente homem", ao passo que o último nunca foi aplicado a nenhum homem vivo, mas ao verdadeiro Iniciado no momento de *seu segundo nascimento e ressurreição*[16]. Aquele que encontra Christos dentro de si e o reconhece como seu único "caminho" torna-se um seguidor e *Apóstolo de Cristo*, muito embora possa nunca ter sido batizado nem conhecido um "cristão", e menos ainda se autointitular assim.

H.P.B.

— II —

[*Lucifer*, Vol. I, nº 4, dezembro, 1887, p. 299-310.]

A palavra Chrêstos existia muito antes de se ouvir falar em cristianismo. Foi usada desde o século V a.C.

---

[16] "Em verdade, em verdade te digo que se alguém não nascer da água e do Espírito, não pode entrar no reino de Deus." (*João* 3:5). Aqui é referido o nascimento que *vem do alto*, o nascimento espiritual, alcançado mediante suprema e derradeira iniciação.

por Heródoto, Ésquilo e outros escritores gregos clássicos, tendo seu significado sido aplicado tanto a coisas como a pessoas.

Assim, lemos em Ésquilo (Coéforas, 901) a respeito de *μαντεύματα τὰ πυθόχρηστα* (pythochrêsta), os "oráculos proferidos por um Deus Pítia" (Greek-Engl. Lex), por meio de uma pitonisa(12); e Pythocrêstos é o nominativo singular de um adjetivo derivado de chraô, χράω (Eurípedes, Íon, 1218)(13). Os significados posteriores, cunhados livremente a partir desse sentido original, são numerosos e variados. Os clássicos pagãos expressavam mais de uma ideia pelo verbo *χράομαι*, "consultar um oráculo"; pois ele também significa "fadado", destinado por um oráculo, no sentido de se tornar uma vítima sacrifical submetida a seu decreto ou "à PALAVRA"; uma vez que chrêstêrion não significa apenas "sede de um oráculo", mas também "oferenda para o oráculo".[17] Chrêstês, *χρήστης*, é aquele que expõe ou explica oráculos, "um profeta, um adivinhador"[18]; e chrêstêrios, *χρηστήριος*, é aquele que pertence

[17] A palavra *χρεών* é explicada por Heródoto (7. 11.7)(14) como aquilo que um oráculo declara, e *τὸ χρεὼν* é encontrada em Plutarco (*Vidas*, Nícias, XIV, b), significando "destino", "necessidade". Ver Heródoto VII, 215; V, 109; e Sófocles, *Filoctetes*, 437.(15)

[18] Ver *Greek-English Lexicon,* de Liddell e Scott.

ou está a serviço de um oráculo, um deus ou um "Mestre"[19]; não obstante os esforços de Canon Farrar.[20]

---

[19] Consequentemente de um *Guru*, "um instrutor", e *chela*, um "discípulo", em suas relações mútuas.

[20] Em seu recente trabalho *The Early Days of Christianity* (Vol. I. p. 158, nota de rodapé), Canon Farrar assinala: "Alguns supunham a existência de um interessante jogo de palavras existente na letra grega *iota* entre *chrêstos* (doce) e Christos (Cristo)" (*Salmos,* 34, 8, *χρηστὸς* , 'doce' (Aug. *dulcis*, Vulg. *suavis).* Cf. *Lucas* 5, 39; 6, 35). Mas nada há para se supor, uma vez que tudo começou de fato com um "jogo de palavras". O nome Christus *não* foi "distorcido para Chrêstus", como o erudito autor quer fazer seus leitores crerem (I, p. 19), mas foi o adjetivo e substantivo *Chrêstos* que foi distorcido para *Christus*, e aplicado a Jesus. Em uma nota de rodapé a respeito da palavra "Chrêstian" que aparece na *Primeira Epístola de Pedro* (4, 16), em que, nos Manuscritos posteriores *revisados,* a palavra foi mudada para *cristão,* Canon Farrar por sua vez assinala: "... talvez devêssemos ler a distorção pagã ignorante, *Chrêstian...*" (I, p. 171, nota de rodapé). Certamente que deveríamos, pois o eloquente escritor deveria lembrar-se de que a ordem de seu Mestre era de dar a César o que é de César. Não obstante seu descontentamento, o Sr. Farrar é obrigado a admitir que o nome *cristão* foi primeiramente INVENTADO pelos zombeteiros e sarcásticos antioquianos, já em 44 d.C., mas não caíra ainda no uso geral até a perseguição de Nero. "Tácito (*Anais*, XV, 44)", diz ele, "usa a palavra '*Christianos*' no sentido de uma apologia. É fato conhecido que no Novo Testamento ela ocorre apenas três vezes, e sempre envolvendo um sentido hostil (*Atos* 11, 26; 26, 28 e também 4, 16)" (Vol. I, p. 147, nota de rodapé). Não foi apenas Cláudio

Tudo isto é prova de que os termos Cristo e Cristãos, originalmente grafados como *Chrêst* e *Chrêstians*, *χρηστιανοί* [21], foram emprestados diretamente da terminologia dos Templos pagãos, e significavam a mesma coisa. O Deus dos judeus foi agora substituído pelo Oráculo e outros deuses; a designação genérica "Chrêstos" tornou-se um substantivo aplicado a um personagem em especial, e novos termos, como *Chrêstianoi* e *Chrêstodoulos* – "seguidor ou servo de Chrêstos" – foram cunhados a partir do velho material. Isto nos é mostrado por Fílon, o Judeu, um monoteísta, seguramente, que já usa o mesmo termo para propósitos monoteístas. Pois ele fala a respeito de *εόχρηστος* (*theochrêstos*), "Deus-declarado" ou alguém que é declarado por Deus, e a respeito de *λόγια*

---

que considerou os cristãos com alarme e suspeita, assim apelidados com menosprezo por terem carnalizado um princípio ou atributo subjetivo, mas todas as nações pagãs. Pois Tácito, falando a respeito das massas chamadas "cristãs", descreve-as como um grupo de homens *detestados por suas barbaridades* e crimes. Não é de admirar, pois a história se repete. Há, sem dúvida, milhares de *cristãos* nobres, sinceros e virtuosos agora. Mas temos apenas de lançar olhos à depravação dos cristãos "pagãos" convertidos; à *moralidade* dos prosélitos na Índia, que os próprios missionários se negam a tomar a seu serviço, para traçar um paralelo entre os convertidos de 1.800 anos atrás e os modernos pagãos "tocados pela *graça*".

[21] Justino, o Mártir, Tertuliano, Lactâncio, Clemente de Alexandria e outros os grafam desta mesma forma.

θεόχρηστα (*logia theochrêsta*), "provérbios enunciados por Deus" – o que prova que ele escreveu em uma época (entre o século I a.C. e o I d.C.), quando nem cristãos nem Chrêstians eram ainda conhecidos por esses nomes, mas que ainda denominavam a si mesmos de Nazarenos. A diferença manifesta entre as duas palavras, *χράω*, "consultar ou obter uma resposta de um deus ou um oráculo" (sendo *χρεώ* sua mais antiga forma jônica), e *χρίω* (*chrio*), "esfregar, ungir" (de onde a palavra Cristo), não impediu a adoção e criação eclesiástica da expressão de Fílon *θεόχρηστος* do outro termo *θεόχριστος*, "ungido por Deus". Assim a silenciosa substituição da letra η por ι, por razões dogmáticas, foi conseguida da forma mais fácil, como vemos agora.

O sentido secular de *Chrêstos* percorre toda a literatura grega clássica *pari passu* com aquele que lhe foi dado nos mistérios. A declaração de Demóstenes, *ὦ χρηστέ*, (*Oração da Coroa*, 318 [330]), quer dizer simplesmente "caro amigo"; Platão (em *Fédon*, 264 C) diz *χρηστὸς εἶ, ὅτι με ἡγεῖ*, "és um excelente companheiro..."(16). Mas na fraseologia esotérica dos templos, "chrêstos"[22] – uma pa-

---

[22] Ver *Greek and English Lexicon*, de Liddell e Scott. *Chrêstos* é realmente aquele que é continuamente advertido, avisado e guiado por um oráculo ou por um profeta. O Sr. G. Massey equivoca-se ao dizer que "... a forma gnóstica do nome Chrêst, ou Chrêstos, denota o *Bom Deus*, não um ser humano original", pois a palavra denota o último, isto é, um "bom e

lavra que, como o particípio *Chrêstheis*, é formada sob a mesma regra e exprime o mesmo sentido do verbo *χράομαι* ("consultar um deus") – corresponde ao que chamaríamos de adepto, também a um elevado *chela*, um discípulo. É neste sentido que é usada por Eurípedes (Íon, 1320)[18] e por Ésquilo (I C)[19]. Esta qualificação era aplicada àqueles que o deus, oráculo ou qualquer superior havia proclamado como isso, aquilo ou aquilo outro. Um exemplo pode ser apresentado neste caso.

As palavras *χρῆσεν οἰκιστῆρα* , usadas por Píndaro (*Odes: Pítia*, IV, 6)[20], significam "o oráculo *proclamou-o* colonizador". Neste caso, o gênio do idioma grego permite que o homem assim proclamado seja chamado *Χρηστός* (*Chrêstos*). Por esta razão, o termo foi aplicado a todo Discípulo reconhecido por um Mestre, e também a todo bom homem. Mas a língua grega propicia estranhas

---

santo homem"; mas ele está bastante certo quando acrescenta que "*Chrêstianus* significa... "doçura, bondade ou benignidade; uma versão anterior de *Sweetness and Light* (Doçura e Luz), de Mattew Arnold". "Os *Chrêstoi*, como *Bom Povo*, eram preexistentes. Numerosas inscrições gregas mostram que se aludia ao que partiu, ao herói, ao santo – isto é, ao 'Bom' – como *Chrêstos* ou Cristo; e é deste significado de "Bom" que Justino, o primeiro apologista, deriva o nome cristão. Isto o identifica com a fonte gnóstica e com o "Bom Deus" que se revelou de acordo com Marcião – isto é, o Un-Nefer ou "'Bom-abridor da teologia egípcia". – (*Agnostic Annual*).[17]

etimologias. A teologia cristã escolheu e decretou que o nome Christos deveria ser compreendido como derivado de *χρίω, χρισω*, (*Chrisô*), "ungido com unguentos ou óleos perfumados". Mas esta palavra possui vários significados. É usada, certamente, por Homero aplicando-se ao ato de esfregar o corpo com óleo após o banho (*Ilíada*, XXIII, 186, e também *Odisséia*, IV, 252)[(21)], como outros antigos escritores o fizeram. Entretanto, a palavra *Χριστης* (*Christês*) significa antes *caiador*, enquanto a palavra Chrêstês (*χρήστης*) significa sacerdote e profeta, termo muitíssimo mais aplicável a Jesus do que "Ungido", uma vez que, como Nork demonstra baseado nos Evangelhos, ele jamais foi ungido, seja como rei, seja como sacerdote. Em resumo, há um profundo mistério subjacente a todo este esquema, que, afirmo, apenas um completo conhecimento dos mistérios *pagãos* é capaz de esclarecer[23]. O

---

[23] Mais uma vez devo citar o que o Sr. G. Massey diz (a quem cito várias vezes pelo fato de ele haver estudado este assunto muito completa e conscientemente):

"Minha alegação, ou melhor, explicação", diz ele, "é que o autor do nome cristão é a Múmia-Cristo do Egito, chamada *Karest*, que era uma alegoria do espírito imortal no homem, o Cristo interior (como Paulo o chamava), a divina descendência encarnada, o Logos, a Palavra da Verdade, o *Makheru* do Egito. Não se originou como uma mera alegoria! A múmia preservada era o corpo morto *de qualquer um* que fosse *Karest*, ou mumificado, para ser preservado pelos vivos; e, por constante repetição, tornou-se uma alegoria da ressurreição a partir

ponto importante não é o que os primeiros Padres, que tinham um objetivo a atingir, possam afirmar ou negar, mas antes o que agora é prova do verdadeiro significado dado aos dois termos *Chrêstos* e *Christos* pelos antigos nas eras pré-cristãs. Pois estes não tinham objetivo algum a alcançar e, portanto, nada a esconder ou deturpar, e a prova que apresentam é a mais confiável das duas. Esta prova pode ser encontrada inicialmente estudando-se o sentido dado a essas palavras pelos clássicos e, depois, seu sentido correto encontrado na simbologia mística.

Ora, *Chrêstos*, como já foi dito, é um termo aplicado em vários sentidos. Qualifica tanto a Deidade quanto o Homem. É usado com o primeiro sentido nos Evangelhos, como em *Lucas* (6, 35), onde significa "bondoso" e "misericordioso", *χρηστός ἐστιν*, [e] em 1 *Pedro* (2:3) onde está escrito "Bondoso é o Senhor", *χρηστός ὁ Κύριος*. Por outro lado, Clemente de Alexandria o explica como significando simplesmente um bom homem: "Todo aquele que acredita em *Chrêst* (um bom homem) o é (um bom homem) e é chamado *Chrêstian*, isto é, de bom homem" (*Misc.* liv. II, cap. iv).(23) A reticência de Clemente, cujo cristianismo, como King acertadamente observa em seu *The Gnostics and Their Remains* (Os Gnósticos e Seus Legados), nada mais era que um enxerto na espécie congê-

---

dos (e não originário dos!) mortos"(22). Ver a explicação disso adiante.

nere de seu platonismo original, é bastante natural. Ele era um Iniciado, um novo platônico, antes de se tornar cristão, fato que, por mais que ele tenha se afastado de seus pontos de vista anteriores, não poderia exonerá-lo de seu voto de segredo. E como Teosofista e *Gnóstico*, alguém que *sabia*, Clemente deve ter sabido que *Christos* era o "CAMINHO", ao passo que *Chrêstos* era o viajante solitário em busca da meta última através daquela "Senda", cujo objetivo era *Christos*, o Espírito glorificado da "VERDADE", com cuja reunião a alma (o Filho) torna-se UNA com o (Pai) Espírito. Que Paulo sabia disto, é certo, pois suas próprias expressões o provam. Senão, o que significam as palavras *οὓς πάλιν ὠδίνω, ἄχρις οὗ μορφωθῇ Χριστὸς ἐν ὑμῖν*, ou, como aparecem nas traduções autorizadas, "por quem de novo sofro as dores de parto, até ser *Cristo formado em vós*", a não ser o significado esotérico que lhes atribuímos? Isto é, «até que encontreis *o* Christos dentro de vós mesmos como vosso único 'caminho'" (ver *Gálatas* 4:19).

Assim, Jesus, seja de Nazaré ou de Lüd,[24] foi um Chrêstos, tão inegavelmente quanto jamais foi auto-

[24] Ou Lydda. Referência à tradição rabínica na *Gemará* babilônica, chamada *Sepher Toldoth Jeshu*, segundo a qual Jesus seria o filho de alguém chamado Pandira, e que teria vivido um século antes da chamada era cristã, isto é, durante o reinado do judeu Alexandre Janeu e sua esposa Salomé, que reinaram do ano 106 a 79 a.C. Acusado pelos judeus de haver aprendido

rizado a usar o nome *Christos* durante sua vida e antes de sua última prova. Pode ter acontecido, como sugere Higgins, que "o primeiro nome de Jesus pode ter sido talvez *χρειςος*, o segundo *χρηςος* e o terceiro *χριςος*. A palavra *χρειςος* esteve em uso antes que o H (*eta* maiúsculo) existisse na língua"(25). Mas o Rev. R. Taylor (em sua resposta a Pye Smith, p. 113) é citado dizendo: "O elogioso epíteto CHRÊST... significava nada mais que um bom homem."(26)

Aqui, novamente, vários autores antigos podem ser indicados para atestar que *Christos* (ou melhor, *Chreistos*) era, juntamente com *χρηςος* = Hrêstos, um adjetivo aplicado aos gentios antes da era cristã. Diz-se em *Philopatris*, 17: *πάντα, εἰ τύχη γε χρηστὸς και ἐν ἔθνεσιν*, isto é, "se porventura houver chrêstos mesmos entre os gentios" etc.(27)

Tertuliano denuncia, no terceiro capítulo de sua obra *Apologeticus*, que a palavra "*Christianus*" é originária de

---

a arte da magia no Egito e de ter roubado o Nome Incomunicável do Santo dos Santos, Jehoshua (Jesus) foi condenado à morte pelo Sinédrio em Lüd. Foi apedrejado e depois crucificado em uma árvore na véspera da Pesach. A narrativa é atribuída aos autores talmudísticos de *Sota* e *Sinédrio*, p. 19, *Livro de Jechiel*. Ver *Ísis sem Véu*, II, 201; Arnóbio [*Adv. Gentes*, I, 43(24); *A Ciência dos Espíritos*, de Éliphas Lévi [pp. 23-40] e "The Historical Jesus and Mythical Christ" (O Jesus Histórico e o Cristo Mítico), uma conferência de G. Massey.

“interpretação astuta”[25]. O Dr. Jones, por outro lado, deixando de lado a informação, corroborada por boas fontes, de que *Hrêstos* (*χρηςος*) “era o nome dado [a Cristo] pelos gnósticos e mesmo por aqueles que nele não acreditavam”, assegura-nos que o nome verdadeiro deveria ser *χριςος* ou Christos – repetindo e ratificando assim a “fraude piedosa” original dos primeiros Padres, fraude esta que levaria à “carnalização” de todo o sistema cristão.[26] Mas proponho-me a mostrar o verdadeiro senti-

---

[25] “Christianus vero, quantun interpretatio est, de unctione deducitur. Sed et cum perperam Chrestianus pronunciatur a vobis (nam nec nominis certa est noticia penes vos), de suavitate vel benignitate compositum est.” (28) Canon Farrar faz um grande esforço para mostrar esses *lapsus calami* de vários Padres como resultado de desagrado e temor. “...Pouca dúvida pode haver”, diz ele (em *The Early Days of Christianity*, Vol. I, p. 60), “...de que o nome ‘*cristão*’... foi um apelido astuciosamente dado pelos antioquianos... Está claro que os escritores sagrados evitavam o nome [cristãos] porque ele era empregado por seus inimigos... (Tácito, *Anais*, XV, 44). Tornou-se familiar apenas quando as virtudes dos cristãos haviam lançado lustro sobre ele. . . .” Eis aí uma desculpa muito esfarrapada e uma explicação muito pobre para ser atribuída a um pensador tão eminente quanto Canon Farrar. Quanto às “virtudes dos cristãos” lançando *lustro* sobre o nome, esperamos que o escritor não tinha em mente nem o Bispo Cirilo de Alexandria, nem Eusébio, nem o Imperador Constantino, de fama assassina, nem ainda os Papas Bórgia e a Santa Inquisição.

[26] Citado por G. Higgins (Ver Vol. I., p. 570).(29)

do desses termos, dentro dos limites de minha humilde capacidade e conhecimento. Christos, ou a "condição de Cristo", sempre foi sinônimo da "condição Mahatmica", isto é, a união do homem com o princípio divino nele. Como diz Paulo (*Efésios,* 3, 17):

"*κατοικῆσαι τὸν Χριστὸν διὰ τῆς πίστεως ἐν ταῖς καρδίαις*". "Para que possais encontrar Christos em seu homem *interior* através do *conhecimento*", e não da fé, como foi traduzido; pois *Pistis* significa "conhecimento", como será mostrado adiante.[(30)]

Há ainda outra prova, muito mais convincente, de que o nome *Christos* é pré-cristão. Esta prova pode ser encontrada na profecia da sibila de Éritras. Ali está escrito: ΙΗΣΟΥΣ ΧΡΕΙΣΤΟΣ ΘΕΟΥ ΥΙΟΣ ΣΩΤΗΡ [(31)]. Lida esotericamente, esta porção de substantivos separados e sem sentido, que nenhum sentido de fato faz para o leigo, contém uma verdadeira profecia – só que não referente a Jesus – e um verso do catecismo místico do Iniciado. A profecia refere-se à vinda do Espírito da Verdade (Christos) à Terra, após cujo advento – que, uma vez mais, nenhuma relação tem com Jesus – começará a Idade de Ouro; o verso refere-se à necessidade de se passar pela crucificação da carne ou matéria antes de ser alcançada aquela condição abençoada de teofania e teopneustia interior (ou subjetiva). Lidas exotericamente, as palavras "*Iêsous Chreistos theou huios sôtêr stauros*", que literalmente significam "Jesus, Cristo, Filho de Deus, Salvador, Cruz", são excelentes pontos de apoio sobre os quais se pode construir uma profecia cristã, mas são *pagãos* e não cristãos.

Se me fosse pedido que explicasse o nome Iêsus Chreistos, a resposta seria: estude mitologia, as chamadas "ficções" dos antigos, e elas lhe darão a chave. Pondere sobre Apolo, o deus solar, o que "Cura", e a alegoria sobre seu filho Jano (ou Íon), seu sacerdote em Delfos, através de quem, unicamente, as preces podiam alcançar os deuses imortais, e seu outro filho Asclépio, chamado *Sotêr*, ou Salvador. Eis aí um trecho da história esotérica escrita em fraseologia simbólica pelos velhos poetas gregos.

A cidade de Chrisa[27] (atualmente grafada Crisa), foi construída por Apolo em memória de Kreousa (ou Creüsa), filha do rei Erecteu e mãe de Jano (ou Íon), em memória ao perigo de que Jano escapou[28]. Sabemos

---

[27] Nos dias de Homero, esta cidade, celebrada por seus mistérios, foi a sede principal da Iniciação, e o nome *Chrêstos* era usado como um título durante os mistérios. É mencionada na *Ilíada*, II, 520, como "Krisa" (*Κρῆσα*). O Dr. Clarke suspeitou que suas ruínas estivessem sob o lugar em que hoje existe *Krestona*, uma cidadezinha, ou melhor, uma vila na Fócida, perto da Baía Crissaeana. (Ver E. D. Clarke, *Travels in various Countries of Europe, Asia and Africa.* 4ª ed., vol. VII, cap. VI, "Lebadéa to Delphi", p. 239.)

[28] A raiz de *Χρητός* (*Chretos*) e *Χρηστός* (*Chrêstos*) é a mesma:

que Jano, abandonado pela mãe em uma gruta «para esconder a vergonha da virgem que dera à luz um filho», foi encontrado por Hermes, que levou a criança para Delfos, alimentou-a no santuário e oráculo de seu pai, onde, sob o nome de Chrêsis (*χρῆσις*), Jano tornou-se primeiramente um *Chrêstês* (sacerdote, adivinho ou Iniciado) e, então, por pouco não se tornou um *Chrêstêrion*, "uma vítima sacrifical"[29], pronto a ser envenenado por sua própria mãe, que não o conhecia e que, em seu ciúme, o confundiu (devido à vaga insinuação do oráculo) com um filho de seu marido. Ele a seguiu até o altar com a intenção de matá-la – mas ela foi salva pela pitonisa, que lhes contou o segredo de sua relação. Em memória desta salvação, Creüsa, a mãe, construiu a cidade de Chrisa, ou

---

χρςω, que significa "consultando o oráculo", em um sentido, mas em outro, "consagrado", *separado*, pertencente a algum templo ou oráculo, ou devotado aos serviços do oráculo. Por outro lado, a palavra *χρε (χρεώ)* significa "obrigação", um "vínculo, dever", ou alguém que esteja sob a obrigação de promessas feitas ou votos tomados.

[29] O adjetivo *χρηστός* também era usado antes de nomes próprios como um elogio, como em Platão, *Teeteto,* p. 166 A, "*οὕτως δὴ ὁ Σωκράτης ὁ χρηστός*"(32) (aqui Sócrates é o *Chrêstos*); e também como sobrenome, como mostra Plutarco (*Vidas*: Fócio, cap. X, seç. 2), que se espanta em como um indivíduo tão rude e grosseiro quanto Fócio poderia ter por sobrenome *Chrêstos*.(33)

Krisa. Esta é a alegoria, que simboliza simplesmente as provas da Iniciação.[30]

---

[30] Há estranhas características, bastante sugestivas para um ocultista, no mito (se é que se pode chamar de mito) de Jano. Alguns fazem dele a personificação de *Kosmos* (Cosmos), outros, de *Coelus* (céu), daí ter ele "dupla face", por causa de suas duas personalidades, espírito e matéria; e ele não é apenas "Jano *Bifrons*" (de dupla face), mas também *Quadrifrons* – o quadrado perfeito, o símbolo da Deidade Cabalística. Seus templos foram construídos com *quatro* lados iguais, uma porta e *três* janelas de cada lado. Os mitólogos explicam isso como um símbolo das *quatro* estações do ano e os *três* meses de cada estação, no total, os doze meses do ano. Durante os mistérios da Iniciação, entretanto, ele tornava-se o Sol-Dia e o Sol-Noite. Daí ser representado com frequência pelo número 300 em uma mão e 65 na outra, ou o número de dias do ano Solar. Ora, *Chanoch* (Kanoch e *Enoch* [Enoque] na Bíblia) é o mesmo personagem, seja ele filho de Caim, Set ou Matusalém, como pode ser mostrado pelos registros cabalísticos. Como *Chanoch* (de acordo com Fuerst), "ele é o *Iniciador*, *Instrutor* – do círculo astronômico e do ano solar"; como filho de Matusalém, que se diz ter vivido 365 anos e ter sido levado vivo para o céu, seria o representante do Sol (ou deus). (Ver *Livro de Enoque*). Este patriarca possui muitas características em comum com Jano, que, exotericamente, é Íon, mas cabalisticamente é IAO, ou Jehovah, o "Senhor Deus da Geração", o misterioso Yodh, ou UM (um número fálico). Pois Jano ou Íon é também *Consivium, um conserendo*[(34)], porque presidiu sobre a geração. Ele é mostrado dando hospitalidade a Saturno (*Chronos*, tempo), e é o *Iniciador* do ano ou do tempo dividido em 365.

Constatando-se então que Jano, o Deus Solar, filho de Apolo, o Sol, significa o "Iniciador" e o "Abridor da Porta de Luz", ou sabedoria secreta dos mistérios; que nasceu de Krisa (esotericamente *Chris*) e que foi um *Chrêstos* por meio de quem Deus falava; que ele foi finalmente Íon, pai dos iônios (jônios), e, dizem alguns, um *aspecto* de Asclépio, outro filho de Apolo, é fácil encontrar o fio de Ariadne neste labirinto de alegorias. Este não é o lugar, entretanto, para se promoverem debates sobre mitologia. Basta mostrar a relação existente entre os personagens míticos de respeitável antiguidade e as fábulas posteriores que marcaram o início de nossa era de civilização. Asclépio (Esculápio) foi o médico divino, aquele que "Cura", o "Salvador", *Σωτήρ*, como era chamado, título também dado a Jano, de Delfos; e IASO, a filha de Asclépio, era a deusa da cura, sob cuja proteção todos os candidatos à iniciação no templo de seu pai, os noviços ou *chrêstoi*, foram chamados de "filhos de Iaso". (Ver em relação ao nome, *Plutão*, de Aristófanes, 701.)

Ora, se lembrarmos, primeiramente, que os nomes de IESUS, em suas diferentes formas, tais como Íaso, Íasion, Jasão e Iaso, eram muito comuns na Grécia antiga, sobretudo entre os descendentes de Jaso (os Jasides), assim o número de "filhos de Iaso", os *Mystoï* e futuros Epoptai (Iniciados), por que não deveriam as palavras enigmáticas no Livro Sibilino ser lidas à luz verdadeira, isto é, como não tendo nenhuma relação com uma profecia cristã? A doutrina secreta ensina que as duas primeiras palavras, ΙΗΣΟΥΣ ΧΡΕΙΣΤΟΣ, significam simplesmente "filho de Iaso, um Chrêstos", ou servo do Deus oracular. De fato, *Ἰᾶσώ* (Iasô) é, no dialeto *iônico*, *Ἰησώ* (Iesô), e a expressão *Ἰησώ* (*Iêsous*), em sua forma arcaica, 'ΙΗΣΟΥΣ – significa simplesmente "o filho de Iaso ou *Iêsô*", "aquele que cura", isto é, ὁ *Ἰησοῦς* (*υἱός*). Evidentemente, nenhuma objeção pode ser feita a essa interpretação ou ao nome ser escrito *Iêsô* em vez de *Iaso*, uma vez que a primeira forma é ática e, portanto, incorreta, pois o nome é *jônico*. "Iêso", do qual "ho Iêosous" (filho de Iêsô) – isto é, um genitivo, e não um nominativo – é jônico e não pode ser outra coisa, se levarmos em consideração a época do livro sibilino. Nem poderia a sibila de Éritras tê-lo escrito originalmente de outra forma, uma vez que a própria residência de Éritras era uma cidade da Ionia ou Jônia (de Íon ou Jano), do outro lado de Chios (Quio), e a forma *jônica* precedeu a ática.

Deixando de lado, neste caso, a significação mística da agora famosa expressão sibilina e dando-lhe apenas sua interpretação literal, com base em tudo o que foi dito, as até aqui misteriosas palavras deveriam ser: "Filho de Iasô, Chrêstos (o sacerdote ou servo) (do) Filho de (o) Deus (Apolo), o Salvador da Cruz" – (de carne ou matéria).[31] Realmente, o cristianismo jamais poderá ter esperança de ser compreendido até que todo traço de dogmatismo lhe seja retirado e a letra morta sacrificada ao eterno Espírito da Verdade, que é Hórus, que é Chrishna, que é Buda, tanto quanto é o Cristo gnóstico e o verdadeiro Cristo de Paulo.

RUÍNAS DO TEMPLO DA SIBILA
Tívoli (antiga Tibur), Itália
Em *Travels* (Viagens), do Dr. E. D. Clarke, o autor descreve um monumento pagão descoberto por ele.

... dentro do santuário, atrás do altar, vimos fragmentos de *um púlpito ou cátedra de mármore*, sobre o espaldar do qual encontramos a seguinte inscrição, exatamente como aqui a transmitimos, não ten-

---

31 *Stauros* tornou-se a cruz, o instrumento da crucificação, muito mais tarde, quando começou a ser representado como um símbolo cristão e com a letra grega T, o Tau. (Luciano, *Judicium Vocalium*)(35). Seu significado primitivo era fálico, um símbolo dos elementos macho e fêmea; a grande serpente da

do sido dela retirada ou obliterada parte alguma, proporcionando talvez o único exemplo conhecido de inscrição sepulcral sobre um monumento com esta forma extraordinária.

A inscrição é a seguinte:

ΧΡΗΣΤΟΣ ΠΡΩΤΟΥ

ΧΡΗΣΤΟΣ ΠΡΩΤΟΥ ΘΕΣΣΑΛΟΣ ΛΑΡΕΙΣΑΙΟΣ ΠΕΛΑΣΓΙΩΤΗΣ ΕΤΩΝ Η ΗΡΩΣ; ou, "Chrêstos, o primeiro, tessalonicense de Larissa, Pelasgiótis, Herói de 18 anos de idade" – por que Chrêstos, o *primeiro* (*protou*)?[(36)] Lida literalmente a inscrição tem pouco sentido; interpretada esotericamente é prenhe de significado. Como mostra o Dr. Clarke, a palavra Chrêstos é encontrada nos epitáfios de quase todos os antigos habitantes de Larissa, mas sempre precedida de um nome próprio. Tivesse o adjetivo Chrêstos aparecido após um nome, significaria apenas "um bom homem", um elogio póstumo prestado ao defunto, igual ao encontrado em nossos modernos epitáfios tumulares. Mas como a palavra Chrêstos aparece sozinha e seguida por outra palavra, "protou", tem um significado muito diferente, sobretudo porque o falecido é designado como "herói". Para a mente de um Ocultista, o defunto era um neófito que havia morrido em seu 18º ano *de*

---

tentação; o corpo que deveria ser morto ou conquistado pelo dragão da sabedoria, o *Chnouphis* solar de sete vogais ou Espírito de Christos dos gnósticos, ou, ainda, Apolo matando Píton.

neofitismo[32], e encontrava-se na primeira ou mais elevada classe de discipulado, tendo passado em suas provas preliminares como "herói", mas morrera antes do último mistério, que o teria transformado em um "Christos", um *ungido*, em alguém com o espírito de Christos ou Verdade dentro de si. Ele não alcançara o fim do "Caminho", embora tivesse heroicamente conquistado os horrores das provas teúrgicas preliminares.

Temos toda a permissão de ler a inscrição desta maneira, após saber que o local onde o Dr. Clarke descobriu a placa estava, como assinala Godfrey Higgins, "lá onde esperava encontrá-la, em Delfos, no templo do Deus IE", que, entre os cristãos tornou-se Jah ou Jeová, uno com Jesus Cristo. Estava ao pé do Parnaso, em um ginásio, "junto à fonte Castália, que fluía pelas ruínas de CRISSA, provavelmente a cidade chamada Crestona, na Baía Crissaeana"(37). E continua: "Na primeira parte de seu curso, a partir da *fonte* [castaliana], ele [o rio] separa o que restou do GINÁSIO, onde se situa agora o *Monastério de Panaja*, da vila de *Castro*, como provavelmente separava da anti-

---

[32] Mesmo nos dias de hoje, na Índia, como também na maçonaria, o candidato perde seu nome e sua idade (monges e freiras também mudam o nome na ocasião em que aceitam a ordem ou véu) e começa a contar seus anos a partir do dia em que é aceito como chela e ingressa no ciclo de iniciações. Assim, Saul era "uma criança de um ano" quando começou a reinar, embora fosse adulto feito. Ver I *Samuel* 13:1, e os pergaminhos hebreus sobre sua iniciação por Samuel.

ga cidade de *Delfos...*"[(38)] – a sede do grande oráculo de Apolo, da cidade de Krisa (ou Kreousa), o grande centro de iniciações e dos *Chrêstoi* dos decretos dos oráculos, onde os candidatos ao último *parto* eram ungidos com óleos sagrados[33] antes de serem lançados em seu último transe com a duração de quarenta e nove horas (como acontece até hoje no oriente), do qual ressurgiam como adeptos glorificados ou *Christoi.*

> ... em *Recognitions* (Reconhecimentos), de Clemente I, declara-se que o pai ungia seu filho com "óleo tirado da madeira da Árvore da Vida e que, a partir desta unção, ele passava a chamar-se Cristo", de onde provém o nome cristão. Isto, por sua vez, é egípcio. Hórus foi o filho ungido do pai. O modo de ungi-lo com óleo retirado da Árvore da Vida, retratado nos monumentos, é bastante primitivo, de fato; e o Hórus do Egito teve continuação no Cristo gnóstico, que é reproduzido nas pedras gnósticas como o elo intermediário entre o *Karest* e o Cristo, como também o Hórus de ambos os sexos. ("*The Name and Nature of the Christ*" – O Nome e a Natureza do Cristo – Gerald Massey).[(39)]

O Sr. G. Massey relaciona o Christos ou Cristo grego com o *Karest* egípcio, a "representação da múmia da imortalidade", e o prova de maneira bastante convincente. Ele começa dizendo que, em egípcio, a "Palavra da

---

[33] Demóstenes, *Oração da Coroa*, 259 [313], declara que os candidatos à iniciação nos mistérios gregos eram ungidos com óleo. Ainda o são na Índia, mesmo na iniciação aos mistérios iogues – sendo usados várias pomadas e unguentos.

Verdade" é *Ma-Kheru*, e que este é o título de Hórus. Portanto, como ele mostra, Hórus precedeu a Cristo como o Mensageiro da Palavra da Verdade, o Logos, ou o manifestador da natureza divina na humanidade. No mesmo artigo, ele escreve o seguinte:

> A Gnose teve três fases – astronômica, espiritual e doutrinal –, e todas as três podem ser identificadas com o Cristo do Egito. Na fase astronômica, a constelação de Orion é chamada de *Sahu*, ou *múmia*. A alma de Hórus era representada como se erguendo dos mortos e ascendendo aos céus nas estrelas de Orion. A múmia-imagem era a preservada, a salva, portanto, um retrato do Salvador, como alegoria da imortalidade. Era a figura de um homem morto que, como nos dizem Plutarco e Heródoto, foi levada a um banquete egípcio onde os convivas eram instados a olharem para ela, comerem, beberem e mostrarem-se felizes, porque, quando morressem, tornar-se-iam o que a imagem simbolizava – isto é, eles também seriam imortais! Esta alegoria da imortalidade foi chamada *Karest*, ou *Karust*, e *era* o Cristo egípcio. *Kares* significa "embalsamar", "ungir", tornar a Múmia em uma representação do eterno; e, quando tudo houvesse sido realizado, era chamada de *Karest*, de tal forma que não é meramente uma questão de nome por nome, *Karest* por *Cristo*.

Podemos ir além da palavra grega que significa "ungido" ou "untado"; podemos identificar aqui um determinante no domínio das coisas.

Esta imagem do *Karest* era envolvida em um tecido inconsútil, a própria vestimenta de Cristo! Não importava o comprimento do tecido: algumas das bandagens em que as múmias eram envoltas chegavam a medir 900 metros de comprimento, sem que houvesse uma única costura do começo ao fim... Ora, esta vestimenta inconsútil do *Karest* egípcio é uma alegoria bastante reveladora do Cristo místico, que se torna histórico nos Evangelhos como aquele que usou um manto ou túnica feita sem costura alguma, que nem os gregos, nem os hebreus explicam completamente, mas que é explicada pelo egípcio *Ketu*, que significa tecido, e pelos mantos e bandagens sem costuras feitos para uso eterno e usados pela Múmia-Cristo, a imagem da imortalidade nas tumbas do Egito...

... Além disso, Jesus é condenado à morte de acordo com as instruções dadas para proceder-se o *Karest*. Nenhum osso deveria ser quebrado. O verdadeiro *Karest* deveria ter todos os membros perfeitos. "Este é o que surge são; aquele a quem os homens não conhecem é seu nome."

Nos Evangelhos, Jesus ressurge com todos os membros sãos, exatamente como o *Karest* perfeitamente preservado, para demonstrar a ressurreição física da múmia. Mas, no original egípcio, a múmia se transforma. O morto diz: "Estou espiritualizado. Tornei-me uma alma. Surjo como um Deus." Esta transformação em imagem espiritual, o *Ka*, foi omitida nos Evangelhos e, como resultado, o Cristo cristão não é físico nem espiritual; as representações gnósticas continuaram sem a gnose. [pp. 9-10.]

... Esta ortografia do nome como Chrest ou Chrést, em latim, é extremamente importante, porque me permite provar a identificação com o *Karest* ou *Karust* egípcio, o nome de Cristo como a múmia embalsamada, que era a imagem da ressurreição nas tumbas egípcias, a alegoria da imortalidade, à semelhança de Hórus, que se levantou novamente e abriu o caminho de saída do sepulcro para aqueles que eram seus discípulos ou seguidores. *Ademais, esta representação de Karest ou Múmia-Cristo é reproduzida nas Catacumbas de*

Roma. Nenhuma representação da suposta ressurreição histórica de Jesus foi encontrada em qualquer monumento dos primórdios da era cristã. Em vez disso, encontramos a cena de Lázaro ressuscitando dos mortos. Isto é apresentado e reapresentado como a ressurreição típica, quando não há realmente uma ressurreição! A cena não está exatamente de acordo com a ressurreição do túmulo no Evangelho. É puramente egípcia, e Lázaro é uma múmia egípcia! Portanto, Lázaro, em toda representação, *é* a alegoria da múmia da ressurreição; Lázaro *é* o Karest, que era o Cristo egípcio e que é reproduzido pela arte gnóstica nas Catacumbas de Roma como uma forma do Cristo gnóstico, que *não era e não poderia tornar-se um personagem histórico.*

Ademais, como a coisa é egípcia, é provável que o nome seja derivado do egípcio. Se assim for, Laz (equivalente a Ras) significa ser levantado, enquanto *aru significa* múmia. Com a terminação grega, *l* torna-se Lazarus (Lázaro). No decurso da humanização dos mitos, a representação típica da ressurreição encontrada nas tumbas de Roma e do Egito tornar-se-ia a história de Lázaro ressuscitado dos mortos. Esta representação de Karest do Cristo nas Catacumbas não está limitada a Lázaro. [pp. 12-13.]

Por meio da alegoria de *Karest,* Cristo e os cristãos podem ambos ser remontados às antigas catacumbas do Egito. A múmia era feita à semelhança do Cristo. Era o Cristo por nome, idêntico ao *Chrestoi* das inscrições gregas. Assim, os mortos honrados que se levantavam novamente como os seguidores de Hórus-Makheru, a Palavra da Verdade, são os cristãos *οἱ χρηστοί*, nos monumentos egípcios. O termo *Ma-Kheru* é sempre aplicado aos fiéis que ganham a coroa da vida e a usam no festival denominado "Vinde a mim" – um convite de Hórus, o Justificador, àqueles que são os "Abençoados de seu pai, Osíris", e que, tendo feito da Palavra da Verdade a lei de sua vida, tornaram-se "Os Justificados" = *οἱ χρηστοί* , os cristãos sobre a Terra. [p. 12.]

Em uma representação do século V da Madona e seu filho, no cemitério de São Valentino, a criança recém-nascida, deitada em uma caixa ou berço, também é o *Karest*, ou alegoria da múmia, posteriormente identificada como o bebê divino do mito solar, pelo disco do sol e pela cruz do equinócio na parte posterior da cabeça da criança. Assim, nasce a criança-Cristo da fé histórica e visivelmente começa na imagem *Karest* do Cristo morto, que foi a alegoria da múmia da ressurreição no Egito durante milhares de anos antes da era cristã. Isto duplica a prova de que o Cristo das catacumbas cristãs era um sobrevivente do *Karest* do Egito.

Ademais, como mostra Didron, havia uma gravura do Cristo com o corpo *pintado de vermelho*![34] Na tradição popular, o Cristo *tinha tez vermelha*. Isto também pode ser explicado como uma reminiscência da Múmia-Cristo. Era um modo aborígene de descrever as coisas *tapu*, colorindo-as de vermelho. O corpo morto era pintado de vermelho-ocre – uma maneira bastante primitiva de se representar a múmia, ou o ungido. Assim, o Deus Ptah diz a Ramsés II que teve "*sua carne remodelada em vermelho-escarlate*". Além disso, os Iniciados nos mistérios gregos eram untados ou ungidos com lama (Demóstenes, *Oração da Coroa*, 313). Esta unção com vermelho-ocre é denominada *Kura* pelos Maori, que, da mesma maneira, representaram o *Karest* ou Cristo.

Vemos a continuação da múmia-imagem em outra linha de descendência quando tomamos conhecimento de que, entre ou-

---

[34] *Porque ele é cabalisticamente o novo Adão, o "homem celestial"*, e Adão foi feito de barro vermelho. [Nota de rodapé de H.P.B.]

tras heresias perniciosas e pecados mortais dos quais os Cavaleiros Templários eram acusados, estava o costume ímpio de adorar uma Múmia de olhos vermelhos. Acredita-se que também seu ídolo, chamado Bafomé, fosse uma múmia... A Múmia foi a imagem humana mais primitiva do Cristo.

Não duvido de que os antigos festivais romanos chamados *Caristia* estejam relacionados em sua origem com o *Karest* e a *Eucaristia*, como uma celebração em honra dos manes (almas) de seus conhecidos e parentes mortos, por amor aos quais se reconciliavam reunindo-se amigavelmente uma vez por ano.

É aqui, portanto, que devemos buscar a relação essencial entre o Cristo egípcio, os cristãos e as catacumbas romanas.

Estes Mistérios cristãos, por ignorância tidos como inexplicáveis, podem ser explicados pelo gnosticismo e pela mitologia, e de nenhuma outra forma. Não é que sejam insolúveis pela razão humana, como seus incompetentes explanadores, embora muito bem pagos, simulam hoje em dia. Esta é apenas a apologia pueril dos desqualificados em razão de sua própria ignorância irremediável – esses que jamais possuíram qualquer conhecimento sobre a Gnose ou ciência dos Mistérios, pelas quais tão somente essas coisas podem ser explicadas de acordo com sua gênese natural. Apenas no Egito podemos ir ao fundo da questão ou identificar a origem do Cristo por natureza e nome, para descobrir, finalmente, que o Cristo era a alegoria da múmia e que nossa Cristologia é mitologia mumificada [p. 13-14] – *Agnostic Annual* (Anuário Agnóstico).(40)

O que acabamos de citar é uma explicação baseada em provas puramente científicas, mas, talvez, um pouco *materialistas* demais, exatamente por ser uma ciência, não obstante ser o autor um renomado espiritualista. O ocultismo puro e simples encontra os mesmos elementos místicos no cristianismo como em outras fés, embora rejeite enfaticamente seu caráter dogmático e *histórico*. O fato de o artigo *ὁ* designar "Cristo" nos termos Ἰησοῦς ὁ Χριστός (ver *Atos* 5:42; 9:34; I *Coríntios* 3:11 etc.) prova simplesmente que ele existia como sobrenome, como o de Fócio, a quem se refere como *Φωκίων ὁ χρηστός* (Plutarco, *Vidas*)[41]. De qualquer forma, o personagem (Jesus) assim designado, quando quer que tenha vivido, foi um grande Iniciado e um "Filho de Deus".

Pois, repetimos, o sobrenome Christos baseia-se em, e a história da Crucificação deriva-se de, eventos que os precederam. Em todos os lugares, na Índia como no Egito, na Caldéia como na Grécia, todas estas lendas foram construídas a partir da mesma alegoria primitiva: o sacrifício voluntário dos *logoi* – os *raios* do único LOGOS, a emanação direta manifestada do UM Infinito e Desconhecido sempre oculto –, cujos *raios* encarnaram na humanidade. Eles consentiram em *cair na matéria* e são, portanto, chamados de "Caídos". Este é um daqueles grandes mistérios que dificilmente podem ser tratados em um artigo de revista, mas que deverão ser amplamente desenvolvidos em outro trabalho meu, *A Doutrina Secreta*.

Após tantas coisas terem sido ditas, mais alguns fatos devem ser acrescentados à etimologia dos dois termos. Χριστός sendo o verbo adjetivado em grego de *χρίω*, "ser friccionado", *como unguento* ou pomada, e vindo a palavra a significar finalmente "o Ungido" na teologia cristã; e *Kri*, em sânscrito, primeira sílaba do nome Krishna, significando "derramar, friccionar, ou cobrir com"[35], entre muitas outras coisas, pode-se chegar facilmente a compreender Krishna como o "ungido". Os filologistas cristãos tentam limitar o significado do nome de Krishna à sua derivação de *Krish*, "negro"; mas, se a analogia e a comparação das raízes sânscritas com as gregas contidas nos nomes de Chrêstos, Christos e *Ch*rishna forem analisadas mais cuidadosamente, descobriremos possuírem todas elas a mesma origem.[36]

---

[35] Daí a memorização da doutrina durante os Mistérios. A mônada pura, o "deus" encarnando e tomando-se *Chrêstos*, ou homem, em sua prova de vida, sendo que uma série dessas provações o levaram à *crucificação da carne* e, finalmente, à condição de Christos.

[36] Com base em fontes seguras, a derivação da palavra grega *Christos* provém da raiz sânscrita *ghrish* "fricção"; assim: *gharsh-â-mi-to*, "friccionar", e *ghrish-ta-s* "esfolado, machucado". Ademais, Krish, que, em um sentido, significa arar e fazer sulcos, significa, também, causar dor, "torturar, atormentar", e *ghrish-ta-s* "friccionar" – relacionando-se todos estes termos com as condições de Chrêstos e Christos. Deve-se *morrer em Chrêstos*, isto é, matar-se a própria personalidade e suas pai-

“Em *Christian Inscriptions* (Inscrições Cristãs), de Böckh, perfazendo um total de 1.287, não existe absolutamente nenhum exemplo com data anterior ao século terceiro onde o nome não seja escrito *Chrêst* ou *Chreist*.” [“The Name and Nature of the Christ” (O Nome e a Natureza de Cristo), de G. Massey, *The Agnostic Annual* (Anuário Agnóstico).][(42)]

Entretanto, nenhum desses nomes pode ser decifrado, como imaginam alguns orientalistas, simplesmente com a ajuda da astronomia e o conhecimento dos signos zodiacais, juntamente com os símbolos fálicos. Pois, embora os símbolos siderais dos personagens ou personificações místicas dos *Purânas* ou da Bíblia cumpram funções astronômicas, seus antítipos espirituais governam o mundo, de forma invisível, porém muito eficaz. Eles existem como abstrações em um plano superior, como ideias manifestadas no astral, e tomam-se poderes masculinos, femininos e andróginos neste nosso plano inferior. *Escorpião*, como *Chrêstos-Meshiac*, e *Leão*, como *Christos-Messiah* foram muito anteriores à era cristã nas provas e triunfos de Iniciação durante os Mistérios. Escorpião é o símbolo destes últimos, e Leão, o símbolo do triunfo glorificado do “sol” da verdade. A filosofia mística da ale-

---

xões, para fazer desaparecer toda ideia de separação do “Pai”, o Espírito Divino no homem; para tomar-se uno com a *Vida* e a *Luz* (Sat) eterna e absoluta, antes de se poder atingir o estado glorioso de *Christos*, o homem regenerado, o homem em liberdade espiritual.

goria é muito bem interpretada pelo autor de *The Source of Measures* que escreve:

> ...O *UM* [Chrêstos], permitindo-se descer à cova [de Escorpião, ou encarnação no útero], para a salvação do mundo; este era o sol, privado de seus *raios dourados* e *coroado de raios enegrecidos*[37] (simbolizando esta perda) como os espinhos: *o outro* era o triunfante *Messiah*, montado no *cume da arca dos céus*, personificado como o *Leão da tribo de Judá*. Em ambos os exemplos ele possuía a cruz: uma

---

[37] Convidamos os orientalistas e teólogos a lerem e estudarem a alegoria de Viswakarman o "Onificente", o Deus Védico, o arquiteto do mundo, que se sacrificou *a si mesmo* ou ao mundo, após haver oferecido todos os mundos, *que são ele mesmo*, em um "Sarva Medha" (sacrifício geral) – e meditado sobre isso. Na alegoria Purânica, sua filha *Yoga-siddha*, "consciência Espiritual", esposa de *Surya*, o Sol, queixa-se a ele da enorme resplandecência de seu marido; e Viswakarrnan, sob o aspecto de *Takshaka*, "cortador de madeira e carpinteiro", colocando o Sol sobre seu torno, corta-lhe uma parte de seu esplendor. Surya parece, depois disso, coroado de espinhos escuros em vez de raios, e torna-se Vikarttana ("destituído de seus raios"). Todos estes nomes são termos usados pelos candidatos quando passavam pelas provas da Iniciação. O Hierofante-Iniciador personificava Viswakarman, o pai e *artífice* geral dos deuses (os adeptos na Terra); e o candidato – Surya, o Sol, devia matar todas as suas paixões ardentes e usar a coroa de espinhos *enquanto crucificava seu corpo*, antes de poder ascender e renascer para uma nova vida como o glorificado Christos, a "Luz do Mundo". Nenhum orientalista parece ter sequer percebido a sugestiva analogia, quanto mais a possibilidade de aplicá-la!

vez por humilhação (ou o filho de uma cópula), e outra a controlando, como a lei da criação, dado que era Jeová...(43)

no esquema dos autores do cristianismo dogmático. Pois, como o mesmo autor mostra posteriormente, João, Jesus e mesmo Apolônio de Tiana "eram apenas sintetizações da história do mesmo sol com diferenças de aspecto ou condição".[38] (44) A explicação, diz ele,

> é bastante simples quando se considera que *Jesus*, em hebraico ש ר e Apolônio, ou Apolo, são nomes semelhantes do *sol nos céus*; e, necessariamente, a história de um, com relação a suas viagens através *dos signos*, com as personificações de seus sofrimentos, triunfos e milagres, não poderia ser senão a *história do outro*, havendo um método muito difundido e comum de se descreverem essas viagens por meio da personificação.(45)

O fato de a Igreja Secular ter sido fundada por Constantino e de ser parte de seu decreto "que o venerável dia do *Sol* deveria ser o dia reservado à adoração de Jesus Cristo como dia do *Sol*" (do inglês *Sun*-day, dia do

---

[38] O autor de *The Source of Measures* acha que isto "serve para explicar por que razão a *Vida de Apolônio de Tiana*, de Filóstrato, foi tão cuidadosamente impedida de ser traduzida e de tornar-se assim disponível à leitura popular. Aqueles que a estudaram no original foram forçados a comentar que a *Vida de Apolônio* foi tirada do Novo Testamento, ou que as narrativas do Novo Testamento foram extraídas da *Vida de Apolônio*, "em virtude de semelhanças manifestas entre os *meios de construção* das narrativas" (p. 260).

Sol [domingo]) mostra que aqueles na "Igreja Secular" sabiam bem que a alegoria apoiava-se em "bases astronômicas", como afirma o autor.[(46)] Entretanto, novamente, a circunstância de tanto os *Purânas* quanto a Bíblia estarem cheios de alegorias solares e astronômicas não milita contra o outro fato de que todas as escrituras como tais, em adição a essas duas, são livros *fechados* aos eruditos "possuidores de autoridade" (!). Mas também não afeta a outra verdade: a de que todos estes sistemas *não são obra de homem mortal*, nem sua invenção em sua origem e base.

Portanto, "Christos", sob qualquer nome que lhe seja atribuído, significa mais que *Karest*, uma múmia, ou mesmo o "ungido" e o *eleito* da teologia. Os dois últimos termos aplicam-se a *Chrêstos*, o homem de tristezas e atribulações, em sua condição física, mental e psíquica, e ambos se relacionam com a condição *Meshiach* (de onde a palavra hebraica Messias), conforme a etimologia da palavra é etimologizada[39] por Fuerst e pelo autor de *The*

---

[39] "A palavra שיח, *shiach* é, em hebraico, a mesma palavra usada como forma verbal significando *descer à cova*. Como substantivo, significa também *cova, lugar de espinhos*; e também a *palavra de lamento*. O particípio *hifil* desta palavra é מ ש ר ח ou *Meshiach*, ou a palavra grega *Messias*, ou *Cristo*, e significa 'aquele a quem é permitido descer à cova'"[(47)] (ou inferno, no dogmatismo). Na filosofia esotérica, este *descer à cova* tem o mais misterioso dos significados. Diz-se que o Espírito "Christos", ou melhor, o "Logos" (*leia-se* Logoi) "desce à cova"

Source of Measures (p. 255). Christos é a coroa de glória do Chrêstos sofredor dos mistérios, assim como do candidato à UNIÃO final de qualquer raça ou credo. Ao verdadeiro seguidor do ESPÍRITO DA VERDADE, pouco importa, portanto, se Jesus, como homem e Chrêstos, viveu durante a era chamada cristã, antes, ou nunca tenha vivido. Os Adeptos, que viveram e morreram pela humanidade, existiram em todas as idades, e muitos foram os homens bons e santos da antiguidade que possuíam o sobrenome ou título de Chrêstos antes de Jesus de Nazaré ou, talvez, Jesus (ou Jehoshua) Ben Pandira, nascer.[40]

---

quando encarna, *nasce como homem*. Após haverem roubado a *Elohim* (ou deuses) seu segredo, o "fogo da vida" *pro-criador*, os Anjos de Luz são lançados à cova ou abismo da matéria, chamado *Inferno*, ou cova sem fundo, pelos amáveis teólogos. Isto na Cosmogonia e na Antropologia. Durante os Mistérios, entretanto, é o *Chrêstos*, *neófito* (como homem) etc., que tinha que descer às criptas da Iniciação e das provações; e, finalmente, durante as horas do "Sono de Siloam" ou *transe* final, em que o novo Iniciado receberia os últimos e finais mistérios a serem divulgados a ele. Hades, Sheol ou Patala são todos um só. O que acontece no Oriente hoje ocorreu a 2.000 anos no Ocidente, durante os MISTÉRIOS.

[40] Vários clássicos testemunham este fato. Luciano, (*Iupp. Conf.*, 16), diz *Φωκίων ό χρηστός* and *Φωκίων ό έπίκλην* (de sobrenome *Χρηστός*.[(48)] Em *Fedro*, 226 E, está escrito "referes-te a Teodoro, o Chrêstos". *Τόυ χρηστόυ λέγεις Θεόδωρου*. Plutarco mostra o mesmo; e *Χρηστος* – Chrêstos é o nome próprio (ver a palavra no *Thesaurus* de Stephanus)[(49)] de um

Portanto, pode-se concluir, com boas razões, que Jesus, ou Jehoshua, foi como Sócrates, Fócio, Teodoro e muitos outros que possuíam o sobrenome de *Chrêstos*, isto é, os Iniciados "bons e excelentes", bondosos e santos, que indicaram o "caminho" à condição de Christos, tornando-se "o Caminho" no coração de seus entusiasmados admiradores. Os cristãos, como todos os "adoradores de Heróis", tentaram ofuscar todos os outros Chrêstoi que lhes pareciam rivais de *seu* Homem-Deus. Mas se a voz dos MISTÉRIOS permaneceu silenciosa durante muitas eras no mundo ocidental, se Elêusis, Mênfis, Antium, Delfos e Crêsa foram há muito transformados nas tumbas de uma ciência outrora tão colossal no Ocidente, quanto ainda o é no Oriente, há sucessores atualmente sendo preparados para eles. Estamos em 1887, e o século XIX está bem próximo de seu final. O século XX guarda estranhos desenvolvimentos para a humanidade e pode, até mesmo, ser o último com esta denominação.

H.P.B.

---

orador e discípulo de Herodes Ático.

— III —

[*Lucifer*, Volume I, nº 6, fevereiro de 1888, p. 490-496.]

Ninguém pode ser considerado cristão, a menos que professe, ou se suponha que professe, crença em Jesus pelo batismo e, na salvação, "pelo sangue de Cristo". Para ser considerado um bom cristão, deve-se, como condição *sine qua non*, demonstrar fé nos dogmas expostos pela Igreja e professá-los; após o que se está livre para levar uma vida particular e pública baseada em princípios diametralmente opostos aos expressos no Sermão da Montanha. O ponto principal e o que lhe é pedido é que deve ter – ou *fingir ter* – fé cega e veneração pelos ensinamentos eclesiásticos de sua Igreja especial.

"*A fé é a chave do cristianismo*",

afirmou Chaucer, e a punição por não a ter é claramente afirmada nas palavras do *Evangelho de São Marcos*, capítulo 16, versículo 16: "O que crer e for batizado será salvo; mas o que não crer será condenado."

Incomoda muito pouco a Igreja que as mais cuidadosas pesquisas a respeito destas palavras nos mais antigos textos, durante os últimos séculos, tenham sido infrutíferas; ou que a recente revisão da Bíblia tenha levado os estudiosos amantes e buscadores da verdade empenhados em tal tarefa à convicção unânime de que nenhuma frase desse tipo, tão *avessa* a Cristo, possa ser encontrada, exceto em alguns dos mais recentes textos fraudulentos. O bom povo cristão havia assimilado as palavras consoladoras, e elas haviam se tornado o próprio cerne e âmago de suas almas caridosas. Tirar a esperança de condenação eterna de todos os outros, exceto de si mesmos, desses instrumentos escolhidos do Deus de Israel, era como tirar-lhes a própria vida. Os revisores amantes da verdade e tementes a Deus ficaram assustados: deixaram a passagem falsificada (uma interpolação de onze versículos, do 9º ao 20º) e satisfizeram suas consciências com uma nota de rodapé de caráter bastante equívoco, que dignificaria o trabalho e faria honra às faculdades diplomáticas dos mais astuciosos jesuítas. A nota diz o seguinte ao "crente":

> Os dois manuscritos gregos mais antigos, e algumas outras autoridades, omitem o conteúdo do versículo 9 até o final. Algumas dessas fontes *apresentam um final diferente* do Evangelho.[41]

— e não explicam absolutamente mais nada.

Mas os dois "manuscritos gregos mais antigos" *omitem* os versículos *nolens volens*, como se *jamais houvessem existido*. E os revisores eruditos e amantes da verdade sabem disso melhor que qualquer um de nós; entretanto, a perversa falsidade está impressa na própria sede da Di-

[41] Ver "Evangelho segundo São Marcos", na edição *revisada* impressa para as Universidades de Oxford e Cambridge, 1881.

vindade Protestante, e permite-se que continue a existir resplandecendo no rosto de gerações futuras de estudantes de teologia e, por esta mesma razão, no rosto de seus futuros paroquianos. Não podem, nem são enganados por essa falsidade, mas ainda assim *fingem* acreditar na autenticidade das palavras cruéis, dignas de um *Satã teológico*. E este Satã-Moloch é seu próprio *Deus de infinita misericórdia e justiça* que está nos Céus, e o símbolo encarnado do amor e da caridade na Terra – fundidos em um só!

Verdadeiramente misteriosos são seus meios paradoxais, Ó Igrejas de Cristo!

Não tenho a intenção de repetir aqui discussões gastas e *exposés* lógicas de todo o esquema teológico; pois tudo isso já foi feito, várias e várias vezes, e da mais excelente maneira, pelos mais hábeis «infiéis» da Inglaterra e dos Estados Unidos. Mas posso repetir brevemente uma profecia que é resultado evidente do presente estado mental dos homens na cristandade. A crença *literal* na Bíblia e em um Cristo *carnalizado* não durará mais que um quarto de século. As Igrejas terão de se desfazer de seus estimados dogmas, ou o século XX testemunhará a queda e a ruína de toda a cristandade, e com isso até mesmo a crença em um Christos como Espírito puro. O próprio nome tornou-se agora nefasto, e o cristianismo teológico deve morrer para *nunca mais ressuscitar* em sua presente forma. Esta, em si, seria a mais feliz de todas as soluções, não fora o perigo da reação natural que necessariamente se seguiria: o materialismo crasso seria a consequência e o resultado de séculos de fé cega, a menos que a perda de velhos ideais fosse preenchida por outros ideais, inatacáveis, posto que *universais*, e construídos sobre a rocha das verdades eternas, e não sobre as areias movediças da fantasia humana. A imaterialidade pura deve substituir, por fim, o terrível antropomorfismo desses ideais na concepção de nossos modernos dogmáticos. De outra forma, por que deveriam os dogmas cristãos – réplicas perfeitas dos dogmas pertencentes a outras religiões exotéricas e pagãs – reivindicar superioridade? As estruturas de todas elas foram construídas sobre os mesmos símbolos astronômicos e fisiológicos (ou fálicos). Astrologicamente, todo dogma religioso existente no mundo pode ser reconhecido e localizado nos signos do zodíaco e no Sol. E enquanto a ciência da simbologia comparativa ou qualquer teologia possuir apenas duas chaves para abrir os mistérios dos dogmas religiosos – e essas duas chaves forem muito parcialmente dominadas –, como poderá ser traçada uma linha demarcatória, ou como se poderá fazer qualquer diferença entre as religiões de, digamos, Chrishna e Cristo, entre salvação através do sangue do "primeiro homem nascido" de uma fé e a do "Filho *unigênito*" da outra religião, muito mais nova?

Estudem os *Vedas*: leiam, inclusive, os escritos superficiais, frequentemente deturpados nos escritos de nossos grandes orientalistas, e reflitam a respeito do que aprenderem. Observem os brâmanes, os hierofantes egípcios e os magos da Caldéia, que ensinaram vários milhares de anos antes de nossa era que os próprios deuses haviam sido apenas mortais (em nascimentos anteriores) até obterem a imortalidade *oferecendo seu sangue a seu Supremo Deus* ou chefe. O *Livro dos Mortos* ensina que o homem mortal "torna-se uno com os deuses por meio do interfluxo de uma vida comum no sangue comum dos dois". Os mortais ofereciam o sangue de seus primeiros filhos em sacrifício aos Deuses. Em seu *Hinduism* (Hinduísmo, p. 36), o Professor Monier Williams, traduzindo o *Taittiriya Brâhmana*, escreve: "Por meio do sacrifício, os deuses obtinham o céu." E em *Tandya Brâhmana*: "O senhor das criaturas (*prajâ-pati*) ofereceu a si mesmo como um sacrifício aos deuses." E, novamente, em *Satapatha Brâhmana*: "Aquele que, sabendo disso, presta o *Purusha-medha*, ou o sacrifício do macho primitivo, torna-se tudo."

Sempre que vejo os ritos védicos serem discutidos e chamados de "repugnantes sacrifícios humanos" e canibalismo (*sic*), sinto-me inclinada a perguntar: onde está a diferença? Entretanto, há uma, de fato; pois, enquanto os cristãos são compelidos a aceitar literalmente[42] o drama alegórico (embora altamente filosófico, quando compreendido) da Crucificação do Novo Testamento e de Abraão e Isaac, o bramanismo – ou pelo menos suas escolas filosóficas – ensina a seus adeptos que este sacrifício (*pagão*) do "macho primitivo" é um símbolo puramente alegórico e filosófico. Lidos em seu sentido literal, os quatro evangelhos são simplesmente versões levemente alteradas do que a Igreja proclama como plágios satânicos (por antecipação) de dogmas cristãos em religiões pagãs. O materialismo tem todo o direito de encontrar em todas elas a mesma adoração sensual e mitos "solares" quanto em qualquer outro lugar. Analisado e criticado superficialmente e em sua faceta de letra morta, o fato de o professor Joly [*Man before Metals* (O Homem Antes dos Metais), pp. 189-190] ter encontrado meros símbolos sexuais na *Suástica*, a *crux ansata*, e na cruz pura e simples acaba sendo justificado, como ele o faz percebendo que:

> O pai do fogo sagrado [na Índia] tinha o nome de *Twashtri*, o carpinteiro divino que construiu a *Suástica* e a *Pramanthâ*, cuja

[42] Veja "The Soldier's Daughter" (A filha do Soldado), *Lucifer*, vol. I, nº 6, escrito pelo rev. T. G. Headley, e observe o protesto desesperado deste *verdadeiro* cristão contra a aceitação *literal* dos "sacrifícios de sangue", "expiações através do sangue" etc., na Igreja da Inglaterra. A reação começa: outro *sinal dos tempos*.(50)

fricção produziu o menino divino *Agni* (em Latim *Ignis)*; sua mãe chamava-se *Maya;* ele próprio foi intitulado *Akta* (ungido, *χριστός*) após os sacerdotes haverem derramado *soma* alcoólico sobre sua cabeça e, sobre seu corpo, manteiga purificada pelo sacrifício...

Ao perceber tudo isso, ele tem o direito de assinalar que:

...a estreita semelhança existente entre certas cerimônias de adoração a *Agni* e certos ritos da religião católica pode ser explicada, pelo menos até certo ponto, por sua origem comum. *Agni* na condição de *Akta* (*ungido*), sugere Cristo; *Maya*, Maria, sua mãe; *Twashtri*, São José, o carpinteiro da Bíblia.

Terá o professor da Faculdade de Ciências de Toulouse explicado tudo pelo fato de chamar a atenção para aquilo que todos podem perceber? Naturalmente que não. Mas se, em sua ignorância do significado esotérico da alegoria, ele nada tiver acrescentado ao conhecimento humano, terá, por outro lado, destruído a fé de muitos de seus pupilos na "origem *divina*" do cristianismo e de sua Igreja, e terá ajudado a aumentar o número de materialistas. Pois, certamente, nenhum homem devotado a tais estudos comparativos poderá considerar a religião do mundo ocidental senão como uma pálida e enfraquecida cópia de filosofias mais antigas e nobres.

A origem de todas as religiões – incluindo-se aí o cristianismo judeu – deve ser encontrada em algumas verdades primevas, nenhuma das quais pode ser explicada isoladamente, uma vez que cada uma delas é complemento das demais em algum detalhe. E todas elas são, mais ou menos, raios partidos do mesmo Sol da verdade, e seu início deve ser buscado nos registros arcaicos da Religião-Sabedoria. Sem a luz desta última, os maiores estudiosos não poderão ver mais que esqueletos cobertos com máscaras de fantasia e baseados, em sua maior parte, em signos zodiacais personificados.

Uma espessa película de alegorias e *disfarces*, os "provérbios obscuros" da ficção e da parábola, cobre assim os textos originais esotéricos, a partir dos quais o Novo Testamento – *como ora é conhecido* – foi compilado. De onde vêm então os Evangelhos, a vida de Jesus de Nazaré? Não foi repetidamente afirmado que nenhum cérebro humano *mortal* poderia ter inventado a vida do Reformador judeu, seguida pelo terrível drama do Calvário? Dizemos, com base na autoridade da Escola Oriental esotérica, que tudo isso provém dos gnósticos, no que se refere ao nome Christos e às alegorias místico-astronômicas, e dos escritos dos antigos *Tanaïm*, no que se refere à relação cabalística de Jesus ou Joshua com as personificações bíblicas. Uma dessas personificações é o nome místico e esotérico de Jehovah (Jeová) – não o atual Deus caprichoso dos judeus profanos, ignorantes de seus próprios mistérios, o Deus aceito pelos ainda mais ignorantes cristãos, mas o Jeová composto da Iniciação pagã. Isto está demonstrado muito satisfatoriamente pelos glifos ou combinações místicas de vários signos que sobreviveram até nossos dias nos hieroglifos católicos romanos.

Os Registros Gnósticos continham o resumo das principais cenas representadas durante os mistérios da Iniciação, desde que o homem tem memória; muito embora até isso fosse invariavelmente apresentado sob o manto de semi-alegoria, sempre que eram registrados em pergaminhos. Mas os antigos Tanaïm, os Iniciados de quem os talmudistas posteriores obtiveram a sabedoria da Cabala (*tradição oral*), possuíam o segredo da linguagem-mistério, e é *nesta linguagem que os Evangelhos* foram escritos.[43] Apenas aquele que tiver decifrado os criptogramas esotéricos da antiguidade – o significado secreto dos numerais, propriedade comum, ao mesmo tempo, de todas as nações – tem a prova total do gênio exibido na combinação de alegorias e nomes puramente egipto-judaicos do Antigo Testamento com as dos gnósticos greco-pagãos, os mais refinados de todos os místicos da época. O bispo Newton prova isso, de forma inocente, mostrando que "São Barnabás, companheiro de São Pau-

---

[43] Assim, enquanto os três Sinópticos exibem uma combinação das simbologias pagãs gregas e judaicas, o *Apocalipse* está escrito na linguagem misteriosa dos Tanaïm – relíquia da sabedoria do Egito e da Caldéia – e o Evangelho de São João é puramente gnóstico.

lo, em sua epístola (cap. IX) descobre... o nome de Jesus crucificado no número 318", isto é, Barnabás descobre isto no grego místico I H T – sendo *tau* o glifo da cruz. A este respeito, um cabalista, autor do manuscrito não publicado *Key of Formation of Mystery Language* (Chave da Formação da Linguagem do Mistério), observa:[51]

Mas isto é apenas um jogo com as letras hebraicas *Jod*, *Cheth* e *Shin*, de onde provém o I H S como o monograma de Cristo até nossos dias, e isto pode ser lido como יחש, ou 381, sendo a soma das letras 318, ou o número de Abraão e seu Satã, e de Joshua e seu Amaleque. É também o número de Jacó e seu antagonista, como pode ser demonstrado. Godfrey Higgins cita, a este respeito, o número 608. É o número do nome Melquizedeque, pois o valor do último é 304, e Melquizedeque era sacerdote do Mais Elevado Deus, sem início ou fim de dias.

A solução e o segredo de Melquizedeque são encontrados no fato de que:

Foi dito que, nos antigos panteões, os dois planetas que existiam desde a eternidade [*eternidade eônica*], e eram eternos, eram o Sol e a Lua, ou Osíris e Ísis, razão pela qual os termos *sem início ou fim de dias*. 304 multiplicado por dois resulta em 608. Da mesma forma os números estão contidos na palavra Seth (Set), que era um símbolo do ano. Há fortes razões para que o número 888 seja aplicado ao nome de Jesus Cristo e, como dito, isto está em antagonismo com o número 666 do Anticristo... O valor invariável no nome de Joshua era o número 365, indicação do ano solar, ao passo que Jeová deleitava-se em ser a indicação do ano lunar – e Jesus Cristo era tanto Joshua quanto Jeová no panteão cristão...

Isto é apenas uma ilustração para provar que a aplicação cristã do nome composto Jesus-Cristo está toda ela baseada em misticismo gnóstico e oriental. Era correto e natural que os cronistas, assim como os gnósticos iniciados, comprometidos ao sigilo, velassem ou *escondessem* o significado final de seus mais antigos e sagrados ensinamentos. O direito dos padres da Igreja de encobrirem o todo com uma cataplasma de fantasia evemerista é muito mais duvidoso.[44] Os escribas e cronistas gnósticos não enganaram ninguém. Todo Iniciado em gnose arcaica – seja do período pré ou pós-cristão – conhecia muito bem o valor de cada palavra da "linguagem-mistério". Pois estes gnósticos – inspiradores do cristianismo primitivo – eram "os mais cultos, os mais eruditos e os mais ricos possuidores do nome cristão", como afirma Gibbon.[(52)] Nem eles, nem seus humildes seguidores, corriam o risco de aceitar a letra morta de seus próprios textos. Mas o mesmo não acontecia com relação às vítimas dos fabricantes do que ora é chamado de cristianismo *ortodoxo* e

[44] "A alegação do cristianismo, de que possui Autoridade Divina, reside na crença ignorante de que o Cristo Místico não só poderia como se transformou em uma pessoa, enquanto a Gnose prova que o Cristo Corpóreo é apenas uma Representação Falsa do Homem Trans-corpóreo; consequentemente, a imagem Histórica é, e sempre deverá ser, um modo fatal de se falsificar e desacreditar a Realidade Espiritual." (G. Massey, "Gnostic and Historic Christianity".)

histórico. Todos os seus sucessores incorreram nos erros dos "tolos Gálatas" reprovados por Paulo, quando ele lhes diz (*Gálatas* 3,1-5) que tendo começado (acreditando) no Espírito (de Christos), "acabaram por acreditar *na carne*", isto é, num Cristo *corpóreo*. Pois este é o verdadeiro sentido da frase grega "*ἐναρξάμενοι πνεύματι νῦνσακί*".[45]

(53) É fato suficientemente claro para todos, exceto para os dogmáticos e teólogos, que Paulo era um gnóstico, um fundador de uma nova seita da *gnose* que reconhecia, como todas as outras seitas gnósticas, um "Cristo-Espírito", embora isso fosse contra seus oponentes, as seitas rivais. É igualmente claro que os ensinamentos primitivos de Jesus, quando quer que ele tenha vivido, só puderam ser descobertos nos ensinamentos gnósticos; contra cuja descoberta, os falsificadores que acabaram por transformar o Espírito em matéria, degradando assim a nobre filosofia da Religião-Sabedoria primeva, tomaram amplas precauções desde o início. Todos os trabalhos de Basílides – "o filósofo devotado à contemplação das coisas

---

[45] Esta frase analisada ou significa "possa vós, que tendo começado pelo *Cristo-Espírito*, *acabais* agora acreditando em um Cristo de carne", ou não significa nada. O verbo *ἐπιτελουμαι* não tem o significado de "tornar-se perfeito", mas de "acabar por", assim se tornando. A luta de toda uma vida de Paulo com Pedro e outros, e o que ele mesmo conta de sua visão de um Cristo Espiritual e não de Jesus de Nazaré, como em *Atos* – são provas disso.

Divinas", como o descreve Clemente –, os 24 volumes de seus *Interpretations upon the Gospels* (Comentários sobre os Evangelhos), foram queimados por ordem da Igreja, conta-nos Eusébio (*Hist. Ecles.*, Livro IV, cap. 7).[(54)]

Uma vez que estes *Interpretations* foram escritos numa época em que os Evangelhos, como ora os temos, ainda não existiam[46], eis aí uma boa prova de que o Evangelho, cujas doutrinas foram levadas a Basílides pelo Apóstolo Mateus, e por Glaucias, discípulo de Pedro (Clemente de Alexandria, *Misc.*, VII, cap. xvii),[(56)] deve ter diferido muitíssimo do atual Novo Testamento. Nem podem essas doutrinas ser julgadas pelos relatórios distorcidos legados à posteridade por Tertuliano. Entretanto, mesmo o pouco que este partidário fanático oferece mostra as principais doutrinas gnósticas, sob uma terminologia e representações peculiares próprias, como idênticas às da *Doutrina Secreta* do oriente. Pois,

> ...discutindo Basílides, o "piedoso, divino e teosófico filósofo", como Clemente de Alexandria o considerava, Tertuliano exclama: "Depois disso Basílides, o *herético*, soltou-se.[47] Ele afirma que

[46] Ver *Supernatural Religion* (Religião Sobrenatural), vol. II, cap. "Basilides".[(55)]

[47] Indaga-se em *Ísis sem Véu* "se os pontos de vista do bispo frígio Montano não teriam sido também considerados HERESIA pela Igreja de Roma. É extraordinário ver o quão facilmente essa Igreja encoraja o insulto de um *herético*, Tertuliano, contra

há uma Deidade Suprema, chamada Abraxas, por quem a Mente [Mahat] foi criada, a quem os gregos chamavam *Nous*. Desta emanou a Palavra; da Palavra, a Providência; da Providência, a Virtude e a Sabedoria; destas duas novamente, Virtudes, *Principados*[48] e *Potestades* foram feitos; daí resultaram infinitas produções e emissões de anjos. Entre os anjos mais inferiores, de fato, e os que fizeram este mundo, ele coloca em último lugar o Deus dos judeus, a quem nega ser o próprio Deus, afirmando ser apenas um dos anjos...".[49] [*Ísis sem Véu*, II, p. 189.]

Outra prova da alegação de que o *Evangelho de Mateus* nos textos gregos usuais não é o evangelho original em hebraico nos é dada por São Jerônimo (ou Hieronymus). A suspeita de uma consciente e gradual *evemerização* do princípio Crístico desde o início transforma-

---

outro *herético*, Basílides, quando o insulto vem favorecer seus objetivos". [*Ísis sem Véu*, II, 189, nota de rodapé.]

[48] "Não é o próprio Paulo que fala de '*Principados* e *Potestades* nos lugares celestiais' (*Efésios* 3, 10; 1, 21) e confessa que há muitos *deuses* e muitos *Senhores* (Kurioi)? E anjos, potestades (Dunameis) e *Principados*? (Ver 1 *Coríntios* 8, 5; e *Epístola aos Romanos* 8, 38)." [*Ísis sem Véu*, II, 189, nota de rodapé.]

[49] Tertuliano, *Liber de praescriptione haereticorum.*(57) Deve-se inegavelmente apenas à argumentação extraordinariamente casuística e astuciosa o fato de que Jehovah, que na *Cabala* é simplesmente um Sephiroth, o terceiro poder da mão esquerda entre as Emanações (Binah), ter sido elevado à dignidade do Um, Deus absoluto. Mesmo na Bíblia ele é apenas um dos *Elohim* (ver *Gênesis* 3:22, "O Senhor Deus" que não faz diferença entre si mesmo e os outros).

-se em convicção, uma vez que se toma conhecimento de certa confissão contida no Livro II dos *Comentários sobre Mateus* de Jerônimo. Pois encontramos aí provas de uma substituição deliberada de todo o evangelho, tendo o evangelho ora existente no Cânone sido evidentemente reescrito por este ultrazeloso padre da Igreja.[50] Diz ele ter sido mandado no final do século IV por "suas graças", os bispos Cromato e Heliodoro, a Cesaréa, com a missão de comparar o texto grego (o único que possuíam) com a versão hebraica original, preservada pelos nazarenos em sua biblioteca, e traduzi-la. Ele a traduziu, mas sob protesto; pois, como diz, o *Evangelho* "exibia matéria *não para edificação, mas para destruição*".[51] "Destruição" do quê? Do dogma segundo o qual Jesus de Nazaré e o *Christos* são um – evidentemente; e daí a "destruição" da

---

50 Isto é *história*. Pode-se inferir até que ponto foram *reescritos* e falsificados os fragmentos gnósticos primitivos que agora se tornaram o Novo Testamento pela leitura de *Supernatural Religion* (Religião Sobrenatural), que passou por vinte e três edições, se eu não estiver equivocada. A quantidade de fontes autorizadas citadas pelo autor é simplesmente estarrecedora. Só a lista de críticos da Bíblia inglesa e alemã parece interminável.[(58)]

51 Os principais detalhes são dados em *Ísis sem Véu*, vol. II, pp. 180-183. A verdadeira fé na infalibilidade da Igreja deve ser *totalmente cega* – ou poderia não ter escapado de ser morta e – morrer.

religião recentemente planejada.[52] Nesta mesma carta, o Santo (que aconselhou seus convertidos a matarem seus pais, maltratarem quem os alimentou caminhando sobre os corpos de suas mães se os pais se pusessem como obstáculo entre seus filhos e Cristo) admite que Mateus não desejava que seu evangelho fosse *escrito abertamente*, já que o manuscrito era *secreto*. Mas, ao mesmo tempo em que também admite que este evangelho "foi escrito em caracteres hebraicos e *por sua própria mão*" (*de Mateus*), ainda assim se contradiz em outro lugar e assegura à posteridade que, *como ele foi falsificado e reescrito por um discípulo de Maniqueu chamado Seleuco*..., "os ouvidos da Igreja recusaram-se apropriadamente a ouvi-lo".(60)

Não é de admirar que o próprio significado dos termos *Chrêstos* e *Christos*, e a atribuição de ambos a "Jesus de Nazaré", nome derivado de Joshua, o *Nazar*, tenha se tornado agora letra morta para todos, com exceção dos ocultistas não cristãos. Pois nem mesmo os cabalistas possuem agora qualquer documento original em que se possa confiar. O *Zohar* e a Cabala foram remodelados por mãos cristãs, tornando-se totalmente irreconheci-

---

[52] Ver: Jerônimo, *De viris illustribus liber* (Sobre os homens ilustres), cap. 3; H. Olshausen, *Nachweis der Echtheit der sämmtlichen Schriften des Neuen Testaments*, p. 35.(59) O texto grego do Evangelho de Mateus é o único usado e possuído pela Igreja.

veis; e não fora uma cópia do *Livro dos Números* caldaico, nada teria restado, exceto relatórios mutilados. Que nossos irmãos, os assim chamados cristãos cabalistas da Inglaterra e da França, muitos dos quais são teosofistas, não protestem muito veementemente; pois *isto é história* (ver Munk). É tão absurdo sustentar, como alguns orientalistas alemães e críticos modernos ainda o fazem, que a Cabala jamais existiu antes dos dias do judeu-espanhol Moisés de León, acusado de haver forjado este pseudografo no século XIII, quanto reivindicar que quaisquer dos trabalhos cabalísticos ora em nossa posse sejam tão originais como eram quando o Rabino Shimon Ben Yochai transmitiu a "tradição" a seu filho e seguidores. Nem mesmo um único destes livros é imaculado, nenhum escapou da mutilação pelas mãos cristãs. Munk, um dos mais eruditos e hábeis críticos de sua época sobre este tema, o prova, ao mesmo tempo em que protesta, como também o fazemos, contra a hipótese de que seja uma falsificação pós-cristã, quando diz:

> Parece-nos evidente... que o compilador se utilizou de documentos antigos, entre eles, de certos *Midrashîm* ou coleções de tradições e exposições bíblicas, que nós, agora, não possuímos.[(61)]

Depois, citando Tholuck (*l. c.* pp. 24 e 31)[(62)], ele acrescenta:

> Hây Gaôn, que morreu em 1038, é, segundo sabemos, o primeiro autor a desenvolver a teoria dos sephiroth, dando-lhes os nomes

que, por sua vez, encontramos entre os cabalistas (cf. Jellinek, *Moses ben Shem-tob de Leon* etc. p. 13, nota 5)[(63)]; este médico, *que mantinha íntimo relacionamento com sábios cristãos sírios e caldaicos*, poderia, por meio destes últimos, adquirir algum conhecimento proveniente de escritos gnósticos.

Esses "escritos gnósticos" e princípios esotéricos tornaram-se parte integrante das obras cabalísticas, com muito mais interpolações modernas do que podemos encontrar agora no *Zohar*, como Munk bem o prova. A Cabala agora é cristã, não judaica.

Assim, depois de várias gerações dos mais ativos padres da Igreja trabalhando em prol da destruição de velhos documentos e na preparação de novas passagens a serem acrescentadas àquelas que por acaso viessem a sobreviver, sobram dos *gnósticos* – a descendência legítima da Religião-Sabedoria arcaica – apenas alguns fragmentos irreconhecíveis. Mas uma partícula de ouro genuíno brilhará para sempre e, por mais deturpados que tenham sido os documentos deixados das doutrinas dos "heréticos" por Tertuliano e Epifânio, um ocultista ainda pode descobrir neles traços daquelas verdades primevas que, na antiguidade, eram universalmente divulgadas durante os mistérios da Iniciação. Entre outros trabalhos com alegorias mais sugestivas, temos ainda os chamados *Evangelhos Apócrifos*, e o último descoberto como a mais preciosa relíquia da literatura gnóstica, um fragmento chamado *Pistis-Sophia*, "Conhecimento-Sabedoria".(64)

Em meu próximo artigo sobre o caráter Esotérico dos Evangelhos, espero poder demonstrar que aqueles que traduziram *Pistis* por "Fé" estão redondamente enganados. A palavra "fé", como *graça* ou algo em que se acredite mediante fé desarrazoada ou cega, é uma palavra que data apenas da era cristã. Paulo jamais usou esse termo nesse sentido em suas Epístolas, e Paulo era – inegavelmente – um INICIADO.

H.P.B.

(*Continua*)[53]

---

[53] [Até onde pudemos constatar, esta série nunca foi concluída por H. P. B. – *Compilador*.]

Notas do Compilador

[*Estas notas correspondem aos respectivos números sobrescritos no texto "O Caráter Esotérico dos Evangelhos".*]

[1] Referência ao Editorial de H.P.B. em *Lucifer*, Vol. I, outubro de 1887, p. 83-89, publicado em ordem cronológica na presente série de volumes.

[2] Referência a *Anacalypsis* I, 568, de G. Higgins, onde ele cita o Rev. Robert Taylor (1784-1844). O título completo da obra é: *Syntagma of the evidences of the Christian religion* (Sintagma das provas da religião cristã), sendo uma defesa do Manifesto da sociedade cristã da prova contra os ataques da sociedade cristã da instrução, através de seu representante J.P.S., comumente referido como sendo o Dr. John Pye Smith... Londres: Impresso para o autor, 1828. Reimpresso por W. Dugdale [sem data]. Trata-se de um livrinho de 128 páginas. A passagem na íntegra, citada por Higgins é:

"O elogioso epíteto CHRÊST (de onde e pelo qual provém o iotacismo, ou mudança do E longo para I, um termo de respeito transformado em termo de adoração), significava nada mais que um bom homem. Clemente de Alexandria, no século II, encontrou um sério argumento nesta paronomásia (Liv. III, cap. XVII, p. 53 *et circa* – *Salmo* 55, D), de que todos aqueles que acreditem em Chrêst (isto é, em "um *bom homem*") tanto são *Chrêstians quanto* são chamados de *Chrêstians*, isto é, *bons homens*." (*Miscelâneas*, liv. II.)

A palavra "cristão" ocorre três vezes no Novo Testamento, a saber, em *Atos* XI, 26; XXVI, 28; e *1 Pedro* 4:16. Sua ortografia difere, entretanto, nos três manuscritos mais antigos conhecidos, conforme aparece na seguinte tabela:

	"Texto recebido" (moderno)	Codex Alexandrinus	Codex Vaticanus	Codex Sinaiticus
Acts, xi, 26	χριστιανούς	χριστιανους	χρειστιανους	χρηστιανους (texto correto)
Acts, xxvi, 28	χριστιανὸν	χριστιανον	χρειστιανον	χρηστιανον
1 Peter, iv, 16	χριστιανὸς	χριστιανος	χρειστιανος	χρηστιανος

[3] Em *The First Apology of Justin Martyr* (A Primeira Apologia de Justino, o Mártir), de John Kaye (Edimburgo: John Grant, 1912), a tradução desta passagem é a seguinte: "... e quanto a nosso nome, que é equivalente a um crime contra um cristão, se formos testados quanto a este artigo, devemos certamente ser absolvidos como homens muito bons."

Godfrey Higgins, em seu *Anacalypsis*, I, 569, escreve com relação a isto:

"Sobre esta passagem, Thirlby tem a seguinte nota: *χρηϛοτατοι*, allusio est ad *vulgatam eo tempore consuetudinem*, quâ Chiristus ignorata nominis ratione nominabitur Chrestus (Sylburgius). Aqui está outra prova decisiva de que no tempo de Justino os cristãos eram comumente chamados de Chrêstians. Na página seguinte, Justino chama os cristãos de *χριστιαυσι*e acrescenta, *το δε χρηστον μισεισθα ν δικαιον* – 'Odiar o que é *bom*, *chrestom*, não é justo'. Sobre isto Thirlby, em uma nota, afirma (*χριστιανοι*) *χρηστιανοι* legendum haud immerito conjectavit Sylburgus, ex mente scilicet seu potius voce adversariorum (Grabe). E certo é que Sylburgius conjeturou muito acertadamente. Pois não se pode duvidar que o *χριστιανοι* de Justino é uma adulteração – e uma adulteração muito absurda. Se ele foi adulterado em um lugar, pode ter sido em outros."

[4] Três fascículos deste ensaio, "O Caráter Esotérico dos Evangelhos", foram publicados em *Lucifer*, e a série permaneceu inconclusa.

Entretanto, o tema do significado esotérico da história dos Evangelhos, o sentido oculto de seu simbolismo e a historicidade de Jesus foram discutidos por H.P.B. em vários outros importantes ensaios, artigos e notas de pé de página anexadas a contribuições de outros autores. Menção especial deve ser feita à sua extensa controvérsia com o abade Roca, publicada nas páginas de *Le Lotus* (Vol. II, dezembro, 1887; Vol. III, abril e junho, 1888); seu contundente artigo "The Origin of the Gospels and the Bishop of Bombay" (A Origem dos Evangelhos e o Bispo de Bombaim), que apareceu em *The Theosophist* (Vol. IV, outubro, 1882, p. 6-9); seu artigo intitulado "A Word with the Theosophists" (Uma Palavra com os Teosofistas) (*ibid.*, Vol. IV, março 1883, p. 143-45); suas valiosas notas editoriais ao artigo "The Cruxifixion of Man" (A Crucificação do Homem), publicado em *Lucifer* (Vol. II, maio, 1888, pp. 243-50), incorporando uma análise do "Cry on the Cross" (Súplica na Cruz); suas muitas passagens sobre temas similares ao longo dos volumes de *A Doutrina Secreta* e *Ísis sem Véu*; e as várias Seções devotadas quase que exclusivamente a estes temas no volume intitulado "A Doutrina Secreta, Vol. III", publicado em 1897.

[5] Referência à carta muito hábil de Gerald Massey (*Lucifer*, Vol. I, nº 2, outubro, 1887, p. 135-138), na qual ele responde a uma objeção do Dr. G. Wyld que se surpreende em ouvir alguém dizer que os ensinamentos atribuídos a Jesus são contraditórios. O Sr. Massey aponta grande número de contradições diretas e implícitas no texto

dos Evangelhos aceitos, tais como *João* 10:30 e *João* 14:28 (também *Mateus* 24:36); *João,* 5:22-30 e *João* 8:15, bem como *João* 12:47; *João* 8:14-18 e *João* 5:33 e *João* 15:27; *Mateus* 5:16 e *Mateus* 6:1; *Mateus* 5:39, bem como *Mateus* 26:52, contradito por *Lucas* 22:36 e *Mateus* 10:34; *Lucas* 12:4 e *João* 7:1.

O Sr. Massey diz estar disposto a "enfrentar-se com qualquer defensor competente e bem-informado da fé em uma plataforma ou na imprensa". Ele diz: "Eu prefereria que fosse um bispo, que seja também um egiptologista. Mas quem pede não tem o direito de escolher. Estou preparado para demonstrar a qualquer momento a origem inteiramente mítica e mística de Cristo, e o início não espiritual e não histórico do vasto complexo chamado Cristianismo."

A isto estão anexadas duas Notas Editoriais separadas, presumivelmente de H.P.B. A primeira afirma:

"Qualquer 'bispo egiptologista' ou mesmo assiriologista, e pelo que ouvimos falar não há poucos na Inglaterra, está cordialmente convidado a defender suas posições nas páginas de *Lucifer*. O 'Filho da Manhã' é o *Portador da Luz*, e dá boas-vindas à luz proveniente de qualquer parte do globo."

A segunda Nota afirma:

"Como *Lucifer* não pode concordar com a visão exclusivamente *exotérica*, adotada pelo Sr. Massey, desta escritura alegórica, e não obstante filosófica, o próximo número conterá um artigo tratando do significado *esotérico* do Novo Testamento."

[6] Este manuscrito cabalístico pode ser encontrado nos arquivos de Adyar. Trata-se, aparentemente, de uma continuação, a saber, a Parte III da obra conhecida como *The Key to the Hebrew-Egyptian Mystery in the Source of Measures*, de J. Ralston Skinner, publicada originalmente em Cincinnati, em 1875. Neste manuscrito, após o título: "Seção I – Introdução – Chave da formação de uma linguagem antiga", a sentença de abertura diz:

"Após o acúmulo de muito material para este fim, parte do qual compôs o sistema de medidas estabelecido nas Partes I e II deste trabalho, do qual esta é a Parte III, o autor tem quase certeza de que havia uma linguagem antiga que modernamente e até o momento parece ter sido perdida..."

H.P.B. cita este manuscrito em *A Doutrina Secreta* (Vol. I, p. 308-09) e em outros lugares, com considerável aprovação.

Pelo final do manuscrito, o autor escreve:

"Encerro esta seção de meu trabalho na segunda-feira do dia 18 de fevereiro de 1884, em meu retiro da cheia das águas do Ohio, ao meio-dia.

"Eu, Ralston Skinner, 10 de janeiro de 1887, devo enviar este manuscrito original para madame Blavatsky, em Ostende."

Como é evidente a partir do livreto do Dr. Jirah Dewey Buck intitulado *Modern World Movements* (Indo-American Book Co., Chicago, 1913), pp. 39-41, o Dr. Buck enviou este manuscrito a H.P.B., e ela escreveu-lhe dizendo que havia Sete Chaves para a Cabala, das quais Skinner havia descoberto "duas e meia".

O manuscrito está encadernado em tecido pesado, com lombada de couro, sem título nem nome do autor. Na primeira capa, em letras douradas, aparece o nome de H.P. Blavatsky, e abaixo dele, em letra de forma, as letras P.S., cujo significado é incerto. Dentro, na guarda, H.P.B. escreveu seu nome: "H. P. Blavatsky, Ostende, 1887" e, na mesma página, há um carimbo: "H.P.B. Landsdowne Rd., London W."

A parte interna do livro consiste em 358 páginas, de 14,5 x 24,0 cm, escritas em um lado apenas em papel pautado, com cerca de dez palavras por linha e 23 a 24 linhas por página, mas com grande quantidade de combinações e diagramas de números entremeados.

Ainda permanecem no livro mais de uma dúzia de papeletas, algumas tiras rasgadas de papel com a letra de H.P.B. sobre elas, para marcar certas passagens. Ela também escreveu no verso de algumas páginas e, ocasionalmente, até mesmo corrigiu o texto ou inseriu palavras, frases ou sentenças entre as linhas.

O livro está organizado em duas seções, a primeira com 53 páginas, sendo uma Introdução. A segunda seção é composta de 18 seções menores, iniciando com os valores numéricos de várias letras hebraicas e relacionando-as com o ano lunar, o homem, Jeová etc. Alguns dos tópicos são: "Como a mulher foi retirada do homem"; "As Promessas de Jeová"; "O coeficiente de Parker e a polegada inglesa"; "O Jardim do Éden"; "O Dilúvio"; "As Medidas da Grande Pirâmide" etc.

Com exceção de algumas breves passagens usadas por H. P. Blavatsky em seus escritos, o texto deste manuscrito nunca foi publicado.

O Dr. Buck, no trabalho acima mencionado, também se refere a uma longa carta de quarenta páginas que H.P.B. teria escrito a Skinner em resposta a suas muitas perguntas concernentes a cabala e matemática oculta. Não se sabe o paradeiro da carta, embora ela ainda possa existir entre os papéis de Skinner, se estes foram preservados. Ele era ligado à Loja Maçônica McMillan, nº 141, nos Estados Unidos da América.

[7] Em vez de assim fazer, H.P.B. aparentemente incorporou o que ela pretendia dizer no texto de *A Doutrina Secreta*, onde este tema é tratado com profundidade no Vol. I, p. 313 *et seq*.

[8] Esta citação é da tradução inglesa, feita por Mary Lockwood, do trabalho original em francês, de François Lenormant, intitulado: *Les origines de l'histoire d'après la Biblie et les traditions des peuples orientaux*. 2 volumes, Paris, 1880-84, 8vo.

[9] Esta e outras palestras de Gerald Massey estão encadernadas em um volume disponível no Museu Britânico (Press Mark 4018.i.12, 1-9). As palavras entre colchetes e a italização de várias porções da presente citação são de H.P.B.

As palestras de Massey foram todas impressas privadamente, a maioria delas pela Villa Bordighiera, New Southgate, Londres, N. São difíceis de conseguir em suas edições originais, como panfletos separados. *Ver* Bio-Bibliogr., Índice, s.v. MASSEY, para descrição abrangente de sua vida e uma relação de suas obras e palestras.

[10] Literatura clementina ou pseudo-clementina é um nome dado geralmente a certos escritos que em um momento ou outro foram atribuídos ao papa Clemente I (88-97 d.C.), conhecido também como Clemente Romano, e que se supõe ter sido o primeiro

dos Padres Apostólicos. Ele era considerado discípulo de São Pedro. Esta autoria é muito controvertida.

Entre suas principais obras estão: 1. A assim chamada Segunda Epístola de Clemente aos Coríntios. 2. Duas Epístolas sobre Virgindade. 3. *Homilies* e *Recognitions*, entre os quais pode ser classificada a Epístola de Clemente a Tiago. 4. As *Constituições Apostólicas*. 5. Cinco Epístolas fazendo parte dos forjados *Decretos*.

A literatura clementina lança luz sobre uma fase muito obscura do desenvolvimento do cristianismo, a do judeu-cristianismo. Especial destaque era dado às *Homilies* e aos *Recognitions* pela escola de Tübingen, que os considerava de primária importância para a história do primeiro estágio do cristianismo. O original grego destas duas Escrituras foi perdido, mas pode ser situado, por conjectura, por volta do início do século III. Temos apenas a tradução latina de Rufino de Aquiléia (nasceu em 345 d.C. – faleceu em 410 d.C.) um personagem muito pouco confiável no que diz respeito à sua erudição. Em geral, admite-se que estes trabalhos são de um grupo ebionítico da Igreja primitiva, a forma mais pura do cristianismo primitivo em tempos passados. Mais provavelmente, estão baseados nos escritos mais antigos de Pedro, tais como *Preachings of Peter* (Pregações de Pedro) (*Κήρυγμα Πέτρο*) e *Travels of Peter* (Viagens de Pedro) (*Περίοδοι Πέτρου*). O caráter judaico e ebionítico dos originais perdidos pode ser inferido a partir das versões ortodoxas existentes, dos séculos III e IV.

As *Homilies* dão a entender conter cartas de Pedro e Clemente para Tiago de Jerusalém e cerca de vinte sermões de Pedro proferidos enquanto Clemente viajava com ele. Os *Recognitions* usam material similar em outro cenário. Contêm discussões entre Pedro e Simão, o Mago – que pode ter sido o próprio São Paulo – com relação à identidade das verdadeiras religiões mosaicas e cristãs. Mostram um ânimo muito determinado contra Paulo, que é denunciado como impostor.

[11] Esta palestra de Gerald Massey também está contida no volume encadernado de palestras mencionado na Nota 9 *supra*.

[12] Versos 900-902 de *As Coéforas* (*χαηφόροι*) de Ésquilo ou "The Libation-Bearers" (Os Portadores de Libações):

ποῦ δὴ τὰ λοιπὰ Λοξίου μαντεύματα τὰ πυθόχρηστα, πιστὰ δ'εὐορκώματα; ἅπαντας ἐχθροὺς τῶν θεῶν ἡγοῦ πλέον.

"No que então se transformam daqui para a frente os oráculos de Loxia, declarados em Pito, e nossas promessas feitas sob juramento? Conte todos os homens como seus inimigos e não os deuses."

[13] Versos 1217-1219, Íon (*Ἴων*) de Eurípides:

θεί δ'εὐθὺς ἔξω συλλαβὼν θοινάτορας
ὁ πυθόχρηστος Λοξίου νεανίας,
κἀν κουράνοισι Πυθικοῖς σταθεὶς λέγει.

"Ereto diante do perigo com toda a companhia
Avança o príncipe Apolo, e descarrega sua carga
Diante do banco sagrado de Pito assim:"

(Íon de Eurípides, tradução para o inglês, introdução e notas de A. W. Varrel. Cambridge: University Press, 1890.)

[14] Esta referência pode conter um erro tipográfico. Há várias passagens na *História* de Heródoto onde ocorre esta palavra, uma delas em VII, 17, onde encontramos *χρεὸν γενεσθαι* , no sentido de "aquilo que deve suceder ou acontecer"; *χρέωσα*, o particípio feminino de *χράω*, "declarar, proferir um oráculo, dar uma resposta

oracular", é encontrado em VII, 111; sua forma masculina seria *χρέων*. Não está muito claro qual passagem particular H.P.B. pretendeu citar.

[15] A redação de fato em *Filoctetes* (*φιλοκτητης*), de Sófocles, 437, é:

...... ἀλλὰ τοὺς χρηστοὺς ἀεί

e a tradução para o inglês da passagem (por F. Storr, *Loeb Classical Library*) é:

"O morto gosta do repouso, pois isto na verdade é verdadeiro:

A guerra nunca mata um homem mau por acaso,

Mata também o bom."

[16] Harold North Fowler (*Loeb Class. Lib.*) traduz assim a passagem onde ocorrem estas palavras:

"Tu me lisonjeias pensando que posso discernir seus motivos de forma tão precisa."

[17] Estas duas passagens foram tiradas do ensaio de Massey intitulado "The Name and Nature of the Christ" (O Nome e a Natureza de Cristo), publicado no *Agnostic Annual* de 1888, um exemplar que se tornou muito escasso, e que pode ser consultado apenas na Biblioteca Central de Manchester, Inglaterra. As passagens são ambas da página 11.

[18] O Verso 1320 de Íon de Eurípides contém uma exclamação da Pitonisa: >

Επίσχες, ὦ παῖ τρίποδα γὰρ χρηστήριον usualmente traduzido como: "Pare, ó meu filho! De seu profético banco . . ."

[19] Esta referência trata-se mais provavelmente de um erro de impressão. É impossível dizer qual o trabalho de Ésquilo que se pretende referir aqui. Segundo o *Lexicon* de L. Dindorf, há apenas um exemplo em Ésquilo onde a palavra *χρηστά* é usada, a saber, em *Os Persas*, linha 228 (224 em Dindorf), com o significado de "próspero".

[20] O texto grego original dos versos 5 e 6 (ou 10, de acordo com outra numeração) na Parte IV do *Ode a Pítia* de Píndaro, é:

οὐκ ἀποδάμου Απόλλωνος τυχόντος, 'ιρέα χρῆσεν οικίστῆρα Βάττον καρποφόρου Λιβύας, ιερὰν.

usualmente traduzido como tendo a sacerdotisa de Zeus "declarado, na presença de Apolo, que Battos, o colonizador da abundante Líbia..."

[21] A passagem referida na *Ilíada*, XXIII, 186, é:

.... *ροδόεντι δὲ χρῖεν ἐλαίω ἀμβροσίω,*
..........e com óleo ela o ungiu, doce-rosa, ambrosíaco...

As palavras referidas na *Odisséia*, IV, 252, são:

.... *και χρῖον ἐλαίω,*
.... ungiu-o com óleo...

A mesma ideia é encontrada em *Odisséia*, IV, 49, onde ocorre a palavra *χρῖσαν*.

[22] De Gerald Massey, "The Name and Nature of the Christ", no *Agnostic Annual* de 1888, p. 11.

[23] Por alguma razão, possivelmente devido à interpretação dogmática dos textos anteriores, a distinção apontada por H.P.B. está parcialmente perdida nas edições correntes. Consultando Migne,

Patrol. Curs. Compl., Série Grega, Vol. VIII, 1891, onde ambos os textos grego e latim aparecem em colunas paralelas, e a tradução para o inglês em *The Ante-Nicean Fathers* (Nova Iorque: Scribner's Sons, 1913), descobrimos o seguinte:

"Jam qui in Christum [χριστόν no texto grego] crediderunt, chresti [χρηστοι no texto grego], id est, *probi*, et sunt, et dicuntur: sicut ii, qui sunt revera regales, regi curae sunt."

"Ora, aqueles que acreditaram em Cristo são *Chrestoi* e são chamados de *Chrestoi* (bom), como são régios aqueles pelos quais o verdadeiro rei se preocupa."

[24] As passagens do *Talmude* às quais é feita a alusão são encontradas no tratado conhecido como *Sota* (cap. ix, 47a) e *Sinédrio* (cap. xi, 107b). As provas completas existentes sobre este tema controverso foram plenamente discutidas por G.R.S. Mead em sua valiosa obra *Did Jesus Live 100 B.C?* (Viveu Jesus em 100 a.C.?) (Londres e Benares: Theos. Publ. Society, 1903).

Éliphas Lévi, escrevendo em *La Science des Esprits* (A Ciência dos Espíritos) (ed. de 1909, Paris, Félix Alcan, p. 37), refere-se a um livro que ele denomina *Disputation of Rabbi Jechiel.* Trata-se de *Disputacio R. Jechielis cum quodam Nicolao*, o segundo volume da obra de Johann Christoph Wagenseil (1633-1708), intitulada: *Tela ignea Satanae* (Altdorfi Noricorum, 1681, 4to.). Trata-se de uma obra muito rara que pode ser consultada no Museu Britânico. O mesmo trabalho contém também o texto hebreu do *Sepher Toldoth Jeshu* (ver Bibliografia de Obras Orientais, para mais dados).

Jehiel Ben Joseph, de Paris, tosafista e controversista, nasceu em Meaux no final do século XII. Seu nome francês era Sir Vives. Na literatura rabínica, ele é alternadamente designado de Jehiel, de

Paris, Jehiel, o Santo, Jehiel, o Piedoso e Jehiel, o Velho. Foi um dos mais distinguidos discípulos de Judah Sir Leon, a quem sucedeu em 1224 como chefe da Escola Talmúdica de Paris. Esta Escola foi frequentada sob sua direção por mais de 300 discípulos, entre os quais rabinos bem conhecidos do século XIII. Jehiel era tido em grande estima mesmo por não judeus, e era favoravelmente recebido na corte. Foi forçado a entrar em muitas discussões com cristãos, cujo principal ponto de debate foi o que teve que sustentar, juntamente com vários outros rabinos, em 25-27 de junho de 1240, na presença de São Luís e da corte, contra o apóstata judeu Nicholas Donin. Este denunciou o *Talmude* como contendo blasfêmias contra o cristianismo. A despeito da grande coragem e dignidade de Jehiel, este debate resultou na condenação do *Talmude*, após o que a situação dos judeus na França piorou, tendo Jehiel sido forçado a partir com seu filho para a Palestina, onde veio a falecer em 1286. Ele foi o autor de vários tosafotes em vários tratados talmúdicos. A passagem de Arnóbio, *Adversus Gentes*, I, 43, é a seguinte (Ver *The Ante-Nicene Fathers*, Vol. VI, p. 425):

"Meu oponente talvez me dirija muitas outras acusações caluniosas e infantis, comumente alegadas. Jesus era um Mágico [*mago*]; Ele produziu todas estas coisas por meio de artes secretas. Dos sacrários do Egito, Ele surrupiou os nomes de anjos de poder e o sistema religioso de um país remoto..."

[25] Falando do célebre acróstico que incorpora o pronunciamento da Sibila de Éritras, Godfrey Higgins escreve o seguinte (*Anacalypsis*, I, 568):

"... Não se pode negar que este se encontra entre os mais antigos registros de Jesus Cristo, seja ele forjado ou não, e é muito importante, uma vez que prova para todo erudito grego que o nome de Cristo não necessariamente originou-se da palavra grega *χριω*, *ungir*, mas pode ter se originado da palavra *χρηςος* , *benignus*, *mistis*; pois ele está aqui escrito da maneira que era comum em tempos muito antigos, mas em desuso em tempos posteriores, quando o *ει* foi alterado para *η* — como em *σωτειρα*, que se tornou *χρηςος*).[54] Assim *χρειςος* se tornou *χρηςος* . O η era constantemente transformado em ι, mas acredito que raramente, se é que alguma vez, o ι foi transformado em *η*. Afirmo isso com timidez, não reivindicando ser versado o bastante no idioma grego para dar uma opinião definitiva sobre um ponto tão interessante, ou para afirmar que a mudança jamais ocorre em todos os autores gregos. Entretanto, nenhum erudito grego negaria que *pode* ter facilmente mudado do *ει* para o *η* ou para o ι, e que qualquer palavra que tenha sido escrita em tempos antigos com o *ει*, como *σωτειρα*, pode ter mudado, como esta, para *σωτηρια*.

"O primeiro nome de Jesus pode ter sido talvez *χρειςος*, o segundo *χρηςος* e o terceiro *χριςος*. A palavra *χρειςος* esteve em uso antes que o H existisse na língua."

Deve-se notar que Higgins grafa as palavras *Chreistos* e *Chrêstos*, bem como *Christos*, com a letra arcaica *sigmatau* no meio destas palavras, representando o som *st*. Ele diz o seguinte sobre esta letra e suas mudanças posteriores (*op. cit.*, I, 580-81):

"Se nos voltamos para Scapula, descobrimos que *χρηςις* e *χρησις* têm precisamente o mesmo significado e são termos conversíveis. Em resumo, é evidente que são usados indiscriminadamente. Não se deve supor que em tempos muito antigos, talvez antes da invenção das letras, quando os nomes de lugares começaram a surgir, houvesse o mesmo rigor de pronúncia, ou a princípio, após a invenção

---

[54] Ver *History of the Greek Alphabet*, de Payne Knight, p. 105.

das letras, o mesmo rigor em sua grafia, como foi observado pelos gregos quando se tornaram, com relação ao seu idioma, o povo mais meticuloso do mundo. Já foi demonstrado que o Tau, nas linguagens antigas, era constantemente grafado como uma cruz. Por razões que aparecerão daqui para frente, acredito que a raiz de *χρης* tenha sido ΤΡΣ-ΧΡΣ . Era prática constante dos gregos suavizar os sons duros de sua linguagem. Assim, Pelasgos se tornou Pelagos, Casmillos, Camillos, Nesta, Nessa, Cristos, Crissos; onde uma consoante forte vem após o σ, com frequência é abandonada. *Αγνωστος* se tornou ignoto, a ilha de *χρησος, χρητος*, o país de Crestonia teve sua capital *Crisa* e seu porto *Crysos*...

"... Com os caldeus, o Sigma e o Tau eram conversíveis, como em Tur e Sur, e na Assíria chamada Aturia, como observou Dion Cassius. Suspeito que foi do uso indiscriminado destas duas letras que finalmente surgiu o sigmatau. O S era tão frequentemente mudado para T em caldaico e siríaco, e também em grego, que Luciano compôs um diálogo a este respeito. Na língua latina, em manuscritos antigos, o c e o t são muitas vezes escritos indiscriminadamente; como, por exemplo, *initiale* com *c*. A partir disso, creio, veio o ç francês, que é realmente, em termos de figura, nada mais que o sigmatau dos gregos. Mas embora eu tenha me deparado com uma afirmação de que o sigma e o sigmatau eram usados indiscriminadamente pelos gregos antigos, prefiro acreditar que a mudança foi de *χρηϛος* para *χρησος* e de *χριϛος το χρισος*, em conformidade com a prática da suavização... O sigma tem algo muito particular; não é mudo, líquido nem aspirado; portanto, tem sido chamado *solitarium*. Ele reparte algo com o som de *Teta*... acredito que isto explica em parte o uso indiscriminado do Sigma e do Tau, e o surgimento do Sigmatau."

[26] Ver Nota do Compilador nº 2.

[27] Esta passagem é da obra de Luciano intitulada *φιλόπατρις ἢ διδασκόμενος*, "The Lover of his Country, or the Student" (O Amante de seu País, ou o Estudante). Ocorre na seção 17. Esta obra é considerada espúria por alguns eruditos, e não se encontra em certas edições da obra de Luciano. Foi, no entanto, incluída na edição de C. Iacobitz, Vol. III, p. 419. Nesta passagem, um certo Triephon responde à pergunta quanto a se os assuntos dos cristãos eram registrados no céu, dizendo: "Todas as nações estão lá registradas, uma vez que Chrêstos existe mesmo entre os gentios."

[28] Esta passagem foi traduzida por T. R. Glover (*Loeb. Class. Library*) como segue:

"'Cristão', segundo a tradução, deriva de 'ungido'. Sim, e quando é mal pronunciado por alguém como 'Chrestian' (pois não se tem nem mesmo certo conhecimento do mero nome), é formulado a partir de 'doçura' ou 'bondade'."

[29] Higgins refere-se ao crítico Unitário, John Jones, LL.D. (1766?-1827), que escreveu sob o pseudônimo de Ben David uma obra intitulada: *A Replay to... "A New Trial of the Witnesses"* etc. e... "*Not Paul but Jesus*" etc., 1824. 8-vo Ver Bio-Bibliogr. Index, s.v. JONES.

[30] A versão autorizada diz: "O Cristo pode morar em seus corações pela fé; contanto que estejam enraizados e embasados no amor..."

[31] Todo o tema relacionado às Sibilas da antiguidade é envolto em considerável mistério. Considera-se que eram mulheres inspiradas por influências de regiões superiores, que eram consultadas por suas declarações proféticas e que floresceram em diversas partes do mundo antigo. É provável que alcançassem desde estados mediúni-

cos e sensitivos até a verdadeira vidência. Segundo Varro, eram dez em número, uma delas sendo Eritréia, a quem Apolodoro de Éritras clamava ser nativa desta cidade, embora alguns a considerassem de origem babilônica. Diz-se que ela previu para os gregos, quando estavam velejando para Troia, que esta cidade estava destinada a perecer. A mais célebre sibila foi a de Cumas, na Itália, a quem se refere Névio e outros escritores latinos, sobretudo Virgílio. Foi esta Sibila que acompanhou Enéias às regiões inferiores (Ovídio, *Metamorfoses*, XIV, 104 *et seq*.; Sérvio, *In Verg. comm.*, vi, 321).

De acordo com uma lenda romana bem conhecida, uma das sibilas foi ao palácio de Tarquínio Segundo e ofereceu-lhe nove livros que, segundo ela, continham as profecias inspiradas da Sibila de Cumas. Por estes tesouros, ela pediu o que o monarca considerou um preço extravagante. Ele se recusou a comprar os livros e dispensou a mulher com zombaria. A Sibila virou-se e queimou três volumes na presença do rei. Ela então ofereceu os seis livros restantes pelo mesmo preço pedido anteriormente por todos e, quando Tarquínio novamente recusou-se e riu dela, ela queimou outros três e ofereceu os três que sobraram pelo mesmo preço anterior. Este estranho comportamento produziu grande impressão no monarca. Ela, a quem ele considerou como louca, era agora considerada como inspirada. Consequentemente, ele comprou o que restou dos tesouros proféticos, e a Sibila desapareceu e nunca mais foi vista dali em diante.

Estes livros dos assim chamados *versos sibilinos* foram preservados com grande esmero, sendo constituído um colégio de sacerdotisas para tomar conta deles, e eram consultados com grande solenidade quando o Estado parecia correr perigo, com o propósito de conhecer a vontade dos deuses e o perigo evitado. Quando o Capitólio foi queimado durante os distúrbios de Sylla, em 83 a.C., os livros sibilinos ali depositados foram destruídos. Para reparar a perda, comissários foram enviados para diferentes partes da Grécia para coletar o que pudesse ser encontrado dos escritos inspirados das Sibilas, para criar uma nova coleção. Quanto ao destino final desta segunda coleção, muita incerteza prevalece. Parece, contudo, de acordo com as melhores fontes, que o Imperador Honório expediu uma ordem, em 399 d.C., para destruí-la. Durante a execução dessa ordem, Estilicão queimou todos estes escritos proféticos e demoliu o templo de Apolo, onde estavam guardados.

Deve ser claramente compreendido que os oito livros dos versos sibilinos sobreviventes hoje não têm relação definida com estas coleções romanas antigas. São oráculos, em sua maioria de origem judaico-cristã. Devido à grande voga que gozavam os oráculos na antiguidade e devido à influência que tiveram em moldar a visão religiosa do período, os judeus helenísticos de Alexandria, durante o segundo século a.C., compuseram versos arranjados de forma semelhante e atribuíram-nos às Sibilas; eles circulavam entre pagãos como um meio de difundir o judaísmo. Este costume continuou até os tempos cristãos e foi emprestado por alguns cristãos, de modo que, no segundo e no terceiro séculos d.C., uma nova classe de oráculos originária de fontes cristãs veio à existência. Alguns eram adaptações de fontes judaicas anteriores, outros eram inteiramente escritos por cristãos.

É bastante provável que estas coleções alexandrinas e posteriores contivessem em seu texto alguns fragmentos dos oráculos primitivos, puramente pagãos. O que é atribuído a Sibila de Éritras e comentado por H.P.B., aparentemente, é um destes. Ele é encontrado em forma acróstica nas letras iniciais dos versos 217-250 do Livro VIII da coleção sobrevivente dos Oráculos Sibilinos.

O tema das Sibilas e seus pronunciamentos merecem sério estudo e elucidação por parte dos estudantes da Filosofia Esotérica, uma vez que lançam luz sobre os poderes latentes no homem e os mistérios de sua psique e consciência noética.

Uma das descrições mais completas que temos das Sibilas da antiguidade é a encontrada nos escritos de Firmino Lactâncio (*Divine Institutes*, livro I, cap. Vi; J.P. Migne, *Patr. C. Comp.*, Ser. Latina, Vol. VI, 140-47). Este padre latino viveu por volta do final do século III d.C.; ele se refere a Varro como sua autoridade. A Sibila e seus oráculos são o tema de todo o capítulo XXXVII de um tratado intitulado *Hortatory Address to the Greeks*, usualmente atribuído a Justino, o Mártir, e publicado em seus escritos (Migne, *Part. C. Compl.*, Sér. Greco-Latina, Vol. VI, 309 *et seq.*; M.S. Terry, *The Sibylline Oracles*, contém uma tradução do texto grego de Migne), embora sua verdadeira autoria seja incerta. Agostinho (*De civitate dei* [Da cidade de Deus], livro XVIII, cap. XXIII) cita as primeiras 27 linhas do acróstico acima mencionado, em uma tradução latina que objetiva manter a forma acróstica do grego. Há uma tradução inglesa da versão latina do livro de Agostinho feita por Marcus Dods em *Select Library of the Nicene and Post-Nicene Fathers* (citado por Terry também), onde Dods objetiva manter a forma acróstica em inglês. Os versos acrósticos são citados na íntegra por Eusébio em seu relatório do livro de Constantino, *Oration to the Assembly of the Saints*, XVIII (Migne, *Patr. C. Compl.*, Sér. Greco-Latina, XX, col. 1288-89).

Para benefício do estudante sério, listamos abaixo obras e ensaios que fornecem grande quantidade de informações sobre o tema das Sibilas, seus pronunciamentos e adivinhações em geral:

G.R.S. Mead, "The Sybil and her Oracles", *The Theosophical Review*, Vol. XXII, julho e agosto, 1898; e "The Sibyllists and the

Sibyllines", *ibid*, Vol. XXIII, setembro, outubro e novembro, 1898. Estão incluídas consideráveis informações bibliográficas.

Milton S. Terry, *The Sibylline Oracles translated from the Greek into English blank Verse*, Nova Iorque, 1890. Bibliografia bastante completa. Nova ed., revisada consoante o texto de Rzach. Nova Iorque: Eaton e Mains; Cincinnati: Curts e Jennings, 1899.

C. Alexandre, *Oracula Sibyllina*, Paris, 1841 e 1853. Também uma edição posterior de 1869. Texto grego.

A. Bouché-Leclerq, *Histoire de la divination dans l'antiquité.* Paris: E. Leroux, 1879-82. 4 vols. 8-vo. Bibliografia exaustiva. Trabalho premiado pela Academia Francesa.

Fernad Cabrol e Henri Leclercq, *Dictionnaire d' archéologie chrétienne et de liturgie.* Paris: Librairie Letouzey et Ané, 1903-54. Quinze tomos em 30 volumes. 8-vo. Ver longo e muito valioso artigo sobre *Oráculos.*

Charles Daremberg e Edmond Saglio, *Dictionnaire des antiquités grecques et romaines.* Paris: Librarie Hachette, 1877-1919, etc. Cinco tomos em 10 volumes. Ver artigo *Sibyllae, Sibyllini libri.*

[32] Usualmente traduzido como: "... nosso estimado Sócrates..." (Cf. *Loeb Class Library*).

[33] No mesmo *Life of Phocion* (A Vida de Fócio), cap. XIX, Plutarco refere-se ao fato de que "a reputação (de sua segunda esposa) não era menor em termos de probidade que a de Fócio", probidade sendo equivalente à palavra grega *chrêstotêti.*

[34] "Aquele que semeia ou planta", de acordo com Macróbio, *Saturnalia*, I, 9; I, 15. *Conserentes dii*, aquele que preside sobre a geração.

[35] Referência ao trabalho de Luciano, às vezes intitulado *Trial in the Court of Vowels*, cujo último parágrafo diz o seguinte, segundo a tradução inglesa de H.W e F. G. Fowler (*The Works of Lucian of Samosata*. Oxford: Clarendon Press, 1905 e 1939):

"... os homens lamentam... e amaldiçoam Cadmo... por introduzir o Tau na família das letras; dizem que foi o seu corpo que os tiranos tomaram como modelo, sua forma que imitaram, quando ergueram aquilo no qual os homens seriam crucificados. Σταυρόl o vil mecanismo é chamado, e deriva seu vil nome dele. Ora, com todos estes crimes contra ele, não merece ele a morte, não, muitas mortes? De minha parte não conheço nada tão ruim quanto o que é suprido por sua forma – esta forma que ele deu à forca, chamada Σταυρόl pelos homens, em sua homenagem."

[36] Esta importante passagem é proveniente de E.D. Clarke, L.L.D., *Travels in various Countries of Europe, Asia and Africa*, 4ª edição. Londres: Impresso por T. Cadell e W. Davies no Strand, por R. Watts, Crown Court, Temple Bar, 1816-24. 11 volumes. Ocorre em uma descrição de Delfos, no volume VII, cap. VI, "Lebadéa a Delfos", pp. 239-40. Citamos a maior parte dela:

"O que restou do Ginásio localiza-se principalmente atrás do monastério... Dentro do monastério, encontramos capitéis de pilares, frisos quebrados e tríglifos... E dentro do santuário, atrás do altar, vimos fragmentos de *um púlpito ou cátedra de mármore*, sobre o espaldar da qual encontramos a seguinte inscrição, exatamente como aqui a transmitimos, não tendo sido dela retirada ou obliterada parte alguma, proporcionando, talvez, o único exemplo conhecido de inscrição *sepulcral* sobre um monumento com esta forma extraordinária:

ΧΡΗΣΤΟΣ
ΠΡΩΤΟΥΘΕΣΣΑ
ΛΟΣΛΑΡΕΙΣΑΙΟΣ
ΠΕΛΑΣΓΙΩΤΗΣ
ΕΤΩΝ ΙΗ

ΗΡΩΣ

"Trata-se de uma homenagem a uma jovem de *Larissa*, na *Tessália*, que morreu aos dezoito anos de idade. Quanto às palavras *χρηστός* e *ἥρως*, pode-se observar que todos os epitáfios de *larisseanos*, preservados por *Spon*, contêm estas palavras.[55] Havia muitas cidades com o nome *Larissa*; consequentemente, a cidade de onde era nativa a jovem aqui homenageada possui a distinção de *Πελασγιώτης*. É mencionada por Estrabão, em sua descrição da Tessália:[56] ela tinha o nome de Larissa Pelágia, embora no seu caso não houvesse o *Pelasgiótis*."

A transliteração da passagem é a seguinte: *Chrêstos protou Thessalos Lareisaios Pelasgiôtês etôn. Iê Hêrôs.*

Sem querer questionar a precisão da interpretação de H.P.B. desta inscrição no que diz respeito ao seu sentido oculto, é aconselhável, entretanto, observar que a forma gramatical "protou" não significa "o primeiro", que seria "protos"; na verdade, significa "do primeiro". Entretanto, segundo a opinião de um erudito grego, neste caso particular a palavra bem poderia significar "filho de Protos". Na tradução inglesa dada por H.P.B., "... de Larissa, Pelasgiót..." deveria ser de fato "... de Larissa-Pelásgia...".

---

55 Ver Spon, *Miscellaneous Antiq.*, 331.

56 Estrabão, *Geografia*, liv. IX, p. 630. Ed. *Oxon.*

[37] Higgins, *Anacalypsis*, I, 582.

[38] Dr. E. D. Clarke, *Travels* etc., Vol. VII, p. 237-38. Há certa obscuridade na pontuação e construção da sentença de H.P.B. que imediatamente segue esta citação; nós a deixamos inalterada.

[39] *Agnostic Annual* de 1888, p. 12.

[40] Estes copiosos excertos são do ensaio de Gerald Massey "The Name and Nature of the Christ", *Agnostic Annual* de 1888, pp. 9-14. Ver Nota do Compilador nº 17.

[41] "Vida de Fócio", cap. X, seç. 2. Cf. com Nota do Compilador nº 33.

[42] Esta passagem é oriunda do ensaio de Gerald Massey "The Name and Nature of the Christ", *Agnostic Annual* de 1888, p. 12. Ver Nota do Compilador nº 17.

A referência nesta passagem é ao livro de Augustus Böckhs, *Corpus Inscriptionum Graecarum*, em 4 volumes. Berlim: Kaiserliche Akademie der Wissenschaften. Fol., 1828-77. No quarto volume desta série, estão listadas as 1.287 inscrições intituladas "Inscrições Cristianas", numeradas de 8606 a 9893. Estas inscrições são do Egito, Núbia, Síria, Grécia, Ilíria, Sicília, Sardenha, Itália, Ásia Menor, Gália, Alemanha etc.

[43] H.P.B. cita J. Ralson Skinner, *Key to the Hebrew-Egyptian Mystery in the Source of Measures*, p. 256. Cincinnati: R. Clarke & Co., 1875, 324 pp.; 2ª ed., Filadélfia: David McKay Company (1931).

[44] *Op. cit.*, p. 259.

[45] *Op. cit.*, p. 260.

[46] *Op. cit.*, p. 260.

[47]. *Op. cit.*, p. 255.

[48] A primeira expressão é da obra de Luciano intitulada *Zeus eleghomenos* (Latim, *Iuppiter Confutatus*), Zeus Examinado, um diálogo entre Zeus e um Cínico.

A segunda expressão não foi identificada.

[49] Esta referência diz respeito ao *Thesaurus Graecae linguae* (*θησαυρὸς τῆς ʽΕλληνικῆς γλώσσης*), de Henricus Stephanus. 5 vols. Genebra, 1572, fol. (Museu Britânico: 680.g.1-4). Este extraordinário trabalho erudito foi publicado novamente em Londres, 1816-26, fol. (Editado por A. J. Valpy) e também em Paris, onde foi publicado por A. Firmin Didot, 1831-65, em oito volumes. Stephanus era o pseudônimo de Henri Estienne (1528-98, o segundo com o nome), um prolífico erudito em francês clássico que pertencia a uma família de estudiosos e impressores que produziu grande número de obras eruditas clássicas da antiguidade.

[50] H.P.B. anexou várias notas de pé de página ao artigo do Rev. Headley; elas se encontram na sequência cronológica, em fevereiro de 1888, dos *Escritos Compilados*.

[51] Ver Nota do Compilador nº 6. As palavras dentro de colchetes que ocorrem nesta passagem são da própria H.P.B.

[52] *The History of the Decline and Fall of the Roman Empire*, cap. XV.

[53] A tradução aceita de *Gálatas* 3, 3, é a seguinte: "Sois vós tão faltos de juízo que, depois de terdes começado pelo Espírito, acabeis pela carne?"

[54] Na tradução inglesa da *História Eclesiástica*, de Eusébio, feita a partir do original grego pelo Rev. C.F. Crusé (Londres: George Bell & Sons, 1908), a passagem referida é a seguinte: "... a melhor refutação que nos chegou de Basílides é a de Agripa Castor, um dos autores mais distinguidos da época... Ele afirma que ele [Basílides] escreveu 24 livros sobre os Evangelhos..." (pp. 121-22).

Este tema é tratado com profundidade na obra de Cassels. Ver nota 55 a seguir.

[55] Originalmente publicado anonimamente por Walter Richard Cassels (1826-1907). 2 vols. Londres, 1874. Seu subtítulo era: *Uma Investigação da Realidade da Revelação Divina*. Em 1875, surgiram seis edições. Em 1877, um 3º volume foi adicionado pelo autor. 5ª ed., Londres: Longmans, Green & Co.; Boston: Roberts Bros., 1875-77. 3 vols. Em 1902 e 1905 surgiram edições populares em um volume.

A referência é ao Vol. II, Parte II, capítulo VI, "Basilides – Valentinus".

[56] Esta referência, na realidade, não é tão definida como H.P.B. parece sugerir. A passagem menciona apenas um certo Glaucias que, supostamente, foi o intérprete (*ἑρμηνεύς*) de São Pedro e que alegava ser instrutor de Basílides.

[57] Na *Patrologiae Cursus Completus*, de J.P. Migne, Série Latina, Paris, 1879, esta passagem encontra-se no capítulo XLVI, B, *De praescriptionibus adversus haereticos* (Prescrição contra Heréticos), onde, segundo um antigo manuscrito, também é paginado como [62]. Ocorre em uma breve seção apresentada com o subtítulo: Contra Haereticos Explicit, como uma adição ao trabalho principal.

Em os *Ante-Nicene Fathers* (Vol. III, p. 649-50, Búfalo, 1885), esta passagem aparece na tradução inglesa do Rev. S. Thelwall. Toda a seção a que ela pertence está publicada separadamente de *De praescriptionibus*, sob o título de: *Against All Heresies* (Adversus Omnes Haereses – Contra Todas as Heresias), em um fragmento considerado espúrio por muitos eruditos. Oehler atribui este fragmento a Victorinus Petavionensis, *i.e.*, Victorinus, Bispo de Petaw, na região do Drave, na Estíria, Áustria, um mártir da perseguição de Diocleciano, provavelmente em 303 d.C. São Jerônimo faz o mesmo.

A tradução de H.P.B. é algo abreviada e apresenta mínimas diferenças com relação ao original. O texto latino de Migne é o seguinte:

"Postea Basilides haereticus erupit: hic esse dicit summum Deum nomine Abraxan, ex quo mentem creatam, quam Graece NOYN appellat. Inde Verbum. Ex illo providentiam ex providentia virtutem et sapientiam: ex ipsis inde principatus, et potestates, et angelos factos, deinde infinitas angelorum editiones et probolas: ab istis angelis trecentos sexaginta quinque coelos intitutos, et mundum in honore Abraxae, cujus nomen hunc in se habebat numerum computatum. In ultimis quidem angelis, et qui nunc fecerunt mundum, novissimum ponit Judaeorum Deum, id est Deum legis et prophetarum; quem Deum negat, des angelum dicit."

A tradução de S. Thelwall é a seguinte:

"Depois disso Basílides, o *herético,* soltou-se. Ele afirma que há uma Deidade Suprema, chamada Abraxas, por quem a Mente foi criada, que em grego ele chama de *Nous*; que desta emanou a Palavra; Dele a Providência, a Virtude [ou Poder] e a Sabedoria; destas, subsequentemente, Principados, Poderes [*Potestades*] e Anjos; daí resultaram infinitas produções e emissões de anjos. Destes Anjos, 365 céus foram formados, e o mundo [mundum] em honra de Abraxas, cujo nome, se computado, possui em si este número. Ora, entre os anjos mais inferiores, de fato, os que fizeram este mundo, ele coloca em último lugar o Deus dos judeus, isto é, o Deus da Lei e dos Profetas, a quem nega ser um Deus, mas afirma ser um anjo."

[58] A referência é principalmente ao Vol. II, pp. 423-28, 434, 471-73.

[59] Em *Ísis sem Véu*, II, 182, nota de pé de página, H.P.B. cita a passagem da página 35 da obra de Hermann Olshausen, em sua versão inglesa:

"É extraordinário que, apesar de todos os padres da igreja afirmarem que Mateus escreveu em *hebreu*, todos eles usem o texto grego como escrito apostólico genuíno, sem mencionar qual a relação que o Mateus *hebreu* tem com o grego! Ele sofreu muitas *adições peculiares* que faltam em nosso evangelho."

A obra de Olshausen foi traduzida para o inglês pelo Dr. Fosdick, com o título: *Proof of the genuineness of the writings of the New Testament.* Andover (US), 1838. 12-vo. (Museu Britânico: 1216.b.1.).

Entretanto, ao referir-se ao texto alemão original *Nachweis der Echtheit* etc., a última sentença da citação, apresentada acima, não pôde ser localizada. O texto original das primeiras duas sentenças é o seguinte:

"Sonderbar ist nur der Umstand, dass, während alle Kirchenväter erzählen, Matthäus habe herbräisch geschrieben, sie doch insgesammt den griechischen Text brauchen als echte apostolische Schrift, ohne zu bemerken, wie sich der hebräische Matthäus zu unserm griechischen verhalte. Denn dass die ältern Kirchenlehrer das Evangelium des Matthäus nicht etwa in einer andern Form hatten, als wir es jetzt besitzen, ist ganz ausgemacht."

[60] Neste ponto, no local original da publicação, em *Lucifer*, é feita referência entre parênteses à obra de São Jerônimo *Comment. to Matthew* (Comentários a Mateus), Livro II, cap. XII, 13; a partir da metade deste parágrafo, é fácil imaginar que H.P.B. está extraindo estes fatos deste comentário particular, sobretudo porque ele é mencionado no próprio texto.

Entretanto, se o estudante consultar *Ísis sem Véu,* II, 182, descobrirá os mesmos fatos mencionados e os excertos citados atribuídos a "São Jerônimo, V, 445". Esta última referência tornou-se um obstáculo intransponível para vários estudantes eruditos, que não conseguiram encontrá-la nos escritos de São Jerônimo, apesar de repetidos esforços durante vários anos. Na época em que a precisão de grande número de citações que ocorrem em *Ísis sem Véu* estava sendo verificada, esta teve de ser abandonada por falta de dados adequados quanto a sua origem.

Como resultado de pesquisas mais recentes, a verdadeira fonte destas citações, ou melhor, série de excertos, foi localizada. Com relação a isto, temos um débito de gratidão para com Foster M. Palmer, Assistente de Referências Encarregado da Seção de Referências da Biblioteca da Universidade de Harvard, Cambridge, Mass., cujo interesse e auxílio foram muito valiosos por ocasião do trabalho de editoração quando da publicação da presente série de volumes. A passagem usada por H.P.B. foi localizada na edição de Johannes Martianay das Obras de São Jerônimo, publicadas em Cinco Volumes em Paris, por Ludovicus Roulland, 1693-1706. A data do Vol.

V é 1706, e a passagem em questão ocorre na coluna 445, no original em latim.

Entretanto, toda esta seção é composta de material falsamente atribuído a São Jerônimo e intitula-se: "Sancto Hieronymo Stridonensi falso adscriptorum opusculorum tripartita series". Nossa peça particular encontra-se na terceira série, descrita como: "In tertia similiter quae suos Auctores ipsa prae se ferunt; sed quae parum docta habentur". O texto latino é o seguinte:

HIERONYMUS CHROMATIO & HELIODORO EPISCOPIS

"Dominis santis & beatissimis, Chromatio & Heliodoro Episcopis, Hieronymus exiggus Christi servus in Domino salutem. Qui terram auri conscian fodit, non illico arripit quicquid fossa profuderit lacerata, sed priusquam fulgens pondus vibrantis jactus ferri suspendat, interim vertendis suspendendisque cespitibus immoratur, & specialiter qui nundum lucris augetur. Arduum opus injungitur, cum hoc fuerit Matthaeus Apostolus & Evangelista voluit in aperto conscribi. Si enim hoc secretum non esset, Evangelio utique ipsius quod editit addidisset: sed fecit hunc libellum Hebraicis literis obsignatum: quem usque adeo edidit, ut & manu ipsius liber scriptus Hebraicis literis à viris religiosissimis habeatur, qui etiam à suis prioribus per successus temporum susceperunt. Hunc autem ipsum librum, nunquam alicui transferendum tradiderunt: textum ejus aliter atque aliter narraverunt.

"Sed factum est ut à Manichaei discipulo nomine Seleuco: qui etiam Apostolorum gesta falso sermone conscripsit: hic liber editus, non aedificationi, sed destructioni materiam exhibuerit: & quod talis probaretur in synodo cui meritò aures Ecclesiae non paterent. Cesset nunc oblatratium morsus: non istum libellum canonicis nos superaddidimus scripturis: sed ad detegendrum haereseos fallaciam, Apostoli atque Evangelistae scripta transferimus: in quo opere non tam piis jubentibus Episcopis obtemperamus, quam impiis haereticis obviamus. Amor igitur est Christi cui satisfacimus, credentes quòd nos suis orationibus adjuvent: qui ad salvatoris nostri infantiam sanctam per nostram potuerint obedientiam pervenire."

No abalizado julgamento do professor Mason Hammond, professor emérito de Língua e Literatura Latina na Universidade Harvard, Cambridge, Mass., a quem o texto acima foi submetido, seu latim é bastante confuso e carece de sentido claro. Ele e o professor La Piana, familiarizados com o campo da História da Igreja, chamaram nossa atenção para um trabalho mais recente, em francês, intitulado *Les Évangiles Apocryphes*, publicado em *Textes et Documents pour l'étude historique du Christianisme*, e editado sob a supervisão de Hippolyte Hemmer e Paul Lejay (Paris: Picard, 1911-14, 2 vols.). No Volume I desta obra, encontram-se vários evangelhos apócrifos editados por Charles Michel, dos quais o segundo é "Pseudo-Mateus". Este é prefaciado por duas cartas; a primeira, dos bispos Cromatio e Heliodoro a Jerônimo; e a segunda, a resposta deste a eles. Esta segunda carta, na qual estamos interessados, encontra-se nas páginas 56-58, juntamente com uma tradução para o francês. O Evangelho do Pseudo-Mateus é discutido no Prefácio, pp. xix-xxii, onde Michel identifica a data, com base nas duas cartas, como não anterior ao século IV d.C e provavelmente do século VI. Ele considera as cartas como "evidentemente apócrifas", escritas em um período "em que o nome de São Jerônimo possuía grande autoridade".

Ora, o texto apresentado por Michel difere consideravelmente do acima citado, o que pode dever-se a erros antigos de transcrição ou melhorias posteriores. O que é importante é que o texto de Michel faz muito mais sentido. Nós o transcrevemos a seguir:

"Dominis sanctis & beatissimus Chromatio & Heliodoro Episcopis, Hieronymus exiguus Christi servus in Domino salutem. Qui terram auri consciam fodit, non illico arripit quicquid fossa profunderit lacerata, sed priusquam fulgendum pondus vibrantis jactus ferri suspendat, interim vertendis supinandisque cespitibus immoratur, et spe alitur qui nundum lucris augetur. Arduum opus injungitur, cum hoc fuerit a vestra mihi beatitudine imperatum quod nec ipse sanctus Matthaeus Apostolus & Evangelista voluit in aperto conscribi. Si enim secretius non esset, Evangelio utique ipsi quod edidit addidisset: sed fecit hunc lebellum Hebraicis litteris obsignatum, quem usque adeo non edidit, ut hodie manu ipsius scriptus Hebraicis litteris à viris religiosissimis habeatur, qui eum à suis prioribus per successus temporum susceperunt. Hunc autem ipsum librum, cum nunquam alicui transferendum tradiderunt; textum vero ejus aliter aliterque tradiderunt.

"Sic factum est ut à Manichaei discipulo nomine Seleuco, qui etiam Apostolorum gesta falso sermone conscripsit, hic liber editus non aedificationi, ded destructioni materiam exhibuerit, & quod talis probaretur in synodo, cui meritò aures Ecclesiae non paterent. Cesset nunc oblatrantium morsus: non enim istum libellum canonicis nos superaddidimus scripturis; sed ad detegendum haereseos fallaciam Apostoli atque Evangelistae scripta transferimus. In quo opere tam jubentibus piis obtemperamus Episcopis, quam impiis haereticis obviamus. Amor ergo Christi est cui satisfacimus, credentes quòd nos suis orationibus adjuvent qui ad salvatoris nostri sanctam infantiam per nostram potuerint obedientiam pervenire."

Traduzido, o texto latino acima, diz o seguinte:

"... Uma árdua tarefa foi-me ordenada por suas beatitudes, a saber, o que São Mateus, Apóstolo e Evangelista, não quis escrever abertamente. Pois, não fora secreto, ele o teria adicionado ao Evangelho por ele divulgado como seu; mas ele escreveu este livro lacrado em caracteres hebreus; e não o forneceu até agora para publicação, de tal forma que este livro, escrito em caracteres hebraicos e por sua própria mão, é hoje possuído pelos homens mais religiosos, que, no correr dos tempos, o receberam de quem os precedeu. Embora eles nunca tenham dado este livro a ninguém para ser publicado, transmitiram seu texto, alguns de uma forma, outros de outra.

"E assim ocorreu que este livro, publicado por um discípulo de Maniqueu, chamado Seleuco, que também escreveu uma fala falsa dos Atos dos Apóstolos, continha matéria não para edificação, mas para destruição; e, sendo assim, foi aprovado em um sínodo que os ouvidos da Igreja se recusaram apropriadamente a ouvir..."

Quanto ao *Comentário a Mateus*, Livro II, capítulo XII, 13, a única sentença nele que se relaciona com o presente tema é a seguinte:

"... In Evangelio, quo utuntur Nazaraeni et Ebionitae (quid nuper in Graecum de Hebraeo sermone transtulimus, et quod vocatur a plerisque Matthaei authenticum), homo iste, qui aridam habet manum, caementarius scribitur..."[57]

Cuja tradução é:

---

[57] Ver Jerônimo, *Commentarius in Evangelium secundum Matthaeum*. J.P. Migne, *Patrologiae Cursus Completus*. Série Latina. Tomo XXVI. Col. 80-81. Paris: Garnier frères, 1884.

"... No Evangelho usado pelos Nazarenos e os Ebionitas (que recentemente traduzimos de um sermão hebraico para o grego, e que por muitos era considerado como autêntico de Mateus), o mesmo homem que tinha a mão destruidora era um maçom..."

Quanto à referência de pé de página de H.P.B. à obra de São Jerônimo *De viris inlustribus liber*, cap. 3, é, naturalmente, totalmente oposta ao tema geral, mas parece ter sido incluída no lugar errado, resultando em certa confusão, possivelmente devido a revisão deficiente de seu manuscrito. O parágrafo referido no capítulo 3 da obra de São Jerônimo é o seguinte:

"Mattheus, qui est Levi, ex publicano apostolus, primus in Iudaea propter eos qui ex circumcisione crediderant, Evangelium Christi Hebraeicis litteris verbisque composuit: quod quis postea in Graecum transtulerit, non satis certum est. Porro ipsum Hebraeicum hebetur usque hodie in Caesariensi bibliotheca, quam Pamphilus martyr studiosissime confecit. Mihi quoque a Nazaraeis, qui in Beroea urbe Syriae hoc volumine utuntur, describendi facultas fuit. In quo animadvertendum, quod ubicumque Evangelista, sive ex persona sua, sive ex persona Domini Salvatoris, veteris Scripturae testimoniis abutetur, non sequatur Septuaginta translatorum auctoritatem, sed Hebraicam, e quibus illa duo sunt: 'ex Aegypti vocavi Filium', et: 'quoniam Nazaraeus vocabitur'". [58]

Que, traduzido, diz o seguinte:

"Mateus, que era chamado Levi, e que de publicano tornou-se Apóstolo, foi o primeiro na Judeia a escrever um Evangelho de Cristo, no idioma e com caracteres hebraicos, em consideração àqueles

---

[58] Ver J. P. Migne, P.C.C., Série Latina. Tomo XXIII. Col. 613. Paris, 1883.

entre os circuncidados que tinham fé. Não é suficientemente certo quem o traduziu posteriormente para o grego. O hebraico original podia ser encontrado até os dias de hoje na biblioteca diligentemente reunida em Cesareia pelo mártir Pânfilo. Foi possível, até para mim, ter acesso a este volume que os Nazarenos têm usado, em Veria, uma cidade da Síria. Deve-se notar que sempre que o Evangelista apresenta o testemunho do Antigo Testamento, segundo ele próprio ou de acordo como o homem Salvador, não segue a versão Setenta, mas cita diretamente do hebraico. Dele provêm as seguintes passagens: 'Do Egito chamei o Filho', e 'por esta razão foi ele denominado Nazareno'."

Todo este tema-matéria também é contemplado por H.P.B. em seu poderoso artigo intitulado "A Origem dos Evangelhos e o Bispo de Bombaim" (*The Theosophist*, Vol. IV, outubro, 1882, pp. 6-9), que se encontra na correta ordem cronológica dos *Escritos Compilados*. Algumas passagens adicionais dos Padres são postas em discussão.

[61] Esta citação é uma versão inglesa do texto original francês de Salomon Munk (1803-67), em seu *Mélanges de Philosophie Juive et Arabe* (Paris: A. Franck, 1859), p. 276, que se segue:

"... Il nous paraît évident, au contraire, que le compilateur s'est servi de documents ancients, et entre autres de certains Midraschîm, ou recueils de traditions et d'expositions bibliques, que nous ne possédons plus aujourd'hui..."

[62] Esta é uma referência bastante enganosa, visto que H.P.B. não cita nenhum trabalho de Augustus Tholuck (1799-1877) em seu texto acima. Ao nos reportarmos novamente ao *Mélanges* de S. Munk, vemos que na mesma página 276 ele continua da seguinte maneira:

"... Nous croyons aussi qu'on peut reconnaître dans les *sephirôth* des analogies frappantes avec les doctrines de certains gnostiques, notamment de Basilide et de Valentinien."

Neste ponto, Munk acrescenta a seguinte nota de pé de página:

"Cf. Tholuck, 1.c., pag. 24 et 31. – Hâya Gaôn, mort en 1038, est à notre connoissance le premier auteur qui développe la théorie des *sephirôth*, et il leur donne des noms que nous retrouvons plus tard chez les kabbalistes (cf. Jellinek, *Moses ben Shem-Tob de Leon*, pag. 13, note 5); ce docteur, qui avait de fréquents rapports avec des savants chrétiens syriens ou chaldéens, a pu par ces derniers avoir connaissance de quelques écrits gnostiques."

É esta passagem de Tholuck que H.P.B. cita em sua tradução inglesa. Consultando páginas precedentes do *Mélanges* de S. Munck, parece que o l.c. (*loco citato*) refere-se ao *Commentatio de vi quam graeca philosophia in theologiam tum Muhammedanorum tum Judaeorum exercuerit*, de Tholuck, pp. 24 e 31.

[63] Adolf Jellinek (às vezes grafado Gellinek) (1821-1893), *Moses ben Shem-Tob de Leon und sein Verhältniss zum Sohar.* Eine historisch-kritische Untersuchung über die Entstehung des Sohar. Leipzig, 1851. 8 vo. (Museu Britânico: 4033. dd. 8.).

[64] Em 1890, George R.S. Mead (1863-1933), teosofista, erudito clássico e próximo colaborador de H.P.B. na sede de Londres, traduziu para o inglês a versão latina de M.G. Schwartze da *Pistis-Sofia*, a partir do manuscrito original copta, do Museu Britânico (MS. Add. 5114). Ele publicou as páginas 1-252 com comentários e notas, em *Lucifer*, Vols. VI, VII e VIII, entre abril de 1890 e maio de 1891. H.P.B. adicionou um considerável número de seus próprios Comentários e Notas, que infelizmente não foram assinados.

Em 1896, G.R.S. Mead, após traduzir todo o trabalho novamente e cotejá-lo com a tradução francesa de É. Amélineau (Paris, 1895), publicou-o na forma de livro (Londres: The Theosophical Publishing Society), com uma valiosa Introdução. Não inclui qualquer comentário ou nota. Parece ter ele pretendido publicar um volume separado com comentários, mas tal volume nunca apareceu, nem qualquer manuscrito sobre o tema foi encontrado entre seus papéis por seu testamenteiro, John M. Watkins.

Os Comentários e Notas de H.P.B., que apareceram originalmente em *Lucifer*, encontram-se no Volume XIII dos *Escritos Compilados*, juntamente com o texto *Pistis-Sofia*, necessário para compreender-se o texto de H.P.B. No mesmo local, são encontrados dados sucintos com relação à literatura existente sobre este trabalho e outras informações pertinentes.

A intenção de H.P.B. de escrever outro fascículo da série "O Caráter Esotérico dos Evangelhos", com explicações relacionadas ao *Pistis-Sofia*, nunca foi levada a efeito.

SEGUNDA PARTE

A Origem dos Evangelhos e a Famosa Controvérsia com o Abade Roca

Pesquisa Cronológica

Dos principais acontecimentos na vida de H. P. Blavatsky e do cel. H. S. Olcott, de outubro de 1882 a agosto de 1888, nos meses em que os artigos foram escritos.

1882

Setembro (final) – H.P.B. parte de Bombaim para Sikkim. Vai por Benares; daí, via Calcutá e Chandernagore, para Cooch Behar, onde fica retida durante três dias com febre. Ela é acompanhada por uma dúzia de teosofistas nativos de Calcutá e quatro ou cinco budistas do Ceilão e de Burma. A maioria deles ficou doente, e apenas os budistas a seguiram até Sikkim. O Ministério das Relações Exteriores se recusa a dar-lhe um visto para Sikkim. Como a temporada para ir até Shigatse estivesse muito adiantada, embora pareça ter sido sua intenção fazê-lo, H.P.B. decide ir ao "Mosteiro dos Lamas" a cerca de quatro dias de Darjeeling. Ela vai à pé, acompanhada por alguns dos seus companheiros de viagem, e leva oito dias para completar a viagem. Na fronteira entre Butão e Sikkim, que é um córrego rápido, alguns ingleses e indianos estavam esperando a admissão, mas foi-lhes negada a entrada. O Chefe Lama do Mosteiro de toda a fronteira, no entanto, ordenou que H.P.B., juntamente com três cingaleses, fossem levados até ele, e lá permaneceram por três dias (H.P.B. para o príncipe Dondukov-Korsakov, em *HPBS II*, pp. 96-100).

1º de outubro – H.P.B. encontra-se em Ghum, aparentemente no mosteiro dos Lamas, a cerca de 37 quilômetros de Darjeeling. Foi nesta viagem que H.P.B. passou dois ou três dias em Sikkim na companhia dos Mestres e sua saúde foi restaurada, tornando-se muito melhor. Foi-lhe dito para ir para Darjeeling e lá permanecer por dois meses (*Path*, X, set., 1895, pp. 169-70; *Blech*, 127-28; *LBS.*, nº XIX, p. 38; *ML.* nº LIV, pp. 313-14; HPB ao príncipe Donduko-v-Korsakov, como acima).

6 de outubro – S. Ramaswamier conhece o Mestre M. em Sikkim (*Theos.*, IV, dezembro de 1882, pp. 67-69).

Outubro – H.P.B. está em Tindharia, perto de Darjeeling, a maior parte do mês (*ML.*, nº CX, p. 445; *Path*, X, set., 1895, p. 170; *LBS.*, nº XIX, p. 38).

Outubro – Tempo aproximado em que dois Chelas, Darbhagiri Nâth e Chandra Cusho, visitam Sinnett em Simla (*Autobiogr.*, *ML.*, nº CXI, p. 446).

Outubro (final) – Os Sinnetts partem de Simla para Allahabad (*Autobiogr.*).

Novembro – Sinnett avisado pelo Sr. Rattegan, do *The Pioneer*, que seus serviços não são mais necessários (*Autobiogr.*; *Ransom*, 173).

1883

2 de março – Os Sinnetts chegam a Madras no *SS Verona* e recebem no cais as boas-vindas de H.P.B. e outros (*Autobiogr.*; *ED.*, 39; *Theos.*, IV, abril de 1883, p. 7).

Março – Primeiro uso rastreável do “Santuário” para fins ocultos, nomeadamente pela Sra. Sinnett durante sua estadia em Adyar (*ED.*, 39-40); *Autobiogr.*; *Vania*, 154).

9 de março – Em Calcutá, H.S.O. recebe honras excepcionais do pândita Taranath Tarka Vachaspati, um brâmane e compilador de um famoso dicionário sânscrito, que preparou alimentos para H.S.O., iniciou-o em sua própria *gotra* (linhagem) e deu-lhe o fio sagrado brahmânico e seu mantra (*ODL.*, II, 410).

11 de março – Primeira Escola Dominical religiosa aberta por H.S.O. em Calcutá, com Mohini Mohun Chatterji como diretor (*ODL.*, II, 411; *Theos.*, IV, abril de 1883, p. 7).

12-30 março – H.S.O. viaja por Bengala, cura doentes e dá palestras. Visita Krishnager, Dacca (16), Darjeeling (22 a 24), onde conhece um dos discípulos mais antigos dos Mestres, Jessore (28-29), e Narail (30). Conta com um público muito grande em todos os lugares (*ODL.*, II, 411-17; *Theos.*, IV, maio de 1883, pp. 1-3).

Março – Enquanto se encontra em Adyar, Sinnett está ocupado escrevendo seu *Budismo Esotérico*; envia perguntas aos Mestres por meio de H.P.B. e do "Santuário"; e recebe respostas imediatas. Ele está planejando voltar para a Índia para publicar um novo jornal, *The Phoenix*, assim que capital estiver disponível (*Inc.*, 257; *ED.*, 39-40; *Ransom*, 179).

30 de março – Os Sinnetts partem para a Europa no vapor *SS Peshawar* da P. & O. (*LMW.*, II, 149; *Theos.*, IV, abril de 1883, p. 7).

Março – Em um artigo intitulado "Sob a Sombra dos Grandes Nomes", publicado em *The Theosophist* (Vol. IV, p. 113), H.P.B. e H.S.O. declararam que em nenhuma circunstância eles se comunicarão por meio de médiuns em transe depois de morrerem. H.S.O. repete isso alguns anos depois (*Theos.*, Vol. XIV, dez., 1892, p. xxiv).

Março – A Sociedade Teosófica das Senhoras é formada em Calcutá, com a Sra. Alice Gordon como presidente e a Sra. Kumari Devi Ghosal, filha de Devendro Nath Tagore, como secretária. O resultado deste movimento foi a fundação da revista *Bhâratî* (*ODL.*, II, 411; *Theos.*, IV, abril de 1883, p. 6).

1887

15 de dezembro – *Lucifer* publica a famosa Carta Aberta intitulada: "'Lucifer' para o Arcebispo de Canterbury, saudações!" Pouco depois, este editorial é republicado na forma de panfleto (são impressas 15 mil cópias) (*Ransom*, 240).

21 de dezembro – A Sra. H. Isabel Cooper-Oakley deixa Adyar, depois de uma breve visita com o marido, e retorna a Londres (*ODL.*, IV, 32).

23 de dezembro – A Nova Biblioteca de Adyar está pronta, no que diz respeito às prateleiras, e H.S.O. começa a transferir livros para lá, o primeiro sendo *Isis Unveiled* (*Ísis sem Véu*) (*ODL.*, IV, 32).

27 a 29 de dezembro – Décima Segunda Convenção e Aniversário da Sociedade Teosófica realizados na Sede, Adyar. O Congresso Nacional da Índia se reúne em Madras ao mesmo tempo, afetando seriamente a força numérica da Convenção de Adyar (*ODL.*, IV, 34).

1888

22 de fevereiro – Morte da Dra. Anna Bonus Kingsford, que nasceu em 1846 (*AK*, 3ª ed., II, 361-62).

Abril – Carta ao Editor do *Path* de Nova Iorque, datada de Bombaim e assinada por vários pânditas indianos, protestando contra as ideias expressas na carta publicada no *The Path* de janeiro de 1888 (*Path*, III, junho, 1888, pp. 97-98; *Ransom*, 247).

4 de abril – Carta de H.P.B a William Quan Judge, concedendo-lhe direitos exclusivos para imprimir e publicar *A Doutrina Secreta* durante todo o período de direitos autorais da mesma, como agente da Theosophical Publication Society (*Theos. Forum*, V, dezembro de 1933).

Abril – A.J. Cooper-Oakley renuncia à editoria do *The Theosophist*, que ele havia editado durante a ausência do coronel Olcott em Ootacamund (H.S.O. em *Theos.*, X, dezembro, 1888, p. xxviii).

22 a 23 de abril – Convenção Nacional dos Teosofistas Americanos realizada na Casa Sherman, em Chicago, Ill (*Path*, III, maio de 1888, pp. 66-71; *Theos.*, IX, julho de 1888, pp. 615 *et seq.*).

6 de maio – H.S. Olcott profere palestras na casa do Mahârâja de Mysore (*ODL.*, IV, 49).

Maio – H.P.B. melhorou muito na saúde geral, de acordo com Bertram Keightley (*Theos.*, IX, Supl., maio de 1888, p. xxxvii).

31 de maio – H.S. Olcott parte de Ooctacamund para Adyar; palestras no roteiro, em Coimbatore, Pollachi, Udamalpet e Palghat; chega a Adyar em 12 de junho (*ODL.*, IV, 51; *Ransom*, 246; *Theos.*, IX, Supl., julho de 1888, p. xlv).

23 de junho – Importante reunião do Ramo Ísis, de Paris, sala Richefeu, para revisar regras e eliminar elementos de discórdia. *Le Lotus* deixa de ser o órgão oficial do Ramo (*Le Lotus*, III, julho de

1888, pp. 253-55). Problemas consideráveis em relação ao novo Presidente (*ODL.*, IV, 56; *Ransom*, 249).

Junho – T. Subba Row e J. N. Cook (da Loja de Londres) renunciam à Sociedade; isto se deve parcialmente ao protesto publicado na *The Path* de janeiro, 1888, sobre a opinião dos hindus acerca da publicação de *A Doutrina Secreta* (*Theos.*, IX, Supl., junho, 1888, p. xli; *Ransom*, 246-47).

4 de agosto – H.S. Olcott viaja para a Europa; vai primeiro para Bombaim, saindo de lá no dia 7 no vapor da P. & O. Mail *SS Shannon*; ele deve aportar em Brindisi, Itália (*Theos.*, IX, sept., 1888, p. ciii; *Ransom*, 248).

22 de agosto – Carta importante de K. H. ao coronel Olcott, recebida a bordo do *SS Shannon*, um dia antes de chegar em Brindisi. (De acordo com os registros do Lloyd's de Londres, o navio chegou lá no dia 23 de agosto, às 7:30 da manhã, partindo para Londres uma hora depois.) (*LMW* I, nº 19, para o texto da Carta; *Ransom*, 248, onde uma data errada é fornecida).

Parece que, antes do recebimento desta importante Carta do Mestre, H.P.B havia sugerido a H.S.O que ela poderia formar uma S.T. totalmente independente na Europa, se ele insistisse em suas objeções à formação da Seção Esotérica (*Ransom*, 251).

23 de agosto – H.S. Olcott prossegue por terra da Itália para Londres, chegando lá dia 26; ele permanece por algumas horas em Bolonha, para ver os medicamentos do conde Mattei; não conseguindo entrar em contato com o conde, faz arranjos para visitar a cidade novamente no retorno para casa. Encontra H.P.B. bastante doente, mas trabalhando muito (*Theos.*, X, out., 1888, pp. xvii-xviii; *Ransom*, 248).

Quando H.S. Olcott chegou em Londres, cerca de 330 páginas de cada um dos dois volumes de *A Doutrina Secreta* já haviam sido impressas (*Theos.*, X, outubro de 1888, p. xviii).

Agosto – Vera Vladimirovna de Zhelihovsky, filha de Madame Vera Petrovna de Zhelihovsky, irmã de H.P.B., casa-se com Charles Johnston, na residência de H.P.B., 17, Lansdowne Road, Londres. H.S.O. representa a mãe e o resto da família no casamento civil no cartório (*ODL*, IV, 68).

Chave das Abreviações

aK – *Anna Kingsford. Her Life, Letters, Diary and Work*, de Edward Maitland. 2 vols. Ill.. Londres: George Redway, 1896. 3ª ed, J. M. Watkins, 1913.

Autobiogr. – Esboço autobiográfico manuscrito não publicado de A. P. Sinnett, datado de 03 de junho de 1912, com adições datadas de maio de 1916 e 2 de janeiro de 1920, que existe sob a forma de um texto datilografado nos Archives of Mahatma Letters Trust, em Londres.

Blech – *Contribution à l'Histoire de la Société Théosophique en France* (Contribuição para a História da Sociedade Teosófica na França), de Charles Blech. Paris: Éditions Adyar, 1933.

Diaries – Os Diários do Cel. H.S. Olcott, nos Arquivos de Adyar.

ED – *The Early Days of Theosophy in Europe* (Os Primeiros Dias da Teosofia na Europa), de A. P. Sinnett. Londres: Theos. Publ. House, Ltd., 1922. 126 pp.

HPBS II – *H.P.B. Speaks*, Vol. II. Editado por C. Jinarajadasa. Adyar, Madras: Theos. Publ. House, 1951. xvi, 181 pp.

Inc. – *Incidents in the Life of Madame Blavatsky* (Incidentes na Vida de Madame Blavatsky), de A. P. Sinnett. Londres: George Redway; New Iorque: JW Bouton, 1886.

LBS – *The Letters of H. P. Blavatsky to A. P. Sinnett, and Other Miscellaneous Letters* (Cartas de H. P. Blavatsky a A. P. Sinnett e

Outras Cartas Diversas. Transcritas, compiladas, e com uma Introd. de A. T. Barker. Nova Iorque: Frederick A. Stokes Co., 1924. xvi, 404 pp.

LMW I – Letters from the Masters of the Wisdom (Cartas dos Mestres de Sabedoria), 1881-1888. Trancritas e compiladas por J. C. Primeira Série. Com prefácio de Annie Besant. Adyar, Madras: Theos. Publ. House, 1919. 124 pp.; 2ª ed, 1923. 3ª ed, 1945.; 4ª ed., com cartas novas e adicionais, cobrindo o período 1870-1900, publ. em 1948. Segunda Série. Adyar: Theos. Publ. House, 1925; Chicago: The Theos. Press, 1926. 205 pp., facs.

ML – Mahatma Letters to A. P. Sinnett (dos Mahatmas M. e K. H.). Transcritas, Compiladas e com Introd. de A. T. Barker. Londres: T. Fisher Unwin, dezembro de 1923; Nova York: Frederick A. Stokes Co., 1923. XXXV, 492 pp;. 2ª ed. rev., Londres: Rider & Co., 1926. 3ª ed. rev., Adyar, Theo. Publ.House, 1962.

ODL – Old Diary Leaves, de Henry Steel Olcott. Segunda Série, 1878-1883. Adyar: Theos. Publ. House, 1900. A edição original contém nove ilustrações, sendo todas da sede da Sociedade Teosófica em Adyar. Encontrando-se muito desbotadas para mais reproduções, oito delas foram eliminadas da 2ª ed, de 1928.

Path – The Path. Editada e publicada em Nova Iorque por W. Q. Judge. Vols. I-X, abril, 1886 – março de 1896 incl.

Ransom – A Short History of The Theosophical Society. Compilada por Josephine Ransom. Com prefácio de G.S. Arundale. Adyar, Madras: Theos. Publ. House, 1938. Xiii, 591 pp.

Theos – The Theosophist. Dirigida por H. P. Blavatsky. Bombaim (mais tarde Madras): The Theos. Society, outubro de 1879 –, em andamento (Volumes vão de outubro a setembro incl.).

Theos. Forum – The Theosophical Forum. Publicado sob a autoridade da Sociedade Teosófica, Point Loma, Califórnia, E.U.A. Nova Série. Mensal. Primeira edição publ. em setembro de 1929.

Vania – Madame H.P. Blavatsky, Her Occult Phenomena and the Society for Psychical Research (Madame H. P. Blavatsky, Seus Fenômenos Ocultos e a Sociedade de Pesquisas Psíquicas), de K. F. Vania. Bombaim, Índia: Sat Publ. Co., 1951. xiv, 488 pp.

A Origem dos Evangelhos e o Bispo de Bombaim

[*The Theosophist*, Vol. IV, nº 1, outubro, 1882, pp. 6-9.]

A ignorância generalizada que grassa entre os cristãos ingleses com relação à história de seus próprios livros religiosos e, é de se temer, ao seu conteúdo, foi divertidamente ilustrada em algumas cartas trocadas recentemente no *The Pioneer* entre apoiadores e críticos do bispo de Bombaim – tendo os contendores se digladiado quanto às preocupações pastorais em torno da questão do divórcio e de um novo casamento. Muita tinta foi derramada ao longo da correspondência – e ainda mais santa ignorância mostrada de ambos os lados. "Um dos Leigos", que apoia, e "Tübingen", que critica, encerram a extensa polêmica. Uma carta do primeiro, escrita num estilo que tanto poderia parecer sarcasmo velado quanto cantilena religiosa (ver *The Pioneer* de 19 de agosto), diz o seguinte:

> Senhor, – Li, neste e em vários outros jornais, artigos e cartas relacionados com a pastoral do bispo de Bombaim. Mas me parece que todos se equivocam ao levarem em conta apenas opiniões humanas. A questão é muito simples: nosso Abençoado Senhor, enquanto na Terra, sendo Deus Todo-poderoso assim como homem e, por conseguinte, sabendo perfeitamente de toda a controvérsia que poderia surgir no futuro sobre Suas palavras (estas, entre outras), pronunciou palavras simples

e distintamente. Isto é inegável, suponho – pelo menos para os cristãos. Seu servo, o bispo de Bombaim (suponho que ninguém negue que o bispo de Bombaim é servo de Nosso Senhor num sentido mais especial do que o é do Estado), tem repetido estas palavras simples e distintamente. E estas mesmas palavras serão repetidas simples e distintamente, e para alguns com terrível ênfase, no Dia do Juízo Final. Isso é tudo – talvez demais – basta. Respeito humano, opinião pública, lei civil – todas estas coisas passarão; mas as palavras de Deus Todo-Poderoso não hão de passar. Pessoalmente, estou satisfeito em saber que a Igreja, tendo sido dotada por nosso Senhor Abençoado de absoluta e infalível autoridade em todas as questões de fé e moral, estabeleceu certa disciplina com relação ao casamento; mas sei que os protestantes se recusam a admitir isto. Talvez um pouco de reflexão sobre o tema do Dia do Juízo Final possa fazer-lhes ver que o bispo de Bombaim está certo naquilo que estabeleceu. Se uma pessoa pode calmamente decidir apresentar, no Dia do Juízo Final, a opinião pública, o respeito humano, a lei civil como desculpas para o que fez, ou deixou de fazer, na Terra, deixem-na – e que aguarde o resultado. Aqui na Terra, indivíduos, bons e maus, cometem erros. Lá, não haverá nenhum – exceto aqueles já cometidos na Terra; e, como diz Faber, será um tempo excessivamente inconveniente para descobri-*los*. Não pretendo argumentar contra pessoas que não acreditam na revelação, sendo apenas, como mostra meu cartão – UM DOS LEIGOS.

Isto é muito simples; e, contudo, dificilmente se pode deixar passar sem comentários. Por exemplo, se "Nosso Senhor Abençoado", que é "Deus Todo-poderoso", soubesse de antemão "toda controvérsia que poderia surgir no futuro" (a correspondência do *The Pioneer*, entre outras), então não estaríamos muito distantes da verdade em supor que ele também conhecesse os comentários e críticas feitos a "Um dos Leigos" no *The Theosophist*. Isto é muito encorajador, e, realmente, dissipa as últimas hesitações e dúvidas que se pudessem ter sobre a propriedade de rápidos comentários, conquanto respeitosos, sobre o último *pronunciamento* do bispo de Bombaim. Nossa lógica é muito simples. Como o que estamos prestes a dizer *jamais poderia* ter escapado da atenção de Nosso Senhor dezoito séculos atrás, e como, por ora, não recebemos nenhuma intimação do contrário (silêncio significando para nós – assim como para qualquer outro mortal – consentimento), nos sentimos serenamente confiantes de que esta coluna foi preordenada assim desde o começo; não pode, portanto, ofender ninguém. Mas, antes de fazer qualquer comentário pessoal, nossos leitores devem ver o que "Tübingen" tem a dizer em resposta a "Um dos Leigos". A carta supracitada suscitou a seguinte resposta no *The Pioneer* de 25 de agosto:

> Senhor, – Seu correspondente LEIGO, que conhece tanto sobre as palavras do Senhor com relação ao assunto do divórcio, parece esquecer alguns pontos suscitados pela matéria, sobretudo que "certas palavras" a que ele e o bispo de Bombaim se reportam certamente não foram ditas por nosso Senhor, que não se expressou em inglês, sendo meramente uma tradução

de uma tradução grega alexandrina de alguns documentos, cuja origem é referida na muitíssimo ortodoxa *Chambers' Encyclopaedia*: "A pergunta foi tratada de uma maneira extremamente técnica por muitos críticos. O objetivo destas teorias foi encontrar uma origem comum para os Evangelhos. Eichhorn e o bispo Marsh presumem ser um documento original, diferindo de qualquer dos evangelhos existentes, e que se supõe ter passado por várias modificações. Outra e mais provável suposição é que os Evangelhos surgiram de uma tradição oral comum. Esta teoria . . . é, claro, amplamente distinta da bem conhecida teoria de Tübingen, que estende o período da tradição até meados do segundo século e supõe que os Evangelhos foram então criados sob a influência de instrutores opostos." Com o título de "Tübingen", em outra parte da *Encyclopaedia*, leio que o local é celebrado "como uma escola de teologia histórico-filosófica . . . cuja influência sobre o pensamento religioso tem sido muito grande e provavelmente se provará permanente". Assim, temo, seu LEIGO, embora sem dúvida um bom homem, não está tão precisamente informado com relação à linguagem de nosso Senhor, como ele imagina; e, considerando a infeliz incerteza que caracteriza nossos registros fragmentários desta, o bispo de Bombaim não é tão sábio em regular seus pontos de vista de divórcio de acordo com o teste do inglês exato da Bíblia, como o parlamento tem feito em regular a lei de acordo com o que o senso comum nos leva a imaginar mais provavelmente serem os pontos de vista de nosso Senhor.

TÜBINGEN.

A resposta é muito boa até onde ela vai, só que não vai muito longe; porque a observação feita de que "nosso

Senhor não se expressou em inglês" não cobre todo o espectro. Ele poderia ter se expressado em qualquer idioma oriental morto ou vivo que quisesse, e, ainda assim – já que era Deus Todo-poderoso, conhecia a arma tremenda que estava fornecendo aos presentes infiéis –, deveria ter evitado a "Um dos Leigos", bem como ao bispo "seu servo", a humilhação de ser ensinados sobre suas próprias Escrituras pelos infiéis TEOSOFISTAS. De fato, enquanto o primeiro evidentemente nunca leu, ou esqueceu, sua Bíblia, o último, que não pode ser tido como ignorante de seu conteúdo, fez uma seleção muito arbitrária do que melhor lhe convém, uma vez que há vários mandamentos na Bíblia para se escolher com relação à questão de um novo casamento. Por que vossa Senhoria não se referiu a estes também? E por que os Cristãos Leigos deveriam ser proibidos do privilégio de fazer suas escolhas, uma vez que a Bíblia lhes faculta a oportunidade de adequar-se a todo o gosto, ao mesmo tempo em que adere tão estritamente em um caso quanto em outro aos Mandamentos do Deus Todo-poderoso? Se "Um dos Leigos" está pessoalmente satisfeito em saber que "tendo a Igreja sido dotada por nosso Senhor Abençoado de absoluta e infalível autoridade em todas as questões de fé e moral" *tem* o direito de "estabelecer certa disciplina com relação ao casamento", então ele deve saber mais do que qualquer um sabe. Pois, se os "protestantes se recusam a admitir isto", não é por excesso de modéstia, mas simplesmente porque essa alegação de sua parte seria realmente muito absurda em face da Bíblia. Jesus Cristo, embora em certo sentido ele próprio um protestante, nada sabia de protestantismo; e dotou – se é que ele tenha dotado alguém de alguma coisa – Pedro de tal autoridade, deixando Paulo de fora. Tendo outrora o protestantismo protestado contra os ditames da Igreja Católica Romana, não tem direito de assumir entre as muitas alegadas prerrogativas da Igreja de Pedro aquelas que lhe convém, rejeitando as que considera inconveniente seguir ou fazer cumprir. Além disso, como o protestantismo escolhe dar igual autoridade e infalibilidade a ambos, Velho e Novo Testamento, seus bispos, ao decidirem sobre questões sociais ou religiosas, não deveriam dar preferência apenas ao último, ignorando totalmente o que tem a dizer o primeiro. O fato de que a Igreja Protestante, agindo sob o princípio do "direito do mais forte", tem e sempre teve o hábito de recorrer a ele para cortar todo nó górdio – não é prova de que ela esteja agindo sob autoridade Divina. A alegação, então, feita por "Um dos Leigos", como verá "Tübingen", não repousa tanto na correção da tradução feita das palavras de Cristo, ou se foi apresentada por um grego ou um hebreu, mas na autocontradição destas mesmas palavras na Bíblia – assumindo, claro, que Cristo e Deus Todo-poderoso são um e idênticos. De outro modo, e se Jesus de Nazaré era um simples homem, ele não pode ser acusado de flagrante contradição nem de incitar seus profetas a transgredir o sétimo mandamento, como foi feito por Deus no caso de Oséias. E é também, supomos, "inegável pelos menos para os cristãos", que o que era bom para um profeta do Senhor Deus não pode ser ruim para um cristão, mesmo que ele seja um Cidadão Anglo-indiano. Na verdade, como diz "Um dos Leigos", "a questão é muito simples". É uma questão de Unitarismo e de escolha. "Escolhei hoje a quem sirvais", poderia dizer um Josué moderno; se o *Deus* que os judeus serviram, e que contradiz, no Novo Testamento, todas as páginas do Velho – o colérico, vingativo, inconstante Jeová; ou aquele a quem você chama "Cristo" – um dos tipos mais nobres e puros da humanidade. Pois não pode haver dúvida sobre isso: se Cristo é uno com o Senhor Deus de Israel – toda esta pureza ideal se desvanece como um sonho, deixando em seu lugar desorientação, dúvida e desgosto – seguidos, em geral, por ateísmo vazio.

Para simplificar, se o Senhor bispo, com "Um dos Leigos" insistirem em que Cristo, sendo Deus Todo-poderoso, proferiu certas palavras simples e distintamente, e ele "servo do Senhor . . . repetiu estas palavras", conforme *Mateus* 5:32 – a saber, "Eu, porém, vos digo que todo aquele que repudiar a sua esposa, a não ser por causa ... etc., a faz cometer adultério, e *qualquer que casar com a divorciada comete adultério*" –, então os assim chamados infiéis e demais envolvidos têm o direito de insistir respeitosamente com vossa Senhoria mostrando-lhe por que ele, o servo do mesmo Deus, não deve repetir certas outras palavras pronunciadas muito mais simples e distintamente no livro de *Oséias*, capítulo 1, versículo 2, e capítulo 3, 1-5? Por certas boas razões – entre as quais a de que *The Theosophist*, não sendo um livro santo, não é privilegiado e nem consentiria em publicar obscenidades –, os ditos versículos em *Oséias* não podem ser citados nesta revista. Mas qualquer um é livre para encontrar as passagens acima na primeira Bíblia que lhe cair nas mãos, lê-las e julgar por si mesmo. E então verá que Deus Todo-poderoso manda Oséias não só tomar para si uma "esposa divorciada", mas algo muito pior. E se nos é dito por alguns expositores da Bíblia, como esta classe com frequência o faz, que as palavras não devem ser tomadas *no sentido literal*, que são *alegóricas*, então o ônus da prova permanece com o bispo para mostrar por que, neste caso, as palavras em *Mateus* também não podem ser consideradas uma parábola; e por que este único solitário mandamento deve ser aplicado *no sentido literal*, ao passo que praticamente todos os outros que o precedem ou se seguem são considerados, explicados e devem ser aceitos simplesmente como uma parábola. Se fosse consistente consigo mesmo, o bispo deveria insistir em que, como consequência da tentação, todo cristão "arrancasse" seu olho direito, "cortar" a mão direita – (e quem pode fingir que nem seu olho, nem sua mão jamais o tentaram ou o "ofenderam"?) –, se recusasse, além disso, a jurar em uma Corte de Justiça, desse a outra face a cada valentão que batesse em seu rosto e presenteasse com sua capa o primeiro ladrão que escolhesse roubar sua túnica. Cada um destes mandamentos tem sido "descartado com uma explicação qualquer" para a satisfação de todos os envolvidos – entre outros, aquele que ordena nunca jurar, ou seja, nunca fazer o juramento prescrito – "nem pelo céu, nem pela terra", mas seja o seu "sim, sim e o seu não, não". E se Vossa Senhoria não tiver ninguém para negar que ele "é servo de Nosso Senhor em um sentido mais especial do que é servo do Estado", cuja lei, desconsiderando a injunção de Cristo, manda cada um de seus cidadãos jurar sobre a Bíblia, então o bispo fortaleceria sua alegação e silenciaria os infiéis, se, ao invés de perder seu tempo com esposas divorciadas, ele usasse sua eloquência em apoio ao Sr. Bradlaugh, pelo menos em sua recusa de jurar no Parlamento. A este respeito, pelo menos, o clérigo cristão estaria alinhado com o célebre infiel.

Sem dúvida, um pouco de reflexão sobre o tema do "Dia do Julgamento" poderia ajudar um pouco a explicar o inexplicável; mesmo com tudo isso, no entanto, é de se temer, nunca dará conta de explicar todas as inconsistências enumeradas acima. Não obstante, *nil desperandum*. Há uma encantadora história contada por James T. Bixby sobre o atual premiê inglês. Nela a objeção feita a um agradável plano de casar o falecido General Garibaldi com uma rica senhora inglesa, *viz.*, que o herói de Capera já tinha uma esposa – encaixa-se triunfalmente com a sugestão de que o Sr. Gladstone *poderia prontamente descartar a senhora com uma explicação qualquer.* Talvez, Vossa Senhoria de Bombaim, ao ouvir a história, tenha voltado os olhos para o "grande velho homem", para ajudá-lo. De qualquer modo, ele parece ser um reconciliador do irreconciliável, e manifestar, para usar uma expressão do mesmo autor, "um poder teológico dissipador de igual força", tão facilmente quanto os reconciliadores da Ciência e das Escrituras.

Se "Tübingen", ao invés de obter sua inspiração da "muitíssima ortodoxa *Chamber's Encyclopaedia*", tivesse consultado o que os Pais da Igreja têm a dizer sobre o Evangelho de Mateus, no qual as *certas palavras* de "Um dos Leigos" e do "bispo de Bombaim" se baseiam, fazem parecer –, ele estaria muito mais qualificado para rebater os argumentos de seu oponente. Ele teria aprendido, por exemplo, que dos quatro, o Evangelho de Mateus é o único original, como o único que foi escrito em hebraico, ou melhor, em uma de suas corruptelas, o siríaco galileu – por quem ou quando foi escrito, não vindo ao caso agora. *Epifânio* nos diz que eram os heréticos nazarenos ou sabianos "que viviam na cidade de Beréia, de Cele-Síria e na Decápole, de Pela, e em Basantis"[59] que possuíam o Evangelho de Mateus mais completo, *e ele foi escrito originalmente* – em caracteres hebraicos; e que foi São Jerônimo que o traduziu para o grego: "*In Evangelio, quo utuntur Nazaraeni Ebionitae, quod nuper in Graecum de Hebraeo transtulimus, et quod vocatur a plerisque Matthaei authenticum, homo iste, qui aridam habet manum, caementarius scribitur*".[60] Mateus, o desprezado publicano, não nos esqueçamos, é o único autor identificado e autenticado de seu Evangelho, os outros três tendo de permanecer provavelmente para sempre sob seus não identificados *noms de plume*. E ebionitas e nazarenos são praticamente idênticos. Habitando um deserto entre a Síria e o Egito além da Jordânia chamada Nabatéia, eram indiferenciadamente chamados de sabianos, nazarenos e ebionitas. Olshausen considera notável que, ao passo que todos os

---

[59] [Epifânio, *Panarion*, Livro I, tomo II, Haer. XXIX, § vii; p. 123 em Petavius' ed. de Epiphanius, Paris, 1622.]

[60] [Contido em uma nota de pé de página de Petávio, página 124 de sua ed. de *Panarion* de Epifânio, apenso ao Livro I, tomo II, Haer. XXIX, § viii, mas creditado aos *Commentarius in Evangelium secundum Matthaeum* (Comentários ao Evangelho segundo Mateus) de São Jerônimo, Livro II, cap. xii, 13. Cf. J. P. Migne, *Patrologiae Cursus Completus*, Série Latina, Tomo XXVI, Col. 80-81. Paris, Irmãos Garnier, 1884.

A tradução desta passagem é: ". . . . No Evangelho usado pelos nazarenos e ebionitas (que recentemente traduzimos de um sermão, do hebraico para o grego, e que foi declarado por muitos como sendo o autêntico Mateus), o mesmo homem que tinha a mão atrofiada era um pedreiro . . ." – *Compilador*.]

Pais da Igreja concordem em dizer que *Mateus escreveu em hebraico*, todos eles usem o texto grego como o escrito genuíno apostólico sem mencionar qual a relação que o Mateus *hebraico* tem com o grego. "Ele teve *muitas adições peculiares que faltam no evangelho grego*!", diz ele[61]; e igualmente muitas *omissões*, podemos acrescentar. O fato deixa logo de ser notável quando nos lembramos da confissão feita por *Jerônimo* (ou São Jerônimo) em sua carta aos bispos Cromácio e Heliodoro e em várias outras passagens de suas obras:

> Mateus, que era chamado Levi e que de publicano se tornou Apóstolo, foi o primeiro na Judéia a escrever um Evangelho de Cristo, em língua e caracteres hebraicos, em prol daqueles entre os circuncisados que haviam acreditado. Não está bem certo quem depois o teria traduzido para o grego. O hebraico original pode ser encontrado até os dias de hoje na biblioteca diligentemente reunida em Cesaréia pelo Mártir Pânfilo. Até mesmo eu podia ter acesso a este volume que os nazarenos têm usado na Beréia [Véria], uma cidade da Síria.[62]
>
> No Evangelho *segundo os Hebreus*, que, de fato, foi escrito no idioma caldaico e sírio (*lingua Chaldaica quam vocat hic Syria-*

---

61 Hermann Olshausen, *Nachweis der Echtheit der sämtlichen Schriften des Neuen Testaments*, p. 35.

[Ao consultarmos este parágrafo da obra de Olshausen, a última sentença, única citada por H.P.B., não pôde ser localizada – *Compilador*.]

62 São Jerônimo, *De viris illustribus liber*, cap. 3.

[Cf. J. P. Migne, Patr. C. Compl., T. XXIII, Col. 613, Paris, 1883.]

cam), mas com letras hebraicas, que os nazarenos usam hoje de acordo com os apóstolos, ou, *como muitos supõem, de acordo com Mateus*, que também se encontra na biblioteca em Cesaréia, a história narra: "Eis que a mãe do Senhor e seus irmãos Lhe disseram: João Batista batiza para a remissão dos pecados; vamos e sejamos batizados por ele. Mas ele (Iasous) lhes disse: Que *pecado* cometi para ser batizado por ele?"[63]

O Evangelho que temos de Mateus conta uma história bem diferente; e, no entanto, Jerônimo, falando do evangelho que os nazarenos e ebionitas usam, refere-se a ele como aquele que "recentemente traduzimos para o grego de um sermão em hebraico *e que muitos declararam ser o autêntico Mateus*" (*Comm. to Matthew*, II, xii, 13). Mas a verdade completa salta aos olhos de quem lê a carta de Jerônimo e recorda que este famoso dálmata cristão foi, antes de sua plena conversão, um não menos famoso advogado, bem familiarizado tanto com a casuística eclesiástica quanto legal; e que, portanto, ele deve ter transformado o evangelho hebraico genuíno em algo bem diferente do que era no original. E isto está de fato em sua própria confissão. Ouçam-no dizer:

Uma árdua tarefa foi-me encomendada por Vossas Excelências [bispos Cromácio e Heliodoro], a saber, o que São Mateus, Apóstolo e Evangelista, *não queria que fosse escrito abertamente*. Pois se não fosse secreto, ele o teria acrescentado ao Evangelho que ele ofereceu como seu; mas ele escreveu este livro *selado*

[63] São Jerônimo, *Dialogi contra Pelagianos*, III, 2.

em caracteres hebraicos; e não viabilizou até agora a sua publicação, de tal forma que este livro, escrito em hebraico e por suas próprias mãos, é hoje possuído pelos homens mais religiosos, que, com o passar do tempo, o receberam daqueles que os precederam. Embora eles [os mais religiosos, os iniciados] *nunca tenham dado este livro a ninguém para ser transcrito*, transmitiram seu texto de uma forma ou outra (*aliter aliterque*). E, assim, este livro [o Evangelho de Mateus original], publicado por um discípulo de Maniqueu, chamado Seleuco, *que também escreveu falsamente os Atos dos Apóstolos*, continha matéria não para edificação, mas para destruição; e, assim sendo, *foi aprovado em um sínodo* que *os ouvidos da Igreja apropriadamente se recusaram a ouvir*. . . .[64]

E, para adequar aos ouvidos da Igreja, que "apropriadamente se recusaram a ouvir" o Evangelho original, São Jerônimo candidamente nos diz:

> Estou falando agora do Novo Testamento. Este foi, sem dúvida, composto em grego, com exceção da obra de Mateus o Apóstolo, que foi o primeiro a escrever o Evangelho do Ungido e que publicou sua obra na Judéia em caracteres hebraicos. Devemos confessar que como o temos em nossa língua é marcado por

[64] [Esta passagem pode ser encontrada na edição de Johannes Martianay da *Opera* de São Jerônimo, publicada em cinco volumes em Paris, por Ludovicus Roulland, 1693-1706. A data do Vol. V é 1706, e na coluna 445 ocorre a passagem em discussão, em latim, no original. O estudante é remetido à longa Nota do Compilador número 60, pp. 233-36*, do Vol. VIII dos *Escritos Compilados*, onde há uma discussão sobre este assunto e a autenticidade da própria carta. – *Compilador*.]

* Páginas referentes ao original em inglês.

discrepâncias, e agora que o córrego se distribuiu por diferentes canais (*et diversos rivulorum tramites ducit*), devemos voltar para o curso principal. Deixo de lado aqueles manuscritos associados aos nomes de Luciano e Hesíquio, e cuja autoridade é perversamente mantida por um punhado de pessoas altercadoras. . . . .[65]

Em outras palavras, o venerável compilador da versão latina das Escrituras – base da presente *Vulgata* –, naquilo que é chamado por Alban Butler de "seus famosos trabalhos *críticos* das Sagradas Escrituras", distorceu o Evangelho de Mateus original além do reconhecimento. E são tais sentenças que figuram agora no Evangelho de Mateus, e que deveriam ser apropriadamente chamadas de "Evangelho segundo São Jerônimo", que o bispo de Bombaim e "Um dos Leigos" pretendem que todos, menos os cristãos, considerem e aceitem como palavras do Todo-poderoso Deus, que "jamais hão de passar". *Pro pudor*! Palavras copiadas com todo tipo de omissões e adições, sem notas, tomadas de várias representações orais do texto original – "um livro que eles [seus donos] *jamais deram a ninguém para ser transcrito*", como o próprio São Jerônimo nos diz –, ainda reivindicado como sendo de origem divina! Se os exponentes ortodoxos da "teologia histórico-filosófica" na Europa lidaram até aqui com todas estas questões que se relacionam com a autenticidade da Bíblia com uma

65 [Esta passagem é do Prefácio de Jerônimo à tradução dos Quatro Evangelhos, em sua *Vulgata*, a saber, na versão feita em Roma entre os anos de 382 e 385, sendo o Prefácio dirigido ao papa Dâmaso. Cf. *Nicene and Post-Nicene Fathers*, Vol. 6 da Segunda Série. – *Compilador*.]

mão muito tímida, ela de modo algum [impediu] outros de examiná-las de forma tão crítica como o fariam com a *Ilíada* de Homero. E, tendo assim feito, encontraram incorporada nesta literatura heterogênea a produção de centenas de escribas anônimos. Seu próprio nome grego plural *ta Biblia*, significando "os Livros", ou uma coleção de pequenos panfletos, mostra-a como sendo uma mistura regular de histórias com sentido apenas para o cabalista. Toda criança logo será ensinada que até mesmo as Epístolas eram consideradas sagradas e autoritárias muito antes dos Evangelhos; e que, pelo menos por dois séculos, o Novo Testamento nunca foi visto pelos cristãos como [tão] sagrado quanto o velho. E, como aprendemos dos escritos de São Jerônimo citados acima, no final do século IV (ele morreu em 420) não havia um Novo Testamento cânone como agora temos, uma vez que nem mesmo se concordava sobre quais Evangelhos deveriam ser incluídos nele, e considerados tão sagrados quanto os demais, e quais deveriam ser rejeitados. Da mesma forma, nós Teosofistas, alegamos (e talvez com muito melhores razões) que algumas das palavras ocasionalmente encontradas em nossa revista "JAMAIS HÃO DE PASSAR".

Uma Palavra com os Teosofistas

[*The Theosophist*, Vol. IV, nº 6, março de 1883, pp. 143-45.]

As seguintes cartas apareceram recentemente no *Poona Observer*. Não fora por algumas poucas concepções errôneas flagrantes na primeira carta, e que parecem ser quase impossíveis de dissipar da mente do público médio, não mereceriam ser noticiadas. Mas como um *teosofista* se deu ao exaustivo trabalho, as publicamos novamente com a resposta.

Ao Editor do *Poona Observer*:

Senhor, – A ansiedade dos teosofistas em acabar com todas as religiões existentes, e, antes de tudo e especialmente, a religião cristã, não os torna hiperescrupulosos com os meios usados. Nada poderia ser mais irrazoável e absurdo do que suas tentativas de identificar Jesus Cristo e o Apóstolo Paulo com os antigos adeptos no Ocultismo. O Apóstolo dos Gentios foi convertido ao cristianismo por um acontecimento milagroso, a caminho de Damasco. Ele era então um intrépido soldado e estava ativamente engajado em uma cruel perseguição aos cristãos. Após sua conversão, todo o curso de sua vida mudou e ele se tornou um ardente propagador da nova fé. Pode-se afirmar que ele era um ocultista quando escreveu suas epístolas, e que ele, quando foi catapultado ao Céu e lhe foram mostradas coisas que não era lícito para os homens mencionar, estava simplesmente em um profundo estado mesmérico autoinduzido e havia libertado sua alma do corpo para vaguear por algum tempo nos reinos do mundo do espírito; mas se é assim, ele manifestamente viu e ouviu coisas tais que estabeleceram sua fé em doutrinas que são rejeitadas por ocultistas tibetanos, *viz.*, uma crença em uma deidade pessoal e na divindade de Cristo, etc. A tentativa de provar Cristo como um adepto é igualmente absurda. Cristo deu sua vida e a recuperou novamente, ressuscitou mortos, curou todos os tipos de doenças malignas pelo toque ou palavra da boca e fez outros grandes milagres; grandiosos não porque foram feitos em larga escala, mas por sua própria natureza. Com relação aos pães e peixes – não importa se cinco pães se tornaram cinco mil ou cinco pães se tornaram seis, ainda assim seriam exigidos poderes miraculosos; analogamente, se um copo de água pode ser convertido em vinho, é o mesmo se uma grande quantidade de água foi transformada e um grande grupo suprido com o vinho. Para apoiar a teoria de que Cristo e São Paulo eram adeptos, fatos de suas vidas precisam ser ignorados assim como as doutrinas que eles ensinaram.

Alguns teosofistas provavelmente reconheceram estas dificuldades e parecem pensar que a maneira mais fácil de se livrar delas é negar que pessoas como São Paulo e Cristo jamais teriam existido. Pessoas sensíveis deveriam fazer-se esta pergunta: são estes filósofos guias confiáveis?

ZERO.

Δ Cremos que "Zero" se equivocou com a ideia teosófica de Cristo. Os teosofistas não negam, até onde sei, a possibilidade da divindade de Cristo – eles apenas afirmam que ele era tão perfeito como homem ao ponto de ter atingido a mais alta forma possível de existência terrena; em outras palavras, algo tão relacionado à deidade ao ponto de ser indistinguível dela. Novamente, "Zero" pode ter ouvido que a crença fundamental dos teosofistas é que *nada é impossível*. Assim, negar a divindade do Salvador seria negar sua própria palavra de ordem. – Editor, *Poona Observer*.

Uma Palavra com "Zero"

(*Resposta dada por um teosofista.*)

No *Poona Observer* de 26 de janeiro, certo "Zero", apressando-se na defesa de Cristo e Paulo contra *os* "teosofistas", que, nem individual, nem coletivamente, jamais pensaram em atacar qualquer um deles, faz várias acusações contra este grupo. Se o pseudônimo significa uma cifra vazia, conforme definem os dicionários, ou o ponto em que a água congela, conforme mostram os termômetros de Celsius e Réaumur, já que é uma questão deixada para a opção e intuição do leitor, eu me inclino para a primeira hipótese como a mais sugestiva e em harmonia com este Dom Quixote cristão que combate moinhos. Um teosofista permite-se corrigir algumas das asserções absurdas do correspondente do *Poona Observer*.

Ele acusa os teosofistas dos seguintes *erros*:

(*a*) Desejar acabar com "todas as religiões existentes ... especialmente a cristã", não sendo, portanto, "hiperescrupulosos com os meios utilizados";

(*b*) De serem irrazoáveis e desmensurados em "*suas* tentativas de identificar Jesus Cristo e o Apóstolo Paulo com os antigos adeptos no Ocultismo";

(*c*) De negarem, "como o fazem *alguns* teosofistas, que pessoas como São Paulo e Cristo jamais existiram".

O restante da carta e, sobretudo, seus argumentos em refutação ao exposto acima, um emaranhado de afirmações injustificadas e *não históricas*, baseadas em uma crença pessoal e cega de sua própria religião especial – daí não constituírem prova alguma para homem algum, a não ser um cristão – não são tema para séria consideração por alguém que *a priori* rejeite "milagres" – algo inteiramente fora das leis da natureza. Que "Zero" se lembre de que entre um fenômeno, por mais extraordinário, e ainda assim baseado em tais leis, e um *milagre* do tipo dos que ele menciona como uma prova contra as afirmações dos teosofistas, há um abismo intransponível, guardado, por um lado, pela ciência experimental física e, por outro, pelo simples senso comum. Poucas palavras podem explicar nossa atitude. Nenhum teosofista-ocultista jamais negará a *possibilidade* de "cinco pães se tornarem seis pães" e até mesmo "cinco mil". No primeiro caso, o fenômeno pode ser produzido pelo que é conhecido entre os cabalistas práticos por *ex-osmosis*; no segundo, lançando uma *maya* mesmérica, um *glamour*, sobre as multidões. Mas nenhum teosofista, salvo um iniciante ou novato (daqueles que tomam as coisas com fé cega e contra os ditames da razão, mostrando-se assim ineptos para o Ocultismo) jamais aceitaria como um fato tanto a ressurreição de um corpo *realmente* morto, quanto a encarnação de Deus em um pombo ou pomba – por que deveriam então os cristãos, neste caso, caçoarem do elefante siamês branco? – ou de "uma imaculada concepção"; ou ainda o milagre da "ascensão", *i.e.*, da elevação de fato ao céu, e desaparecimento, de um corpo humano sólido. Com esta breve explicação, sigo em frente para demolir as três acusações especificadas – os únicos pontos que merecem uma certa atenção, calculados para levar o leitor profano a ideias muito errôneas sobre nossa Sociedade em geral.

(1) Qual o direito que "Zero" tem de acusar de forma tão arrebatadora "os teosofistas" de "meios inescrupulosos"? O primeiro teosofista que ele encontrar poderá responder a acusação simplesmente lembrando o acusador de que a "casa de seu Pai tem muitas moradas"; em outras palavras, que a Sociedade Teosófica Matriz tem cinquenta e três Ramos somente na Índia. Daí que, sendo a Sociedade composta de milhares de membros de quase todas as nacionalidades e credos conhecidos, não interferindo jamais em suas respectivas crenças religiosas; e havendo em suas fileiras um número de bons cristãos como "Zero" jamais o foi (sim, inclusive clérigos), estas acusações de "Zero" contra *os teosofistas* como um grupo se provam absurdas e caem por terra. Mas até mesmo admitindo que haja *alguns* teosofistas que, em seu desejo de ver sua causa triunfante e almejando estabelecer a

Teosofia, *i.e.*, uma Fraternidade Universal, em uma base firme, com uma crença unânime naquilo que eles acreditam ser a **única** Verdade, possam buscar "acabar com todas as religiões [dogmáticas] existentes"; e ainda negar a própria existência de Cristo e Paulo (o que não é o caso, como provarei); por que deveria tal política ser vista, mesmo neste caso, como mais inescrupulosa do que a idêntica usada, a guisa de vingança, pelo grande grupo de cristãos fanáticos em geral e, especialmente, os missionários? Está "Zero" preparado para afirmar que haja sequer um *padri* na Índia que tenha escrúpulo em "acabar com toda religião existente" a não ser a sua? Ou que se sinta relutante em negar a existência de deuses hindus; ou em denunciar em palavra e escrita qualquer outra divindade *Avatara*, a não ser a de Cristo, como um "mito"; ou que se mostre relutante em tratar publicamente, assim como em particular, Zoroastro e Krishna, Buda e Maomé, e a longa lista de Salvadores e Rishis, Profetas e Iogues "pagãos" fazedores de milagres – como "impostores mundiais" e prestidigitadores? Quando uma religião dominante produz uma Inquisição e, com seus poderes em declínio, autores como o rev. Sr. Hastie de Calcutá, que, tirando vantagem da timidez natural de uma nação, de sua falta de unidade e solidariedade de pensamento e ação, insulta-a em suas crenças mais sagradas, cospe em sua religião e joga lama na honra de suas mulheres – então falta pouco realmente para que os devotos daquela religião chamem os outros credos de "não hiperescrupulosos com os meios usados".

(2) Deixamos para toda mente imparcial julgar se Jesus não é mais estimado pelos teosofistas, que veem nele, ou no ideal que ele personifica, um perfeito adepto (o mais elevado de sua época), um ser mortal muito acima da humanidade não iniciada, do que pelos cristãos, que fizeram dele um deus-solar imperfeito, um salvador e Avatar, não melhor, e em mais de um detalhe inferior, do que alguns dos Avatares que o precederam. Nenhum teosofista, daqueles que jamais dedicaram um pensamento ao cristianismo – pois nossos membros "pagãos", naturalmente, não ligam a mínima se Cristo ou Paulo viveram ou não – jamais negou a existência do Apóstolo que é um personagem histórico. Alguns de nós, inclusive alguns poucos cristãos místicos entres nossos teosofistas britânicos, negam apenas o Jesus dos *Evangelhos* – que *não* é um personagem histórico –, apesar dos "Zeros" e dos *padris* – mas acreditam em um Cristo *ideal*. Outros são inclinados a ver o verdadeiro Jesus no adepto mencionado nos antigos livros talmúdicos bem como em alguns livros cristãos, e conhecido como Jeshu ben-Panthera[66]. Eles dizem que, embora as melhores provas autorizadas quanto à existência do Cristo dos Evangelhos jamais ofereci-

66 Epifânio em seu livro contra *Heresies* (século quatro) oferece a genealogia de Jesus, como segue:

das pelos esforços espasmódicos e desesperados da Igreja ao teste crucial da análise crítica sejam do tipo mais fraco e *cercadas* de dificuldades, encontram a solução do problema no testemunho dos judeus e até mesmo de Irineu. Afirmam que este Jeshu (ou Jehoshua) era filho de uma mulher chamada Stada (*alias* Miriam) e de Panthera, um soldado romano; que ele viveu do ano 120 a 70 a.C.[67]; era aluno do rabino Jehoshua ben-Perahiah, seu tio avô, com quem, durante a perseguição dos judeus por Alexandre Janeu (Rei dos Judeus em 106 a.C.) fugiu para Alexandria, onde foi iniciado nos mistérios ou magia egípcios[68], e que após seu retorno para a Palestina, sendo acusado de heresia e feitiçaria, foi julgado, sentenciado à morte e pendurado na árvore da infâmia (Cruz Romana) fora

---

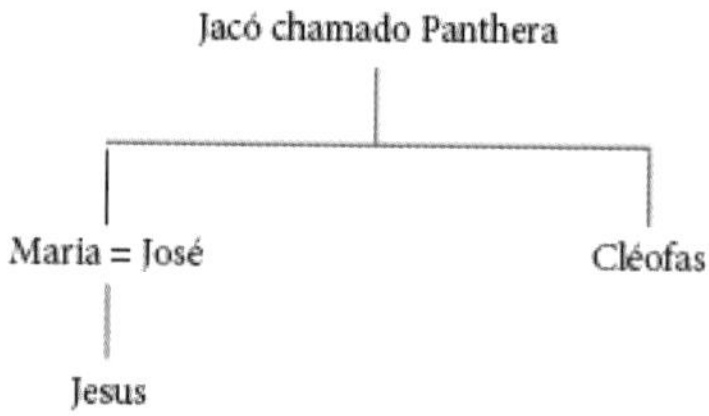

(Ver "Jesus and the Records of his Time", de Gerald Massey, no *Spiritualist*, abril de 1878.)

67 Ver *Adv. Haer.*, de Irineu, Livro II, cap. xxii, 5. Irineu afirma positivamente que João (do quarto Evangelho) "transmitiu a informação", e "todos os Mais Velhos a confirmaram", de que "Jesus pregou dos quarenta aos cinquenta anos de idade".

68 Ver o *Gemara* do *Talmude* babilônico, tratado *Sinédrio* (cap. xi, 107b) e *Sotah* (cap. ix, 47a).

da cidade de Lud ou Lydda.[69] Este personagem *histórico* (tão histórico quanto qualquer outro) *era* um grande adepto. Quanto a Paulo, ninguém que eu saiba, jamais o confundiu com um adepto (uma vez que sua história é bem conhecida), muito menos nossos ocultistas. Um simples fazedor de tendas (não um "soldado intrépido", como "Zero" o denomina), ele se tornou primeiro um perseguidor de nazarenos, depois um convertido e entusiasta. Paulo é o verdadeiro fundador do cristianismo, o reformador de um pequeno grupo, um núcleo formado por essênios, nabateus, terapeutas e outras fraternidades místicas (as Sociedades Teosóficas da antiga Palestina) – e que foram transformados três séculos depois, a saber, sob Constantino, em "cristãos". As visões de Paulo, do começo ao fim, o caracterizam mais como um *médium* do que um adepto, uma vez que para se tornar um adepto requerem-se anos de estudo e preparação e uma iniciação solene por um Hierofante competente.

Tendo sido a terceira acusação logicamente refutada pelas provas apresentadas acima, que mostram a inconsistência das duas primeiras acusações, encerro o caso e o rejeito por completo. E se por acaso "Zero" persistir em

---

[69] Ver *Gemara* babilônico ao *Mishná*, tratado *Shabbath*, 67-104.

[Consulte, com relação a este assunto, as seguintes passagens dos escritos de H.P.B.: *Ísis sem Véu*, II, 201-02; *Collected Writings* (*Escritos Compilados*), VIII, 189, 380-82, 460-61. – *Compilador*.]

defender seu Cristo dos Evangelhos contra aqueles que o chamam de um mito construído sob o Jeshu histórico de Lydda, então eu lhe peço para nos explicar o seguinte:

(1) Como é que Filo Judeu, o mais preciso assim como o mais culto dos historiadores contemporâneos do Jesus dos Evangelhos; um homem cujo nascimento antecedeu e cuja morte sucedeu o nascimento e a morte de Jesus, respectivamente em dez e quinze anos; alguém que visitou Jerusalém, de Alexandria, onde vivia, várias vezes durante sua longa carreira, e que deve ter ido a Jerusalém apenas poucos anos depois da alegada crucificação; um autor que, em suma, ao descrever as várias seitas religiosas, sociedades e corporações palestinas, toma o maior cuidado de não omitir nenhuma, mesmo aquelas dificilmente dignas de ser mencionadas – como é que, pergunto, este Filo Judeu *jamais ouviu falar* de Jesus; de uma crucificação ou qualquer evento que pudesse estar relacionado com os assim chamados *fatos* do Cristianismo Teológico?

(2) Por que as famosas dezesseis linhas de Josefo sobre Cristo, linhas que parecem um remendo numa peça de roupa nova, e que não têm a menor relação com o tema precedente nem com as linhas que se seguem no texto, por que estas linhas são rejeitadas pela maioria dos próprios teólogos cristãos? A *falsificação descarada* é atribuída por eles a Eusébio, bispo de Cesaréia, aquele

"príncipe das mentiras patrísticas" e "escritores desonestos", como ele é chamado pelo Barão Bunsen, Niebuhr, Dr. Lardner e vários outros. E se estas autoridades estão todas erradas, e as linhas *não* são uma interpolação, como eles acreditam, como é que o próprio Paley, um autor tão ansioso para que sua *A View of the Evidences of Christianity* (Uma Visão das Provas do Cristianismo) fosse aceita, deplora e confessa que as "provas" (de Josefo) estão longe de ser satisfatórias e são muito difíceis de aceitar. Ainda mais quando Josefo – depois de ter sido virtualmente obrigado pela falsificação a reconhecer em Jesus "o Messias dos Judeus" e a mostrar tal reverência por Jesus, que ele dificilmente ousaria chamá-lo de um homem – morreu com a idade de oitenta anos, um judeu ortodoxo obstinado, desdenhosamente silencioso, se não inteiramente ignorante da aparição, crucificação ou qualquer coisa relacionada com este Messias!

(3) Como poderia "Zero" explicar o fato do silêncio total da *Misná*, sua evidente ignorância de Jesus e da crucificação? A *Misná*, fundada por Hilel quarenta anos a.C., editada e ampliada (até quase o início do século terceiro de nossa era) em Tiberias, no Mar da Galiléia, o próprio foco dos feitos dos Apóstolos Bíblicos e dos milagres de Cristo; a *Misná*, que contém um registro ininterrupto de todos os Heréticos e rebeldes contra a autoridade do Sinédrio Judeu, do ano 40 a.C. a cerca de 237 d.C.; um

diário, em suma, dos acontecimentos da Sinagoga e da História dos Fariseus, aqueles mesmos homens que são acusados de terem sentenciado Jesus à morte – como é que nenhum dos eminentes rabinos, autores da *Misná*, parecem ter jamais ouvido falar de Jesus, ou pronunciar uma palavra em defesa de sua seita acusada de deicídio, mas são, de fato, absolutamente silentes quanto ao *grande* evento? Estranhas omissões de "fatos universalmente reconhecidos"!

Com relação ao comentário editorial no *Poona Observer*, tenho poucas palavras a acrescentar. Aqueles teosofistas que estudaram a história e a literatura Cristã Eclesiástica (?), e leram sobre o assunto, com exceção de alguns poucos cristãos, *negam muito enfaticamente* não apenas a divindade, mas até mesmo "a possibilidade da divindade do Cristo [bíblico]". Totalmente verdadeiro: "a crença fundamental dos teosofistas *é* que *nada é impossível*"; mas apenas na medida em que não se choque com a razão nem alegue *qualquer coisa milagrosa*, no sentido teológico da palavra. De outro modo, uma vez que admitamos o poder de Joshua sobre o curso do Sol, a viagem prazerosa de Jonas na barriga da baleia ou a ressurreição à vida do corpo semimorto de Lázaro, não vejo por que devêssemos parar por aqui. Por que, em tal caso e sob pena de inconsistência, não podemos proclamar nossa firme crença em Hanumam, o deus-macaco, e suas capacidades estratégicas; no Arhat que fez o Monte Meru girar na ponta de seu dedo; ou na real gestação de Gautama Buda e seu consequente nascimento na forma de um elefante branco? Pelo menos nós, teosofistas, sem "contrariar nosso lema", rogamos que nos permitam traçar uma linha demarcatória naquele ponto onde cessam os fenômenos psicofísicos e começam os absurdos monstruosos – um *milagre*, dos quais encontramos tantos na Bíblia. E agora, repetindo as palavras de "Zero", também podemos dizer: Que todas as "pessoas sensíveis" se façam a pergunta: quem – os cristãos ou os teosofistas – são os "guias" mais filosóficos e dignos de confiança?

UNIDADE TEOSÓFICA

[Controvérsia entre H. P. Blavatsky e o Abade Roca]

[Esta polêmica série de artigos foi iniciada com uma contribuição bastante liberal da pena brilhante de um cônego francês, o abade Roca, nas páginas *Le Lotus*, a revista mensal de "Ísis", o Ramo francês da Sociedade Teosófica. Esta revista foi descrita na folha de rosto como uma "*Revue de Hautes* Études *Théosophiques*, tendant à favoriser le rapprochement entre l'Orient et l'Occident" (Revista de Altos Estudos Teosóficos, concebida para promover a aproximação entre o Oriente e o Ocidente). A revista reivindicava estar "sob a inspiração de H. P. Blavatsky". Era editada por F. K. Gaboriau e foi iniciada em março de 1887, em Paris.

O artigo de abertura do abade Roca apareceu no Volume II, nº 9, de dezembro de 1887. Foi seguido, no mesmo exemplar, pela Resposta de H.P.B. A tréplica do abade Roca apareceu em fevereiro de 1888. A segunda resposta de H.P.B. foi publicada em abril de 1888. O abade juntou à controvérsia outra resposta no exemplar de junho de 1888, e H.P.B. apensou a seu artigo um amplo número de notas de pé de página iluminadores, que encerrou a série.

No exemplar de janeiro de 1888 da revista *Lucifer* (Vol. I), H.P.B. publicou sua própria tradução para o inglês, um tanto abreviada, do ensaio de abertura do abade Roca, juntando a ele algumas breves notas de pé de página. Publicamos a seguir a tradução de H.P.B., acrescentando a ela, entre colchetes, nossa tradução das passagens omitidas por ela.

O ensaio do abade Roca é seguido imediatamente pela resposta de H.P.B., ambos no original em francês e em sua versão em inglês[70].

No que diz respeito ao abade Roca, muito pouco se sabe sobre ele. Não há dúvida de que se tratava de um eclesiástico de mente aberta, que tentou combater vários abusos da Igreja Romana e foi excomungado no devido tempo por isso. Completou seus primeiros estudos na Escola Carmelita de Altos Estudos e, finalmente, se tornou cônego da diocese de Perpinhã, nos Pirineus Orientais da província francesa. Ele publicou três obras antes de incorrer na ira de seus superiores: *Le Christ, le Pape et la Démocratie* (Paris, 1884), *La Crise fatale et le salut de l'Europe*, e *La Fin de l'ancien monde* (Paris, 1886). A Congregação do Índex, em comunicado datado de 19 de setembro de 1888, apressou-se a aconselhar os fiéis de que correriam o risco de danação eterna se lessem estes livros, e ao abade foi dada a chance de retratar-se de suas opiniões hereges. Ele se recusou a fazê-lo. Consequentemente, o bispo de Perpinhã, agindo em nome do papa Leão XIII, impôs-lhe uma "suspensão", privando-o do exercício de todas as suas funções nas Ordens Sacras, assim como de seu meio de vida, tendo em vista que ele se recusou a submeter-se ao decreto pelo qual suas obras foram colocadas no Índex.[71]

Destemido, o abade anunciou o lançamento de sua próxima obra, intitulada *Glorieux Centenaire* – 1889. – *Monde nouveau. Nouveaux Cieux. Nouvelle Terre*, que foi publicada em Paris em 1889.

---

[70] Na presente tradução para o português, manteremos somente a versão traduzida do inglês para o português. (N. da T.)

[71] Cf. *Le Voltaire*, Paris, 9 de fev. de 1889; *Le Peuple*, Paris, 6 de fev. de 1889; *l'Indépendant des Pyrénées – Orientales*, 8 de fev. de 1889, e comentários de H.P.B. relativos a este evento em seu artigo "On Pseudo-Theosophy" (Sobre a Pseudo-Teosofia) (*Lucifer*, Vol. IV, março de 1889).

Parece ter tido grande entusiasmo com os ensinamentos e escritos de Saint-Yves d'Alveydre, com quem H.P.B. parece discordar em muitos pontos, tendo escrito um trabalho intitulado Étude *critique sur les Missions de St.-Yves.*

Nenhuma informação veio à luz com relação aos anos posteriores da vida do abade, apesar de repetidas tentativas de obtê-las de várias fontes.

No exemplar de dezembro de 1887 do *Le Lotus*, o editor publicou a seguinte Nota Editorial, anunciando o primeiro fascículo da controvérsia:

> "É com o maior prazer que o editor de *Le Lotus* abre suas páginas hoje a um eminente cônego [*chanoine*] da Igreja Católica Romana. Devemos confessar que, apesar da qualidade e da natureza ampla de nosso programa de relacionamento universal e fraternal, dificilmente esperaríamos recrutar nossos aderentes dentre os membros da Igreja que representa neste globo precisamente o oposto da civilização. Nosso prazer será compartilhado, sem dúvida, por nossos assinantes e nossos irmãos de "Ísis", uma vez que esperamos que o senhor Roca deseje marchar em nossas fileiras conosco. Com seus irmãos brâmanes, parses, espiritualistas e materialistas, cristãos ou pagãos, publicaremos de tempos em tempos seus artigos, tão bem ponderados e escritos, que não hesitamos em dar-lhe um lugar excepcional entre os poucos distinguidos homens ainda por serem encontrados entre o clero romano na França. As notas que se seguem ao "Esoterismo do Dogma Cristão" mostrarão a nossos leitores que nossa reverenciada madame Blavatsky circunscreveu a questão com masculino vigor, sem ambiguidades e sem partidarismo. Quem nos ama, nos segue!" – *Compilador.*]

O Esoterismo do Dogma Cristão

a *criação* segundo os ensinamentos de Moisés e dos Mahātmas

ABADE ROCA, *Cônego Honorário*

[*Le Lotus*, Paris, Vol. II, nº 9, dezembro de 1887, pp. 149-160. Traduzido para o inglês a partir do original em francês.][72]

I. – Graças à luz que ora nos tem chegado do extremo Oriente, por meio de órgãos teosóficos publicados no Ocidente, é fácil antever que os ensinamentos católicos estão prestes a sofrer uma transformação tão profunda quanto gloriosa. Todos os nossos dogmas passarão da "letra que mata" para o "espírito que vivifica", do místico e sacramental para a forma científica e racional, talvez até mesmo para o estágio dos métodos experimentais.

O reino da fé, ou mistério e milagres, está se aproximando do fim; isto é evidente e foi, além disso, vaticinado pelo próprio Cristo. A fé desapareceu do cérebro dos homens de ciência para dar lugar à clara percepção das verdades essenciais, que precisaram ser veladas na origem do cristianismo sob forma de símbolos e imagens, de modo a adaptá-las, tanto quanto possível, às necessidades e fraquezas da infância de nossa fé.

---

[72] [A maior parte desta tradução é da própria H.P.B., a qual ela publicou em *Lucifer*, Vol. I, janeiro de 1888, pp. 368-74, acrescentando algumas notas de rodapé. As partes do texto do abade Roca que ela omitiu aparecem em seu próprio lugar entre colchetes e foram traduzidas pelo Compilador.]*

*A tradução para o português foi feita a partir da tradução para o inglês. (N. da T.)

Estranho! É na hora mesma em que a Europa está atingindo a idade da razão e quando ela se encontra visivelmente adentrando na posse total de seus poderes, que a Índia se prepara para nos transmitir aquelas ideias mais sublimes que vão exatamente ao encontro de nossas necessidades, tanto do ponto de vista intelectual, quanto moral, social e outros.

Poderíamos acreditar que os "IRMÃOS" mantiveram um olho de longe nos movimentos da cristandade, e que, a partir dos picos de suas torres de vigia himalaicas, tenham esperado ansiosamente pela hora em que seriam capazes de nos fazer ouvi-los com alguma chance de serem compreendidos.

[Minha admiração aumenta quando considero que nossas ciências naturais atingiram, no plano puramente físico, um desenvolvimento que ameaça se tornar excessivo e desastroso, se assim já não for, e que, por esta razão, chama por efetivo auxílio a fim de dobrar, sem muitos perigos, *o Cabo das Tempestades Sociais*, onde o ímpeto descontrolado do progresso material e mental pode muito bem fazer naufragar nossa bárbara civilização.]

É certo que a situação no Ocidente está se tornando mais e mais grave. Todo mundo sabe de onde procede a iminência da catástrofe que nos ameaça; até aqui, os homens invocaram tão somente as necessidades animais, despertaram e desagrilhoaram apenas as forças brutas da natureza, os instintos passionais, as energias selvagens do Cosmos inferior.

O cristianismo, de fato, oculta sob o esoterismo profundo de suas Parábolas, aquelas verdades, científicas, religiosas e sociais, que esta situação deplorável imperiosamente demanda. Mas é triste dizer, triste mesmo para um sacerdote, difícil, difícil mesmo para um ouvido cristão ouvir: todos os nossos sacerdotes, os da Igreja Católica Romana igualmente com os das igrejas Ortodoxa Russa, Anglicana e Protestante, e as igrejas anglo-americanas, parecem golpeados pela cegueira e impotência diante da tarefa gloriosa que teriam de realizar nestas terríveis circunstâncias. Eles nada veem; seus olhos estão embaçados e seus ouvidos murados. Nada descobrem: somos tentados a dizer que eles nem mesmo suspeitam que verdades inefáveis estejam ocultas sob a letra morta de seus ensinamentos. [Que espetáculo apresentam ao mundo! Exatamente o que Cristo antecipou ao considerar as gerações futuras: "Deixai-os sozinhos; eles são cegos condutores de cegos. E se um cego conduzir outro cego, ambos cairão na cova."[73]

Assim, de um lado, temos os colegas oficiais e pagos para os quais o lado transcendental dos fenômenos, das forças e leis da natureza, permanece oculto; e, de outro, temos os estabelecimentos clericais, também oficiais e pagos, a quem o lado não menos transcendental dos símbolos, dogmas e parábolas da religião permanece igualmente velado.]

Quer dizer, não é nesta escuridão que estamos todos tropeçando, no Estado e na Igreja, na política e na religião? Uma dupla calamidade com efeito de calamidade única para o povo, que sofre de forma terrível com ela, e para nossa civilização, que pode soçobrar com ela a qualquer momento. Deus nos livre de uma guerra neste momento! Seria um cataclismo no qual a Europa se despedaçaria a sangue e fogo, como previu Montesquieu: "A Europa perecerá por meio de seus soldados, se não for salva a tempo."

---

[73] [*Mateus* 15:14-15; *Lucas* 6:39.]

Precisamos escapar deste empirismo e desta temível confusão. Mas quem nos salvará? O Cristo, o verdadeiro Cristo. O Cristo da ciência esotérica.[74] Como? Assim: a mesma chave que, aos olhos dos corpos científicos, deve abrir os segredos da Natureza, abrirá seus próprios intelectos aos segredos da verdadeira Sociologia; a mesma chave que, aos olhos dos sacerdotes, deve abrir a Arcana dos mistérios e as parábolas dos evangelhos, abrirá seus intelectos para estes mesmos segredos da Sociologia. Sacerdotes e sábios desenvolver-se-ão então na radiância de uma e mesma luz.

E esta chave – posso garantir, pois eu a comprovei na aplicação a todos os nossos dogmas – ESTA CHAVE É A MESMA QUE OS MAHĀTMAS OFERECEM E NOS ENTREGAM NESTE MOMENTO.[75]

Há aqui uma interposição da Providência, diante da qual deveríamos todos oferecer nossos agradecimentos. De minha parte, me sinto profundamente tocado por ela; sinto que desconheço tamanha emoção sagrada! Minha gratidão é mais viva uma vez que, quando confronto a tradição hindu com as tradições teosóficas ocultas judaico-cristãs, desde sua origem até nossos dias, passando pela Santa Cabala, posso reconhecer claramente a concordância dos ensina-

---

[74] "O Cristo da ciência esotérica" é o *Christos* do Espírito – um princípio impessoal inteiramente distinto de qualquer Cristo ou Jesus carnalizado. É a este Christos que o erudito cônego Roca se refere? – H. P. B.

[75] As letras em caixa alta são nossas; pois estes "Mahātmas" são os reais Fundadores e "Mestres" da Sociedade Teosófica. – H. P. B.

mentos dos "Irmãos" com os ensinamentos esotéricos de Moisés, Jesus e São Paulo.

As pessoas certamente dirão: "Você rebaixa o Ocidente diante do Oriente, a Europa diante da Ásia, a França diante da Índia, o cristianismo diante do budismo. Você está traindo ao mesmo tempo seu país e sua igreja, sua qualidade como francês e seu papel como sacerdote." Perdoem-me, senhores! Não estou rebaixando nada de jeito nenhum; de forma alguma. Um membro da Humanidade, trabalho pela felicidade da Humanidade; um filho da França, trabalho pela glória da França, um Sacerdote de Jesus Cristo, trabalho pelo triunfo de Jesus Cristo. Vocês serão forçados a confessá-lo; suspendam, portanto, seus anátemas e ouçam, por favor!

Estamos atravessando uma crise assustadora. Pelos últimos cem anos temos tentado dobrar o *Cabo das Tempestades Sociais*, de que falei antes; temos resistido, sem trégua, aos fogos, aos relâmpagos, aos trovões e aos terremotos de um furacão sem paralelo, e sentimos, claramente, que tudo está cedendo em torno de nós; sob nossos pés e sobre nossas cabeças! Nem pontifícios, nem sábios, nem políticos, nem estadistas se mostram capazes de nos tirar dos abismos nos quais, somos tentados a dizer, estamos sendo jogados pela fatalidade! Se então, descubro no extremo Oriente, por maior que seja a escuridão desta tempestade, a estrela abençoada que tão somente nos pode guiar, em meio a tantos bancos de areia, sãos e salvos até o porto seguro tão almejado, estou eu faltando com o patriotismo e a religião porque anunciei a meus irmãos a ascensão desta estrela beneficente?

[O que sabemos positivamente? Quem pode dizer se o ponto na história em que ora nos encontramos não é aquele em que o grande dito de Jesus Cristo deverá se realizar: "E eu tenho outras ovelhas que não são deste aprisco; a essas também me importa conduzir, e elas ouvirão a minha voz, e haverá um rebanho, e um pastor." (*João* 10:16). Faremos uma "pedra no caminho" daquilo que no esquema de Cristo seja talvez uma "pedra angular" da construção social, "um pacto" e uma maneira de concórdia universal?] Sei tanto quanto vós que isto foi dito a Pedro: "E eu te *darei* as chaves do reino do céu; e tudo quanto tu ligares na terra será ligado no céu, tudo quanto tu desligares na terra será desligado no céu"; sim, sim, sem dúvida, mas notai o tempo deste verbo: eu *te darei*: no futuro. Terá o Pontífice cristão já recebido – aquelas chaves mágicas? Antes de responderdes, olhai e vede o que Roma fez da cristandade; vede o estado lamentável da Europa; não apenas engajada em guerra aberta com nacionalidades estrangeiras; mas também se exaurindo em guerras fratricidas e preparações para consumar sua própria destruição; vede por toda parte cristão contra cristão, igreja contra igreja, sacerdócio contra sacerdócio, classe contra classe, escola contra escola e, muitas vezes, na mesma família, irmão contra irmão, filhos contra o pai, pai contra os filhos! Que espetáculo! E um papa presidindo tudo isso! E enquanto ao seu redor os homens se preparam para uma matança geral, ele, o papa, pensa apenas em uma coisa: no domínio temporal de suas posses materiais! Achais que este estado de coisas forma o reino dos céus e ainda diríeis que o pontífice de Roma já recebeu suas chaves?

Está escrito, possivelmente, nos decretos da Providência, que estas chaves misteriosas deverão ser trazidas aos irmãos do Ocidente pelos "Irmãos" do Oriente. Daí que seria o próprio Cristo que estaria dirigindo este movimento oculto a fim de realizar seus próprios dizeres: "E eu te darei as chaves do reino do céu" [*Mateus* 16:19], fazendo-as passar das mãos dos Mahātmas para tuas mãos, Ó Pedro, e o fenômeno original será assim reencenado: os Magos do Oriente virão pela segunda vez para adorar Cristo, não em um estábulo entre animais, desta vez, no trono do rebaixamento e do sofrimento, mas no Tabor de sua transfiguração, à luz de todas as ciências e no trono de sua glória. Tal é, de fato, a expectativa de todas as nações; o profético Oriente suspira pela décima encarnação de Vishnu, que será o coroamento de todos os Avatares que o precederam, e o *Apocalipse*, por sua vez, anuncia o aparecimento do *Cavalo Branco*, que é o símbolo do Cristo ressuscitado, glorioso e triunfante diante dos olhos de todos os povos da terra.

É assim que eu, sacerdote de Jesus Cristo, traio Jesus Cristo, quando proclamo a sabedoria dos Mahātmas e sua missão no Ocidente!

Já falei do oportunismo da hora escolhida por eles para vir em nosso auxílio. Devo insistir neste ponto.

[Marque bem: não deveríamos dizer que eles estiveram presentes entre nós como testemunhas invisíveis, nos esforços do pensamento moderno, no trabalho que tem sido feito e que está sendo seguido com entusiasmo em nossos laboratórios científicos, na mente de nossos melhores físicos, de nossos mais versados fisiologistas, de nossos mais hábeis químicos? Os senhores Berthelot, Claude Bernard, Dumas, Flammarion, Figuier, Charcot, Pasteur – eu poderia nomear muitos mais –, todos tocam, cada um a seu modo, nos limites do mundo perceptível pelos sentidos, naquela linha que separa as regiões físicas das hiperfísicas da natureza, *da mesma natureza* afinal de contas, pois o "Universo é *um*", ao mesmo tempo em que é *dual*, como Henry de May o expressa extremamente bem em seu admirável livro sobre o *Visible and Invisible Universe* (*Universo Visível e Invisível*).

O que o Sr. Berthelot escreveu em sua última obra sobre química é bem conhecido do público:

"Os fluidos elétricos, magnéticos, calóricos e luminosos, aceitos no início do presente século como estando na base da eletricidade, do magnetismo, do calor e da luz, não têm realmente mais realidade para os físicos de hoje do que os quatro elementos, Água, Terra, Ar e Fogo, inventados nos tempos dos jônicos e de Platão, para corresponder com a liquefação, solidez, volatidade e combustão. Estes fluidos imaginários tiveram na história da ciência uma existência ainda mais curta do que os quatro elementos; desapareceram em menos de um século e foram reduzidos a apenas um, a saber, o éter. O átomo dos químicos e o éter dos físicos, por sua vez, parecem já se desvanecer, devido a novas concepções que tendem a explicar tudo por meio tão somente do fenômeno do movimento."[76]

Esta é, sem dúvida, uma grande vantagem, e o Sr. Berthelot é sobremaneira digno das ciências ocultas. Mas não nos deixemos enganar, estas descobertas não são finais. Marcam um passo à frente, uma descoberta mais, mas não é o fim. O Senhor Berthelot ainda não atingiu a meta. Mas ele sabe disso. Algo mais importante do que isso foi descoberto recentemente na América, onde, na Filadélfia, foi descoberta a força *inter-atômica*, denominada com o nome de seu descobridor, o Sr. Keely, que bem a poderia ter chamado de força *interplanetária* ou *interastral*, a partir dos mesmos princípios de Newton e Kepler, cujas leis se aplicam a átomos assim como a corpos celestes grandes, no *microcosmo* bem como no *Macrocosmo*.[77] Mesmo a descoberta desta nova força, por superior que possa ser a

[76] M. P. E. Berthelot, *Les Origines de l'Alchimie*, p. 320.

[77] *Le Lotus* referiu-se a esta descoberta (out. de 1887) em termos que concordam perfeitamente com a informação que recebi de outra fonte.

todas as demais forças, não oferece a solução para o grande problema da dinâmica do Cosmos.]

"O fenômeno do movimento", por meio do qual homens de ciência alegam explicar tudo, não explica nada, porque a causa do movimento é desconhecida de nossos físicos como eles próprios admitem. "Considere", dizem-nos os Mahātmas pela boca de seus Adeptos, "que por trás de cada energia física esteja oculta outra energia, que serve como um envelope à força espiritual que é a alma viva de toda força manifestada."

E assim a Natureza oferece-nos uma série infinita de forças, uma dentro da outra, servindo como conchas, que, como suspeita d'Alembert, produzem todos os fenômenos sensíveis e alcançam todos os pontos da circunferência, partindo de um ponto central, que é Deus.

[Os materialistas estão em busca do foco do qual o movimento se irradia – onde ele não existe, *i.e.*, em seus efeitos. Os assim chamados "Cristãos Espirituais", por outro lado, o buscam onde também não será encontrado, fora da Natureza, e, em suas especulações abstratas, se perdem na metafísica absolutamente vazia, onde suas ideias vãs desaparecem. A Primeira Causa do mundo e de todos os seres que o habitam não é extrínseca à criação; é imanente a ela, tão intrínseca quanto o espírito o é para a matéria a qual ele anima e ativa, permanecendo perfeitamente distinto dela.

Distâncias não são medidas no mental como no físico, onde são estimadas pelo compasso e a bitola; são determinadas no mental por separações, como aquelas que distinguem os reinos naturais uns dos outros, o mineral do vegetal, o vegetal do animal e assim por diante.]

II. – Posso agora, depois destes preliminares, dar um exemplo da transformação que, graças aos Mahātmas, logo terá lugar nos ensinamentos da Igreja Cristã. Tomarei particularmente o dogma da *Criação*, informando meus leitores que encontrarão em um livro que estou preparando, *New Heavens and New Earth*, um trabalho análogo de todos os dogmas da fé católica.

A matéria existe em estados de infinita variedade, e, às vezes, até de aparência oposta. O mundo é constituído de dois polos, o Norte, ou Espiritual, e o Sul, ou Material; estes dois polos correspondem perfeitamente e diferem apenas em forma, isto é, em aparência.

Considerada de cima, como os Orientais a consideram, a substância universal apresenta o aspecto de uma *emanação* espiritual ou divina; vista de baixo, como os Ocidentais têm o hábito de vê-la, ela oferece, ao contrário, o aspecto de uma criação material.

Vê-se ao mesmo tempo a diferença que deve existir entre as duas intelectualidades e, consequentemente, entre as duas civilizações do Oriente e do Ocidente. No entanto, não há mais erros no *Gênesis* de Moisés, que é aquele do ensinamento cristão, do que o há no Gênesis dos Mahātmas, que é o da doutrina budista. Tanto um quanto o outro Gêneses estão absolutamente fundados em uma e mesma realidade. Seja subindo ou descendo a escada da existência, apenas se atravessa, no Oriente, de cima para baixo, no Ocidente, de baixo para cima, a mesma escada das essências, mais ou menos espiritualizadas, mais ou menos materializadas, na medida em que se aproxima ou se afasta do *Espírito Puro*, que é Deus.

Não vale a pena, portanto, fulminar nem um lado e nem o outro, aqui, contra a teoria da *emanação*, ali, contra a teoria da *Criação*.

Retorna-se sempre para o princípio de Hermes Trismegisto: o Universo é dual, embora formado de uma única substância. Os cabalistas sabiam bem disso, e era ensinado há muito tempo nos santuários egípcios, pois os ocultistas nunca cessaram de repeti-lo nos templos da Índia.

Logo será demonstrado, espero, por experimentos científicos, como os do Sr. William Crookes, o acadêmico, que por toda parte em toda a natureza, *espírito* e *matéria* não são *dois*, mas *um*, e que em parte alguma eles oferecem uma real divisão na vida. Sob toda força física, há uma força espiritual ou psíquica: no âmago do mais diminuto átomo está oculta uma alma vital, cuja presença foi perfeitamente determinada por Claude Bernard em germens imperceptíveis a olho nu. "Esta alma, humana, animal, vegetal ou mineral, é tão somente um raio emprestado pela alma universal a todo objeto manifestado no Cosmos."

"O homem corpóreo e o universo sensível, diz a doutrina teosófica, são tão somente a aparência que lhes é dada pela coesão de forças inter-atômicas ou interastrais que os constituem exteriormente. O lado visível de um ser é um sempre-cambiante Mâyâ". A linguagem de São Paulo não difere em nada: "O aspecto do mundo é uma visão passageira, porque a moda deste mundo passa – *transit figura hujus mundi*", diz ele.[78]

"O homem verdadeiro, ou *microcosmo* – e poderíamos dizer o mesmo do *macrocosmo* – é uma força astral que se revela por meio da aparência física, e que, tendo existido antes do nascimento desta forma, não compartilha seu destino na hora da morte: sobrevivendo sua destruição. A forma material não pode subsistir sem a força es-

78 [*Vulgata*, I *Cor.* 7:31 diz: *Praeterit enim figura hujus mundi – Compilador.*]

piritual que a sustenta; mas esta é independente da primeira, pois a forma é criada pelo espírito, e não o espírito pela forma."

Esta teoria é palavra por palavra a dos "Irmãos" e Adeptos, assim como dos cabalistas e cristãos da Escola de Orígenes e da Igreja Joanina.

Não poderia haver uma concordância mais perfeita.

Transfira-se este ensinamento para a gênese do Cosmos e teremos o segredo da formação do Mundo; ao mesmo tempo, descobriremos o sentido profundo do dito de São Paulo: "As coisas invisíveis de Deus são tornadas visíveis para os olhos do homem através das coisas visíveis da criação"[79], um dito tão bem traduzido por Joseph de Maistre, como segue: "O mundo é um vasto sistema de coisas invisíveis, visivelmente organizadas."

O Cosmos é como uma medalha de dupla-face, sendo ambas as faces semelhantes. Os materialistas conhecem apenas o lado inferior, ao passo que os ocultistas a veem de ambos os lados ao mesmo tempo; de frente e de trás.

É sempre natureza, e a mesma natureza, mas *natura naturata* de baixo, *natura naturans* de cima; aqui, causa inteligente; lá, efeito bruto; espiritual acima, corpóreo abaixo, eterealizado no Polo Norte, concreto no Polo Sul.

A distinção aceita em todas as partes no Ocidente até nossos dias, como essencial e radical, entre espírito por um lado e matéria por outro, não mais se sustenta. O progresso da ciência, impulsiona-

---

[79] [Mais corretamente, em *Rom.* 1:20, assim: "Porque as *coisas* invisíveis, desde a criação do mundo, são claramente vistas, sendo entendidas por meio das coisas que são feitas. . . ." – *Compilador.*]

do como será pelas ideias hindus, logo forçará os últimos seguidores desta crença infantil a abandoná-la como ridícula.

[Fora de Deus há tão somente uma e mesma substância no Universo (talvez o *Yliaster* de Paracelso ou o *Sat* dos hermetistas) constituída, afirmo mais uma vez, de dois polos opostos, o Polo Norte, ou Espiritual, e o Polo Sul, ou Material. Nem a antiga escola *materialista*, nem a antiga escola *espiritual*, no sentido limitado ainda atrelado a estes termos de acordo com nossas categorias mentais anteriores, podem mais defender-se contra os assaltos vitoriosos que serão feitos incessantemente por verdadeiros teosofistas, ou mais corretamente, verdadeiros cristãos.

Diante de nossa visão, não há nada positivo e real exceto a vida, vida em todas as partes, nada senão vida, uma vez que a vida está no Verbo, segundo São João, e o Verbo está, como Deus, presente em todos os seres, que não existem exceto por ele.

Não obstante – e é aqui que o ensinamento cristão parece ser superior, em sua expressão pelo menos, ao ensinamento hindu – não obstante, digo, a vida que os seres contingentes vivem não é a vida de Deus. Em outras palavras, que são as de São Paulo, Deus não é o movimento, a existência, a vida, dentro de nós; mas ao contrário, "*temos o movimento, a existência, a vida, em Deus: in ipso enim vivimus, et movemur, et sumus*" (*Atos* 17:28)[80]. Esta expressão, absolutamente exata e clara, põe fim a todos os silogismos falaciosos de Plotino, Bruno, Espinoza e estoicos de todos os tempos.]

Sim, tudo, absolutamente tudo no mundo é vida, mas vida organizada diferentemente e manifestada em formas variadas pelos fenômenos que variam infinitamente dos seres mais espiritualizados,

---

80 *Atos* 17:28 – Porque nele vivemos, e nos movemos, e existimos. (N. da T.)

como os Anjos, bem conhecidos tanto pelos budistas quanto pelos cristãos, embora chamados por outros nomes, até os seres mais solidificados, como pedras e metais. No seio destes, dormem, em condição cataléptica, bilhões de espíritos elementais vitais. Estes apenas esperam, para entrar em atividade, o bater da picareta ou martelo ao qual deverão sua libertação e fuga do *limbo*, de que falam a doutrina hindu assim como a católica. Aqui está, para estas almas da vida, o ponto inicial da *Ressurreição* e da *Ascensão*, ensinadas por ambas as tradições, oriental e ocidental, mas não compreendidas entre nós.

[A picareta dos que trabalham a pedra, o arado do lavrador, o machado do lenhador, a ferradura do cavalo, a roda da carroça operam a todo momento estes despertares, *en masse*; e os fogos de nossos fornos, ao reduzirem minérios, decomporem carvão e madeira, lançam ao ar nuvens rodopiantes de espíritos elementais.

Prisioneiros da madeira, da pedra e do ferro, encadeados, algemados ali feito Lázaro em sua tumba, esperam a hora em que os laços de seu cativeiro sejam cortados, e é assim, de acordo com São Paulo, que toda a Natureza, prenhe com vida e força seminal, geme e suspira com as dores do parto; *omnis creatura ingemiscit, et parturit usque adhuc* (*Rom.* 8:22)[81]. São as dores de um parto perpétuo.

Como estas energias vitais foram atacadas pela catalepsia e reduzidas a um estado que não é nem o de um corpo no sepulcro, nem o de um embrião no útero, nem mesmo o de uma larva retida nas amarras espessas da matéria? Anteriormente era um *mistério*, como dissemos em nosso seminário e do alto de nossos púlpitos cristãos; em nossos dias é um novo capítulo da biologia, como se verá na explicação que darei do *Dogma da Queda Original* de acordo com os

[81] *Rom.* 8:22 – Porque nós sabemos que toda a criação geme, e unissono sofre dores de parto até agora. (N. da T.)

princípios dos ensinamentos hindus e cabalísticos do cristianismo--judaico. Não preciso me ater a isto aqui.

A questão a ser plenamente compreendida é como uma única substância (a *Yliaster* ou *Sat*, o nome é imaterial) pode ser suficiente para a constituição de todos os seres que povoam o Universo visível e invisível. Mais ou menos sutilizado no Polo Norte, naquilo que chamamos de Céu, mais ou menos condensado no Polo Sul, naquilo que chamamos Terra, ou melhor, Inferno, esta substância passa por infinitas modificações, passando e repassando por milhares de alambiques, retortas, cadinhos e crisóis, dos quais o laboratório desta química incomparável, chamada *Natureza* "em formação", é composto.

Aqui os metais, sublimados pelo fogo, são transformados em vapor; ali, estes mesmos vapores, condensados pelo frio, tornam-se novamente corpos sólidos.

O aparato orgânico, mediante o qual o espírito age, difere de um reino para outro; é por isso que sua ação e seus efeitos também diferem; realmente, o espírito agrega-se no mineral, cresce nas plantas, rasteja, caminha e corre nos animais, nada com os peixes, voa com os pássaros; é o instinto maravilhoso da abelha, da formiga, do castor, em todas as talentosas, engenhosas espécies. Passa da profundidade às alturas de todas as regiões da vida animal até atingir pleno desdobramento na inteligência e gênio do homem, de onde salta, radiante, para as esferas angélicas. Uma nova carreira, então, se abre diante dele: ele ascende às ordens que formam os nove coros de anjos, e assim adentra no harmonioso Nirvâna dos Mahātmas, que nada mais é, acredito, que o *seio de Abraão* da Lei antiga, e, desde os Evangelhos, o *seio do Cristo glorioso*, "aquele corpo Social-Divino", do qual somos chamados a constituir as mônadas vivas, as células orgânicas.]

Mas assim como ascendem, os espíritos também podem descer, pois estão sempre livres para transfigurarem-se na luz divina ou afundarem-se nas sombras satânicas do erro e do mal. Daí, enquanto o tempo é tempo, "estas lágrimas e ranger de dentes incessantes", das quais falam metaforicamente as Parábolas do Evangelho e que durarão enquanto durar a elaboração dos átomos sociais destinados à composição coletiva do beatífico Nirvâna.

A natureza está constantemente pondo diante de nossos olhos exemplos de transformações orgânicas, análogas àquelas das quais estou falando, como se para nos ajudar a compreender nosso próprio destino. Mas parece que muitos homens "têm olhos, mas não veem", como disse Jesus. Vede como, para remover estas cataratas, a ciência, mesmo no Ocidente, se aproximando mais e mais do Oriente, trabalha, por sua vez, para produzir fenômenos que corroboram ao mesmo tempo as Parábolas dos Evangelhos e os ensinamentos da natureza. Não falarei de Salpêtrière e das maravilhas do hipnotismo nas mãos do Senhor Charcot e seus numerosos discípulos por todo o mundo. Há coisas que me impressionam ainda mais.

O Senhor Pictet, de Genebra, está criando diamantes com ar e luz. Isso não deveria surpreender os que sabem que nossas minas de carvão nada mais são que "luz do sol armazenada". Com uma engenhosidade ainda mais maravilhosa, as flores não extraem da atmosfera substância luminosa com as quais tecem suas vestes finas e alegres? E "tudo o que é semeado na Terra sob uma forma material não se eleva sob uma forma espiritual", como diz São Paulo?[82]

As gloriosas entidades, que denominamos espíritos celestiais, possuem uma forma orgânica. Ela é definida nos cânones de nosso

---

[82] [Paráfrase de *1 Cor.* 15:53-54.]

dogma, seja o que for que possam alegar os negociantes ignorantes do ultramontanismo. Somente Deus não possui corpo, somente Deus é *Espírito puro* – e até mesmo para falar isso, precisamos considerar a deidade separada da pessoa de Jesus Cristo, pois no "*Verbo feito carne*" Deus mora *corporalmente*, de acordo com os verdadeiros e belos dizeres de São Paulo.

E é porque Deus não tem corpo que ele está presente em todas as partes no infinito, sob os véus da luz e do éter cósmicos, que servem de sua vestimenta, e sob os sons fluídos elétricos, magnéticos, interatômicos, interplanetários, interestelares, que lhe servem de veículos.

E é também porque Deus não tem forma criada que a Cabala pode, sem errar, chamá-lo de *Não-Ser*. Hegel provavelmente sentiu esta verdade esotérica quando falou, com sua linguagem pesada e incômoda, da equivalência do Ser e do Não-Ser.

Todas as formas visíveis são, assim, produto e ao mesmo tempo vestimenta e manifestação das forças espirituais. Toda ordem sensível é, na realidade, uma *concretização orgânica*, uma espécie de *cristalização* viva dos poderes inteligentes caindo do estado de *espiritualidade* ao estado de *materialidade*; em outras palavras, caída do polo Norte para o polo Sul da natureza, em consequência de uma catástrofe chamada pela Santa Escritura de *Queda do Éden*. Este cataclismo foi a punição de um crime assustador, de uma revolta audaciosa mencionada nas tradições de todos os Templos e chamada em nosso dogma de *pecado original*. O sacerdócio primário da igreja cristã, até aqui, careceu da luz necessária para explicar este fenômeno biológico, que é um fato comprovado da fisiologia e da sociologia, como espero provar. Questionados sobre este ponto, os sacerdotes sempre responderam: é um *mistério*. Agora não há mistérios, salvo por ignorância, e o Cristo anunciou que "tudo o que em trevas falastes, será ouvido na luz; e o que nos quartos tiverdes falado nos ouvidos, será proclamado dos telhados".[83]

É por isso que tantas novas luzes, vindas do Oriente e de outros lugares, entram cientificamente, em nossos dias, na mente cristã.

Glória aos teosofistas, glória aos Adeptos, glória aos cabalistas, glória acima de tudo aos hermetistas em todas as partes, glória aos novos missionários, cuja vinda o Senhor de Maistre previu e a quem o Senhor de Saint-Yves d'Alveydre posteriormente saudou como o eleito de Deus, acusado por ele de estabelecer uma comunhão de conhecimento e de amor entre todos os centros religiosos da Terra!

Sacerdotes da Igreja Católica Romana, deveremos entrar por nossa vez nesta sábia comunhão de santos, no dia em que consentirmos em ler de nova maneira nossos textos sagrados, não mais na "letra morta" de seu exoterismo, mas no "espírito que vivifica" de seu esoterismo, e no sentido triplo que a tradição cristã sempre reconheceu canonicamente nelas.

ABADE ROCA (*Cônego*).

Château de Pollestres, França.

Esta é uma forma muito otimista de levantar a questão, e se realizada seria como derramar o elixir da vida nos corpos decrépitos da Igreja Latina. Mas o que sua Santidade o Papa diria disso? – H. P. B.

---

83 [Paráfrase de *Lucas* 12:13.]

Notas sobre "o Esoterismo do Dogma Cristão" do Abade Roca

[*Le Lotus*, Paris, Vol. II, nº 9, dezembro de 1887, pp. 160-173.]

[Tradução de texto original em francês.][84]

Nas páginas de abertura deste ensaio – notável por sua sinceridade e ousadia –, o autor [abade Roca] levanta e resolve essa questão: "Quem pode dizer se o ponto na história em que ora nos encontramos não é aquele em que o grande dito de Jesus Cristo deverá se realizar: 'Ainda tenho outras ovelhas que não são deste aprisco; também me convém agregar estas, e elas ouvirão a minha voz, e haverá um rebanho e um Pastor." (*João*, 10:16). Vários fatos da história passada e presente militam contra esta esperança otimista.

Para começar, há os ensinamentos e doutrinas do Esoterismo Oriental, que preveem o Avatar Kalki para o final da *Kali-Yuga*, e nos encontramos apenas no início dela agora.[85]

Então há a interpretação esotérica dos textos cristãos, que, lidos à luz e traduzidos para "a linguagem dos

[84] A tradução para o português foi feita a partir do texto em inglês. (N. da T.)

[85] A *Kali-Yuga* dura 432.000 anos, e os seus primeiros 5.000 anos não terão expirado senão em 1897.

Mistérios", nos mostram a identidade de verdades fundamentais e definitivamente universais; dizendo com isso que os quatro Evangelhos, assim como a Bíblia de Moisés e tudo o mais, do primeiro ao último, claramente parecem ser uma alegoria simbólica dos mesmos mistérios primitivos e do Ciclo de Iniciação.

Ao *carnalizar* a figura central do Novo Testamento, ao impor o dogma do Verbo *feito carne*, a Igreja Latina estabelece uma doutrina diametralmente oposta aos preceitos do esoterismo hindu e budista e à gnose grega. Portanto, enquanto nenhum destes dogmas sucumbir, sempre haverá um abismo entre Oriente e Ocidente. Quase 2.000 anos de perseguição sangrenta contra *hereges* e *infiéis* pela Igreja emergem diante das nações orientais para impedi-las de renunciar a suas doutrinas filosóficas em favor daquela que degrada o princípio de *Christos*.[86]

Então, novamente, estatísticas estão disponíveis para provar que dois terços da população do globo ainda estão longe de concordar em gravitar para "um único Pastor". Exércitos de missionários são enviados para todos os cantos da Terra; milhões em dinheiro são sacrificados por Roma todos os anos, e dezenas de milhões pelas 350 a 360 seitas protestantes; e qual é o resultado de tanto es-

[86] Uma explicação desta palavra será encontrada adiante. – Editor, *Le Lotus*.

forço? A exposição de um célebre bispo (bispo Temple), baseada em estatísticas, nos mostra! Desde o início de nosso século, enquanto os missionários cristãos converteram três milhões, os muçulmanos adquiriram duzentos milhões de prosélitos sem o custo de um centavo! Só a África pertence quase que inteiramente ao Islã. Um sinal dos tempos!

Afirmei que o Novo Testamento é apenas uma alegoria ocidental fundada sobre os Mistérios universais, cujos primeiros vestígios históricos, no Egito apenas, remontam a pelo menos 6.000 antes da era cristã. E posso provar isto.

A alegoria é a do Ciclo de Iniciação, uma nova versão dos mistérios, ao mesmo tempo psíquica e astronômica. O *sabeismo* e a *heliolatria* estão aí intimamente ligados àquele outro mistério, a Encarnação do Verbo ou descida para a raça humana do *Fiat* divino, simbolizada na história de Elohim-Jeová e o Adão de barro. Portanto, a psicologia e a astrolatria (de onde astronomia) não podem ser aí separadas.

Estes mesmos mistérios fundamentais são encontrados nos textos sagrados de todas as nações, de todos os povos, desde os primórdios da vida consciente da humanidade; mas quando uma lenda baseada nestes mistérios tenta arrogar-se direitos exclusivos a si mesma acima de todo o resto; quando ela se declara um dogma infalível para forçar a fé popular a uma crença de letra morta, em detrimento do sentido metafísico verdadeiro, tal lenda deve ser denunciada, seu véu arrancado e ela própria mostrada em sua nudez ao mundo!

Assim é inútil falar em identidade esotérica das crenças universais antes que se tenha estudado minuciosamente e *compreendido* o verdadeiro sentido esotérico destes dois termos: *Chrêstos* (*Χρηστός*) e *Christos* (*Χριστός*): dois polos tão opostos em seu significado quanto noite e dia, sofrimento e humildade, alegria e glorificação etc. Os verdadeiros cristãos morreram com o último dos gnósticos, e os cristãos de nossos dias são apenas usurpadores de um nome que eles não mais compreendem. Enquanto este for o caso, os orientais não podem concordar com os ocidentais; nenhuma fusão de ideias religiosas será possível entre eles.

Diz-se que após o *Avatar Kalki* ("Aquele que é esperado" em um Cavalo Branco, no *Apocalipse*), começará a Idade de Ouro e todo homem se tornará seu próprio *guru* (instrutor espiritual ou "Pastor"), pois o *Logos* divino, seja qual for o nome que lhe seja dado[87] reinará em cada mortal regenerado. Não pode haver dúvida, então,

---

[87] Seja Krishna, Buda, Sosiosh, Hórus ou Christos, é um *princípio* universal; os "Homens-Deus" são de todos os períodos e inumeráveis.

quanto a um "Pastor" comum, a menos que este Pastor seja inteiramente metafórico. Além disso, os cristãos, ao localizar e isolar este grande Princípio, e negá-lo a qualquer outro homem exceto Jesus de Nazaré (ou o *Nazar*), *carnalizam* o Christos dos gnósticos; isto por si só os impede de ter qualquer ponto em comum com os discípulos da Sabedoria Arcaica.

Teosofistas ocidentais aceitam o *Christos* como o fizeram os gnósticos dos séculos que precederam o cristianismo, assim como o fazem os vedantinos com seu Krishna: eles distinguem o homem corpóreo do Princípio divino que, no caso do Avatar, o anima. Seu Krishna, o herói histórico, é mortal, mas o Princípio divino (Vishnu) que o anima é imortal e eterno; Krishna – o homem e seu nome – permanece terrestre em sua morte; ele não se torna Vishnu; Vishnu absorve apenas aquela parte de si que havia animado o Avatâra, assim como anima tantos outros.

Ora a palavra Christos é, na realidade, apenas uma tradução da palavra *Kris*[88], e este nome certamente é mi-

---

88 Um termo esotérico para a palavra *ungido*. Georg Curtius vê a origem de todos estes termos, *χρις, χράω, χρηστός*, na palavra sânscrita *gharsh* (grego *χερ*). – *Principles of Greek Etymology*, Vol. I, p. 236.

[A referência aqui é à obra de Georg Curtius intitulada *Grundzüge der griechischen Etymologie* (Leipzig: B. G. Teubner, 1858-62). Na 5ª ed., 1879, este

lhares de anos anterior ao ano 1 de nossa era. A prova disso está naquele fragmento da Sibila de Eritréia onde encontramos as palavras: ΙΗΣΟΥΣ ΧΡΕΙΣΤΟΣ ΦΣΟΥ ΥΙΟΣ ΣΏΤΗΡ ΣΤΛΤΡΟΣ.[89]

Esta frase, que se tornou tão famosa entre os cristãos, na realidade não passa de uma série de nominativos dos quais se pode fazer aquilo que se queira. A Igreja se apressou em retirar dela uma profecia da vinda de Jesus. A frase não tinha nada a ver, contudo, com nossa era, como está comprovado pela história – de 1º de janeiro do ano 1 a 1º de janeiro de 1888 d.C. – e pelo texto do fragmento sibilino.

De fato, esta profecia universal e inteiramente pagã, datada dos primórdios de nossa raça, promete-nos o retorno da idade de ouro assim que "a Criança", aquela que foi anunciada, nascer, e cujo nascimento é tão alegóri-

---

assunto é discutido na página 204. A única tradução para o inglês conhecida é a de A. T. Wilkins e E. B. England (Londres: J. Murray, 1875 e 1886), em dois volumes. Entretanto, a referência ao volume e à página dada por H. P. B. não corresponde a esta tradução – *Compilador.*]

89 [*Vide* explicação de H. P. B. sobre este oráculo sibilino no segundo fascículo de seu ensaio "O Caráter Esotérico dos Evangelhos", e os dados adicionais contidos na Nota nº 31 do Compilador, apensa ao ensaio acima mencionado.

Esta série de palavras, escritas de maneira ordinária e com os acentos próprios, é a seguinte: *Ἰησοῦς Χριστὸς Θεοῦ υἱὸς σωτήρ σταυρός.*

– *Compilador.*]

co quanto metafísico. Não tem nada a ver com qualquer homem particular, qualquer mulher imaculada; é inteiramente mitológico em sua forma; astronômico e teogônico em seu sentido oculto. Em todas as épocas e entre todos os povos, o Messias-Mito nasce de uma Mãe Virgem. Veja Krishna e Devakî; veja a lenda budista ligada ao histórico Gautama o Buddha e sua Mãe Maya; observe o que foi acrescentado à biografia do faraó Amenhotep III, nascido de uma Mãe Virgem, Rainha Mut-em-ua, na XVIIª Dinastia. Examine também as paredes internas do *Sanctum Sanctorum* do templo de Luxor, construído pelo mesmo faraó, e verá quatro cenas muito significativas:[90]

---

[90] [Veja as ilustrações que acompanham o texto que representam as cenas de nascimento mencionadas por H. P. B. Elas se encontram na Parede Oeste de uma das salas do Templo de Luxor, no Egito. Esta sala está situada no lado leste na direção da extremidade Sul, e é mais bem alcançada por uma porta na Parede Leste da Sala Hipóstila, e então passando pela parede externa do Templo, na direção da primeira entrada do lado direito. A sala é aberta para o céu, e, devido à orientação, a extremidade esquerda da Parede Leste nunca recebe os raios plenos do Sol, e isto dificulta a fotografia. As paredes foram muito desfiguradas durante a revolução religiosa de Amarna, e embora restaurações tenham sido feitas por Seti I, ainda se encontram em extremas más condições.

A história da Parede Oeste consiste em três camadas de desenhos. Começa no canto de baixo à direita e avança para a esquerda até o final da parede; continua então na camada intermediária imediatamente acima da última cena – a moldagem da Criança e sua Ka pelo oleiro ou deus criativo Khnum – e avança para a direita; finalmente, reinicia à esquerda até a camada superior e termina na extrema direita. Esta é a ordem correta dos eventos descritos, se tomarmos como certo que o artista copiou a história do nascimento divino da Rainha Hatshepsut, como mostrado em seu Templo em Deir-el-

primeiro, há o deus *Thoth* (o Mercúrio lunar, o Mensageiro do deus egípcio da anunciação, o Gabriel do *Livro dos Mortos*) saudando a Rainha Virgem e anunciando a ela o nascimento de um filho; então, há o deus Kneph auxiliado por Hathor (o Espírito Santo sob seus dois aspec-

---

-Bahari, onde não há possibilidade de confundir a ordem dos eventos, pois eles são esculpidos em uma longa fila.

Para complementar as fotografias tiradas pela Pesquisa Epigráfica do Instituto Oriental, Universidade de Chicago, adicionamos também duas Placas de Desenhos de Albert Gayet intitulados *Le Temple de Luxor*. As Figuras 197, 198 e 199 correspondem às três fotografias reproduzidas.

Os comentários de H. P. B. seguem o texto explicativo do próprio Gerald Massey. É uma lástima, pois este contém vários erros. A Fig. 197 representa o deus Thoth anunciando à Rainha Mut-em-ua que ela dará à luz o "Grande Príncipe Hereditário", como está afirmado na inscrição dos hieróglifos que a acompanham. A Fig. 198 representa o deus *Khnum* (não Kneph) e a deusa Hathor levando a Rainha para sua cama e concedendo-lhe o sinal de vida. A tripla Fig. 199 representa o nascimento do Rei. A Rainha está sentada na cadeira da parteira, colocada sobre uma cama, que por sua vez está sobre outra cama. Duas deusas a estão atendendo, enquanto o bebê e sua Ka são recebidos por outras deusas, provavelmente algumas das sete formas de Hathor. No registro do meio, o centro é ocupado pelas duas formas do deus de "Milhões de Anos". Em cada um dos lados estão os membros da Ogdoada de Hermópolis, deuses primevos que, de acordo com os ensinamentos hermopolitanos, vieram à existência no início da criação. No registro de baixo estão um grande amuleto de proteção e as "Almas de Heliópolis e de Mekhen". As Figuras 200 e 201 têm a ver com a apresentação do bebê a Amon-Rá.

Ver-se-á, pois, comparando-se estes fatos com a descrição de Massey, que certos erros foram permitidos figurar nesta última. Há também considerável diversidade de pontos de vista entre os egiptologistas com relação às assim chamadas cenas do "Nascimento Divino". É contestado por alguns deles que nenhuma versão egípcia retrata a futura mãe como virgem, e que a ideia da "imaculada concepção" é estranha à mitologia egípcia. – *Compilador*.]

tos, masculino e feminino, como a Sofia dos gnósticos, que foi transformada no Espírito Santo), preparando e finalizando o germe da criança vindoura; a seguir, a mãe em trabalho de parto, sentada no banco da parteira, que recebe o recém-nascido em uma gruta; e, finalmente, a cena da Adoração. Gerald Massey, o egiptólogo inglês, descreve esta última cena como segue:

> . . . . . Aqui a criança é entronizada, recebendo homenagens dos Deuses e presentes dos homens. Atrás da deidade Kneph, à direita, três espíritos – os Três Magos, ou Reis da Lenda, estão de joelhos e oferecem presentes com a mão direita e vida com a esquerda. A criança assim anunciada, encarnada, nascida e adorada era a representante faraônica da divindade solar Aten do Egito, o Deus Adon da Síria e o hebreu Adonai; a criança-Cristo do Culto Aten; a concepção milagrosa da mãe sempre-virgem, personificada por Mut-em-ua, como mãe do "único", representante da mãe divina do juvenil Deus-Sol.[91]

---

[91] [Palestra sobre "O Jesus Histórico e o Cristo Mítico", p. 5, 2º parágrafo. *Vide* Índice Bio-Bibliográfico, s.v. MASSEY*. – *Compilador.*]

* No Volume VIII dos *Escritos Compilados de H. P. Blavatsky*. (N. da T.)

THOTH MUT-EM-UA KHNUM MUT-EM-UA HATHOR

CENAS DA ANUNCIAÇÃO E DA RAINHA CONDUZIDA À SALA DE PARTO.
PAREDE OESTE DE UMA DAS PAREDES DO TEMPLO DE LUXOR.
(*Cortesia do Instituto Oriental, Universidade de Chicago.*)

CENA DO NASCIMENTO DIVINO NA MESMA PAREDE OESTE, IMEDIATAMENTE À DIREITA DAS CENAS ANTERIORES.
(*Cortesia do Instituto Oriental, Universidade de Chicago.*)

CENA DO NASCIMENTO DIVINO (cont.)
NOVA EXTENSÃO DA CENA, À DIREITA DA FIGURA ANTERIOR.
(*Cortesia do Instituto Oriental, Universidade de Chicago.*)

CENAS DO NASCIMENTO DIVINO
NO TEMPLO DE LUXOR.
(De *Le Temple de Luxor*, de Albert Gayet.)

CENAS DO NASCIMENTO DIVINO
NO TEMPLO DE LUXOR.
(De *Le Temple de Luxor*, de Albert Gayet.)

Não é necessário repetir a lenda de Krishna e Devakî, de seu nascimento milagroso, dos pastores que tomaram conta dele, dos Rishis que o saudaram ou do Herodes indiano, o Rei Kamsa, que ordenou o massacre de 40.000 recém-nascidos machos, na esperança de matar Krishna, alguém entre eles que o tiraria do trono.

E a idade de ouro, cantada por Virgílio e a Sibila, veio afinal? Onde devemos procurá-la? Seria nos primeiros séculos do cristianismo, quando os pagãos massacraram os Nazarenos a fim de proteger seus deuses? Seria quando estes últimos, declarando-se abertamente cristãos, começaram a afogar os deuses dos pagãos em torrentes de sangue humano, em nome Daquele que havia pregado para eles, como dizem, o amor fraternal e universal, mesmo para com os inimigos, a caridade, o perdão e o esquecimento dos insultos? Ou seria naqueles séculos dominados pela Santa Inquisição, que a humanidade desfrutou de sua Idade de Ouro, sua paz universal, material ou moral? Ou, ainda, seria quando os exércitos da Europa estão prontos para se jogarem uns contra os outros e exterminarem um ao outro, ao passo que legiões de infelizes perecem de fome e frio sob as bênçãos do Vigário de Cristo (dotado de 20 milhões para seu jubileu) e a moralidade em países cristãos e civilizados desce abaixo da moralidade das bestas selvagens?

O fato é que o verdadeiro sentido das palavras da Sibila é conhecido somente pelos Adeptos; e não é pela Cruz do Calvário que podem ser interpretadas.

Não tenho a menor intenção de ferir os sentimentos dos que acreditam em Jesus, o Cristo carnalizado, mas me sinto compelida a enfatizar nossa própria crença e a explicá-la, porque o Abade Roca deseja identificá-la com a da Igreja Romana; estas duas crenças jamais poderão ser unificadas, a menos que o catolicismo da Igreja Latina volte a seus preceitos originais, aqueles dos gnósticos. Pois a Igreja de Roma era gnóstica – assim como os marcionitas o eram – até o início e mesmo meados do segundo século. Marcião, o famoso gnóstico, não se separou dela até o ano 136, e Tatiano a deixou ainda mais tarde. E por que eles a deixaram? Porque se tornaram hereges, segundo a Igreja. Mas a história destes cultos, encontrada nos manuscritos esotéricos, nos oferece uma versão inteiramente diferente. Estes famosos gnósticos, nos dizem, separaram-se da Igreja porque não podiam concordar em aceitar um Cristo *feito carne*, e assim iniciou-se o processo de carnalização do princípio-Cristo. Foi então também que a alegoria metafísica experimentou sua primeira transformação – a alegoria que era a doutrina fundamental de todas as fraternidades gnósticas.[92]

Um fato basta para provar que a Igreja Romana abandonou até mesmo a tradição preservada pela Igreja Grega, ao adotar a tonsura *solar*[93] própria dos sacerdotes egípcios dos templos *públicos* e dos lamas e bonzos do

---

92 Os Gnósticos, na verdade, dividiam-se em várias fraternidades, tais como: Essênios, Terapeutas, Nazarenos ou Nazars (daí Jesus de Nazaré). "João", o irmão do Senhor, chefe da Igreja de Jerusalém, era um gnóstico até a raiz dos cabelos, um asceta do antigo tipo bíblico, *i.e.*, um Nazar dedicado ao ascetismo desde o nascimento. A navalha jamais tocou sua cabeça nem barba. Era como Jesus é representado em lendas ou imagens e como são todos os "Irmãos-Adeptos" de todo país; do iogue-faquir da Índia aos maiores Mahātmas entre os Iniciados dos Himâlayas.

93 A força magnética e psíquica reside nos cabelos; daí o mito de Sansão e outros como ele na antiguidade.

culto budista *popular*: isto é suficiente para demonstrar que a Igreja de Roma vagou para muito longe da verdadeira religião do Cristo místico.

Portanto, ainda está muito distante o tempo em que "todas as pessoas do Universo formarão um rebanho sob um pastor". A natureza humana terá de ser completamente modificada antes que isto ocorra. Teremos de atingir a Sétima Raça, de acordo com a profecia do Livro de *Dzyan*[94], porque será então que o "Christos" - designado por seus vários nomes pagãos, assim como os dos gnósticos "heréticos" - reinará na alma de cada indivíduo, na alma de todos aqueles que tiverem primeiro aceito o *Chrês*[95] – não digo simplesmente aqueles que terão se tornado *cristãos*, que é uma coisa completamente diferente. Pois, deixe-nos proclamar de uma vez por todas, a palavra *Cristo*, que significa o *glorificado*, o *triunfante* e também o "ungido" (da palavra *χρίω*, ungir) não pode ser aplicada a Jesus. Mesmo de acordo com os Evangelhos, *Jesus nunca foi ungido*, seja como Alto Sacerdote, como Rei ou como Profeta. "Como um mortal", observa Nork,

---

94 Uma palavra tibetana, *Jñâna*, em sânscrito, sabedoria oculta, conhecimento.

95 Uma palavra que não é a *Krest* (cruz) dos eslavos, nem o "Cristo" crucificado dos latinos. O Raio tornado manifesto a partir daquele Centro de Vida que está oculto dos olhos da Humanidade para e na Eternidade, o *Christos*, crucificado como um corpo de carne e ossos!!!

"ele foi ungido apenas uma vez, por uma mulher, e não porque ele se ofereceu como rei ou Alto Sacerdote, mas, como ele mesmo disse, *para seu sepultamento*". Jesus era um *Chrêstos*: *Χρηστός ὁ Κύριος* (o Senhor é bom), como disse São Pedro (1ª *Epístola* 2:3), tendo ele, na verdade, vivido durante a era cristã ou um século antes, no reinado de Alexandre Janeu e sua esposa Salomé, em Lüd, conforme afirma o *Sepher Toldoth Jeshu*.[96]

---

[96] Tendo chamado a atenção de madame Blavatsky de que, de acordo com certos eruditos, esta assertiva é errônea, ela respondeu como segue: "Digo que os eruditos estão mentindo ou dizendo bobagens. Nossos *Mestres* que fazem esta afirmação. Se a história de Jehoshua ou Jesus Ben-Pandira é falsa, então todo o *Talmude*, todo o Cânone Judeu é falso. Ele foi o discípulo de Jehoshua Ben Perahiah, o quinto Presidente do Sinédrio depois de Ezra, que *re*-escreveu a Bíblia. Envolvido na revolta dos fariseus contra Janeu em 105 a.C., ele fugiu para o Egito levando o jovem Jesus com ele. Esta descrição é muito mais verdadeira do que a do Novo Testamento, que não tem registro na história."

[Referência é aqui feita à tradição preservada no *Gemara* do *Talmude* babilônico, a saber, nos tratados conhecidos como *Sotah* (cap. ix, 47a) e *Sinédrio* (cap. xi, 107b). Consulte a este respeito o artigo de H. P. B., "Uma Palavra com os Teosofistas" (*The Theosophist*, Vol. IV, março de 1883, pp. 143-145; re-publicado no Vol. IV dos *Escritos Compilados*); uma nota de pé de página incorporada ao 2º fascículo de seu ensaio, "O Caráter Esotérico dos Evangelhos"; e o valioso trabalho de G. R. S. Mead, *Did Jesus Live 100 B.C.?* (*Viveu Jesus 100 anos Antes da Era Cristã?*) (Londres e Benares: Theos. Publ. Society, 1903), que pesquisou todas as provas exotéricas disponíveis sobre este tema.

E havia outros ascetas *na condição de Chrêstos*, mes-

A recente descoberta de certos "Pergaminhos" em uma gruta nas cercanias do Mar Morto confirma em grande medida a tradição contida no *Talmude*.

Menção deve ser feita aqui ao fato de que a frase original em francês de H. P. B. é algo ambígua; uma tradução literal da frase faz com que pareça igualmente ambígua em inglês (e português). Portanto, para eliminar qualquer possibilidade de confusão, deveria ser dito que foi Jehoshua (ou Joshua) Ben Perahiah que estava envolvido na revolta contra Janeu e fugiu para o Egito com o jovem Jehoshua Ben Pandira.

Em uma carta para o semanário londrino *Medium and Daybreak*, Gerald Massey oferece uma descrição de suas pesquisas históricas sobre este importante tema, da qual os seguintes parágrafos foram citados no *The Theosophist*, Vol. V, Supl. de junho de 1884, pp. 84-85:

"O culto cristão não começou com nossos Evangelhos Canônicos, nem com um fundador pessoal supostamente ali retratado.

"O Jehoshua do *Talmude* foi indubitavelmente um personagem histórico. De acordo com uma tradição preservada no *Toledoth Jehoshua*, ele era relacionado com a Rainha Salomé, esposa e, posteriormente, viúva do Rei Janeu, que reinou do ano 106 a 79 a.C. Diz-se que ela tentou proteger Jehoshua de seus inimigos da classe sacerdotal, pois havia testemunhado suas maravilhosas proezas. Uma descrição judaica afirma que este homem, que não deveria ser nomeado, era discípulo de Jehoshua ben-Perachia. Afirma também que ele nasceu no quarto ano do reinado de Alexandre Janeu, não obstante as afirmações de seus seguidores de que ele havia nascido no reinado de Heródes. Isto se dá cerca de um século antes da era cristã, que se supõe ser datada a partir do nascimento de Cristo. Jehoshua é descrito como sendo filho de Pandira e Stada, o Extraviado.

"O Rabi ben-Perachia é igualmente um personagem histórico. Ele começou a ensinar no ano de 154 a.C.; portanto, não nasceu depois de 180 a 170 a.C. Mas também é relatado que este Rabi fugiu para o Egito durante a Guerra Civil em que os fariseus se revoltaram contra o rei Alexandre Janeu. Isto foi por volta do ano 105 a.C.; e como Jehoshua ben-Pandira acompanhou o Rabi como seu aluno, ele deve ter nascido já em 120 a.C. Sabemos por meio da brochura *Shabbath*, do babilônico Gemara ao *Misná*, que Jehoshua ben-Pandira foi apedrejado até a morte como feiticeiro na cidade de Lud ou

mo em sua época: todos aqueles que, tendo entrado na árdua senda do ascetismo, viajaram na estrada que leva a *Christos* – a luz divina –, todos estes estavam no estado de *Chrêstos*, ascetas pertencentes aos templos oraculares (*χρηστήριος de χράω*, pertencer a um oráculo; e *χρηστήριον*, veículo de um oráculo, sacrifício e vítima). Tudo isso era parte do ciclo de iniciação; qualquer um que quiser ser convencido disso precisa meramente investigar. Nenhuma "vítima sacrificial" poderia ser unida ao *Cris*-

---

Lydda, e depois crucificado e pendurado numa árvore na véspera da Páscoa. Outra tradição diz que Jehoshua foi morto no reinado de Salomé, que terminou no ano de 71 a.C.

"Jehoshua é o único Jesus histórico conhecido tanto dos judeus quanto dos cristãos. Pois, Epifânio, no quarto século, remonta o pedigree de seu Jesus Cristo a Pandira, que foi o pai daquele Jehoshua que viveu e morreu pelo menos um século antes do Cristo de nossos Evangelhos Canônicos. Isto muda totalmente a base histórica; antecipa a história humana por um século e destrói o personagem histórico dos Evangelhos, juntamente com o de qualquer outro Jesus além de Jehoshua ben-Pandira, a quem tanto judeus quanto cristãos concordam em identificar como o único personagem humano. As tradições mostram ainda que Jehoshua era na realidade um Nazareno, não porque nasceu em Nazaré, o que nunca constituiria alguém em Nazareno!

"Ora o *Livro de Abodazura* contém um comentário sobre o Apóstolo João, no qual o descreve como 'um seguidor de Jehoshua o Nazareno', a quem mostrei como sendo o 'outro Jesus', que não era o Jesus ou Cristo de Paulo. Aqui então se abre o grande abismo entre um Jehoshua histórico, mágico, pregador, e o Jesus mitológico dos Evangelhos Canônicos; um abismo a que ainda não se chegou ao fundo e sobre o qual tentei lançar uma ponte."

Consulte o Índice Bio-Bibliográfico, *s.v.* JOSHUA BEN PERAHIAH. – *Compilador.*]*

* Do Volume VIII dos *Escritos Compilados de H.P. Blavatsky*. (N. da T.)

to triunfante antes de passar pelo estágio preliminar do *Chrêst* sofredor que foi colocado para morrer.

Astronomicamente, *era a morte do Sol*[97], mas morte como a precursora do *Novo Sol*[98], morte engendrando vida no seio da escuridão.

Psicologicamente, era a morte dos sentidos e da carne, a ressurreição do *Ego* espiritual, o Christos em cada um de nós.

Sim, é de fato o *próprio Christos* que direciona este movimento oculto; mas se é assim, não é com a ideia de que *São Pedro, que negou seu Cristo três vezes*, deveria receber as chaves dos mistérios das mãos dos Mahātmas, nem que estes deveriam reencenar a cena dos três Reis Magos. Dificilmente é necessário repetir aquilo que outros Mahātmas, os Hierofantes do Egito, repetiam a cada 19 anos, de acordo com o *Ciclo Metônico*, cinco ou seis mil anos, pelo menos, antes do século XIX. O Christos astronômico somente pode ter um único aniversário de nascimento e de ressurreição em 19 anos, como mostra-

---

97 Sobre a cruz do *equinócio de outono*, o ponto onde a elíptica cruza a Linha do Equador, e onde o Sol desce para aquele último círculo, anunciando o inverno, a morte.

98 Natal (*Christmas*, em inglês), quando o Sol reascende em direção ao Equador depois de ter passado o solstício de inverno, anunciando a primavera, a renovação, a Páscoa.

do por Gerald Massey, porque seus pais são o Sol e a Lua, os corpos celestes que acompanham "o Homem crucificado no Espaço", cujas imagens precederam até mesmo a figura descrita por Platão. Aquele dia, consagrado por uma cerimônia, foi fixado no Egito de acordo com a lua cheia da Páscoa.[99]

Conforme afirmado pelo egiptólogo e conferencista de Londres citado acima:

> O local de nascimento do Messias egípcio [Hórus] no equinócio vernal foi calculado em Apt, ou *Apta*, o canto . . . .[100]

Mas Apta também significa o *Berço* e a Manjedoura, portanto a criança nascida na Apta supostamente nasceria no Berço, e esta Apta, como Berço, é o sinal de hieróglifo do local de nascimento do Sol.[101] Este ponto foi indicado pela interseção do coluro do equinócio com o Equador, e, na medida em que passa de signo em signo, a estrela correspondente do Oriente (ou do Leste) servia para marcar sua posição.

---

99 Entre os cristãos também, o dia da Natividade é determinado pela lua cheia da Páscoa, uma estranha coincidência!

100 ["The Historical Jesus and Mythical Christ" (O Jesus Histórico e o Cristo Místico), p. 7.]

101 Os egípcios carregavam o recém-nascido em seu berço pelas ruas de Alexandria.

. . . . . Quando o local de nascimento era no signo de Touro, Órion era a estrela que subia no Leste para informar onde o jovem Deus-Sol havia renascido. Daí ser chamada de "Estrela de Hórus". Esta era então a estrela dos "Três Reis" que saudaram o Bebê; pois "Três Reis" ainda é um nome das três estrelas do Cinturão de Órion . . .[102]

E nosso autor acrescenta:

Plutarco também nos diz como o Culto Mitraico foi particularmente estabelecido em Roma por volta do ano 70 a.C.[103] E Mitras era retratado em fábula como tendo nascido em uma gruta. Onde quer que Mitras fosse cultuado, a gruta era consagrada como seu local de nascimento. A gruta pode ser identificada, e o nascimento do Messias nesta gruta, não importa sob que nome ele nasceu, pode ser definitivamente datado. A "Gruta de Mitras" era o local de nascimento do Sol no solstício de inverno, quando isto ocorreu em 25 de dezembro no signo Cabra-do-Mar, com o equinócio vernal no signo da Cabra. Ora, o nome acadiano do décimo mês, o da Cabra-do-Mar, que corresponde grosso modo ao nosso dezembro, é *Abba Uddu*, isto é, "Gruta de Luz"; a gruta do re-nascimento para o Sol na menor profundidade no solstício, representado como a Gruta de Luz . . . .

Esta gruta continuou como o local de nascimento de Cristo. Encontra-se ela em todos os Evangelhos da Infância, e Justino Mártir diz: "Cristo nasceu no Estábulo e depois se refugiou na Gruta." Da mesma forma, ele confirma o fato de que Cristo nasceu no mesmo dia em que o Sol re-nasceu na *Stabula Augiae*, ou, nos Estábulos

---

102 [*Op. cit.*, p. 7.]

103 [*Lives*: Life of Pompey, cap. 24.]

de Áugias. Ora, a limpeza deste Estábulo era o sexto trabalho de Héracles, o primeiro sendo no signo de Leão; e Justino estava certo; o Estábulo e a Gruta, ambos figuram no mesmo Signo Celestial. Mas preste atenção! A gruta era o lugar de nascimento do Messias Solar do ano 2410 ao ano 255 a.C.; após o que o solstício passou do signo Cabra-do-Mar para o do Arqueiro; e nenhum Messias, seja ele chamado Mitras, Adon, Tammuz, Hórus ou Cristo, poderia ter nascido na Gruta de *Abba Uddu* ou no Estábulo de Áugias em 25 de dezembro depois do ano 255 a.C., portanto Justino não dispunha de nada além da tradição mitraica do aniversário passado para provar o nascimento do Cristo Histórico 255 anos mais tarde![104]

Assim, com o auxílio da matemática e da astronomia, foi demonstrado que Jesus não poderia ter nascido em 25 de dezembro, 255 anos mais tarde; a precessão dos equinócios ou incremento sideral proíbem isso.[105]

É nesta sabedoria antiga, e no Christos dos gnósticos sob seus vários nomes, que os teosofistas, discípulos dos Mahātmas, acreditam. Está o Abade Roca pronto para fazer o papa aceitar esta crença, e para aceitá-la ele próprio? Duvido. O que, então, podemos fazer?

O abade Roca cita passagens de Paulo falando do "Verbo feito carne" e de um Deus existente *corporalmente*; mas o abade Roca é muito instruído para negar que

---

104 [Massey, *op. cit.*, pp. 6-7.]

105 [*Vide* nota de pé de página do Compilador na página 365 do volume VIII dos *Escritos Compilados de H.P.B.*]

as *Epístolas* de São Paulo não chegaram até nós inteiramente imaculadas. Por vários séculos, a Igreja recusou-se a dar-lhes um lugar entre as escrituras ortodoxas, como o fez também com o *Apocalipse* de São João, e quando estes dois livros foram aceitos, se encontravam, *como está definitivamente comprovado*, em uma forma mutilada.

Mas a isso, o grande inimigo de São Pedro teria tido apenas uma observação importante do apóstolo da circuncisão. É por isso que, para a expressão avançada "o Verbo feito carne", teosofistas – gnósticos e budistas – poderiam opor estas outras palavras de Paulo, perguntando se os Gálatas seriam tolos o bastante para – depois de começarem com a fé no Espírito – retrocederem à crença em um deus *corpóreo*; pois este é o sentido esotérico do que ele diz em sua *Epístola aos Gálatas* 3:3 etc.

Há ainda outra coisa extraordinária que o abade Roca realmente deveria nos explicar. Pareceria, *a partir de todos os cálculos*, que Paulo converteu-se a Cristo três ou quatro anos *antes da crucificação de Jesus*! Assim, de acordo com *Atos*, sua visão datou do ano 30 ou 31, mas de acordo com o que ele também falou aos Gálatas, deve ter ocorrido no ano 27. Ele disse, de fato, que não havia ido a Jerusalém por três anos depois de sua conversão (*Gal.* 1:18 *et seq.*), e depois disso ele falou (*Ibid.* 2:1 *et seq.*) em ter retornado lá *quatorze anos* mais tarde, com Barnabé e Tito. Ora, "a data desta segunda visita, pelo menos, senão da primeira, pode ser *fixada historicamente*, porque foi feita durante a grande fome, que sabidamente ocorreu no ano 44, quando Paulo e Barnabé enviaram ajutório aos pobres". Se então subtrairmos 17 da data de 44, segue-se que São Paulo converteu-se no ano 27, isto é, enquanto Jesus ainda vivia! E isto dificilmente pode ser explicado, a menos que, como prova Gerald Massey (corroborando assim os fatos ensinados nos livros secretos da Gnose – ver *Ísis sem Véu*, Vol. II)[106], Paulo tenha se convertido não a Jesus de Nazaré, mas ao *Christos* dos gnósticos. Em suas Epístolas, ele vocifera contra os *hereges*, mas estes hereges eram, na verdade, Pedro, Tiago e os outros Apóstolos.

Ignoro o que o erudito abade Roca tenciona desvendar em seu próximo livro sobre o tema da "Queda do Éden" que ele considera um cataclismo, "punição de um crime terrível, de uma revolta audaciosa"; mas posso garantir-lhe que a opinião dos "Chelas-Teosofistas" sobre o tema já está formada de antemão.

O terrível crime foi meramente o resultado natural da lei da evolução: isto é, as raças – dificilmente solidificadas no início – de nossos protótipos andrógenos e *semi*-etéreos, materializando-se pouco a pouco, assumindo um corpo físico, separando-se então em distintos masculinos

---

106 [As passagens mais prováveis são as das pp. 89-91, e notas de rodapé das páginas 137 e 162. – *Compilador*.]

e femininos, finalmente *procriando* carnalmente depois de haver anteriormente *criado* seres seus semelhantes por métodos inteiramente diferentes, que serão explicados algum dia (se é que se pode expressar com a palavra *criar* uma ideia totalmente contrária a engendrar).

Esta "revolta audaciosa" é novamente uma alegoria *antropomórfica* e *personificadora* que devemos à Igreja, que materializou, a fim de disfarçá-las melhor, todas as ideias antigas – velhas como o mundo. Era uma doutrina filosófica embutida no sentido esotérico da lenda de Prometeu. O fogo sagrado que ele roubou dos Deuses é a chama do intelecto consciente, a fagulha que anima o quinto princípio, ou *Manas*; é também a chama geradora e sexual; aquela fagulha é o reflexo – senão a própria essência – dos Arcanjos ou *Mônadas*, forçados por seu *karma* do *manvantara* precedente a encarnarem em formas astrais da *terceira* grande raça pré-Adamita antes de sua "queda" – a queda do *Espírito na Matéria*. Esta suposta "revolta", o "roubo" do fogo *criador*, é um resultado da Evolução (da qual a teoria da Evolução de Darwin é apenas uma casca bruta externa no plano físico ou material).

Uma vez dotado do fogo criador, a humanidade completamente evoluída não tinha mais necessidade de auxílio dos Poderes ou Deuses criadores, tais como os *Elohim* do capítulo 2 de Gênesis. *Os homens se tornaram Deuses criadores*, por sua vez, capazes de dar vida a seres semelhantes a eles; daí a alegoria grega de Urano mutilado por Saturno-Cronos, que por sua vez é mutilado por seu filho Júpiter. A alusão é perfeitamente transparente; uma vez que os homens descobriram, graças a Prometeu, o *segredo dos vários métodos de criação*, e estavam criando por sua vez, qual a utilidade de deuses criadores?

O assim-chamado *roubo* do fogo criador é, de acordo com Enoque, o crime que causou a culpa dos anjos *caídos*, de quem a Igreja fez Satã e sua Hoste.

O abade Roca nos fala novamente de "*Sat* dos hermetistas", mas ele comete um duplo erro, ao atribuir "Sat" aos hermetistas, que nunca ouviram falar dele, e ao denominá-la "Substância", como a *Yliaster* de Paracelso.

Sat é um termo sânscrito usado na filosofia da *Vedânta*; é um adjetivo intraduzível em qualquer língua. Nem substância, nem Espírito puro, nem mesmo *qualquer coisa*, *Sat* é o Todo infinito, VIDA, ou melhor, Existência ABSOLUTA, que não pode ser traduzido, seja pelo verbo "ser" היה (Eheieh)[107], seja pelo verbo "viver"

[107] [De acordo com o *Hebrew-English Lexicon of the Old Testament* (Léxico Hebraico-Inglês do Antigo Testamento), de William Gesenius (1836), היה significa "ser, vir a passar, acontecer, tornar-se, ser feito, vir à existência", ao passo que הוה é uma forma mais infrequente em hebraico, significando também "ser" ou "existir". Eheieh, אהיה, é a primeira pessoa do singular, "Eu sou", como a bem conhecida expressão "Sou aquilo

היה , do qual os cabalistas fizeram um glifo da existência transmutando-o em uma dúzia de diferentes formas sem alterar o sentido, aplicando-o a seu Jeová. *Sat* é o Absoluto, ou Parabrahm – e onde está o vedantino que jamais se permitiria chamar Parabrahm de "espírito", ou Brahma de neutro! –, ao passo que o Yliaster de Paracelso é tão somente o *Anima Mundi*; não é nem mesmo *Mûlaprakriti*, que é o "véu de Parabrahm" (literalmente, a *raiz* da *Natureza*), mas simplesmente o Âkâsa, o númeno da Luz Astral, o véu entre a Terra e as primeiras águas.

Para a religião eclesiástica do cristianismo, que materializou tudo, que canalizou o *Logos* ou Verbo, que, do Deus *desconhecido* de São Paulo, fez um ser antropomórfico, nosso SAT jamais seria compreensível nem aceitável; nosso Sat, de quem *Ain-Soph*, a divindade negativa dos cabalistas, é uma mera cópia pálida metafísica.

Como um Católico Romano, o abade Roca nos diz que, "*fora de Deus*, há no Universo tão somente uma e mesma substância", seja o que for que ela possa ser. Discípulos dos Mahātmas, os teosofistas respondem-lhe: rejeitamos um Deus condicionado e limitado, embora ele pudesse ter *fora de si mesmo* apenas um ponto matemático! Não estamos procurando por um Deus-*anão*,

---

que sou" אהיה אחיהאשו, *eheieh asher eheieh*. Ambos os verbos têm sua origem na ideia de "respirar". – *Compilador*.]

um Deus dotado de atributos humanos, *feito à imagem do homem*. Acima de tudo, não queremos um Deus formado pelos arquitetos mortais de uma Igreja que teve a audácia de proclamar a si mesma *infalível*! A Divindade que reconhecemos, e que, dificilmente ousamos formular uma prefiguração de sua concepção, é Deus-o-TODO, absoluto, infinito, sem começo nem fim; a divindade onipresente, da qual o único VERBO que pode ser "feito carne" é a Humanidade! E este Verbo, que a humanidade corpórea – sobretudo esta humanidade que se encontra sob a égide das Igrejas – crucifica constantemente e sem interrupção, este Verbo é ressuscitado apenas naquele homem que está suficientemente liberto dos laços atados por mãos mortais, para não mais fazer para si mesmo um ídolo terreno, seja da Igreja – a estátua com pés de barro – ou do mundo – o Satã que jamais renuncia a sua pompa e obras!

O Christos que os teosofistas, assim libertos, reconheceram, para todo o *secula seculorum*, é o *Ego espiritual*, glorioso e triunfante sobre a carne. Mas, como mostra a alegoria dos Quatro Evangelistas, o Filho, com sua ressurreição, ascende ao céu para estar para sempre uno com o Pai. Isto significa que devamos aceitar o "milagre" da Ascensão aplicado ao corpo ressuscitado de um homem que foi transformado em Deus? Isto significa que um fato tão supernatural jamais tenha acontecido na histórica da humanidade? Não! Rejeitamos absolutamente tal interpretação. Rejeitamos este dogma que degrada o grande mistério da Unidade universal[108], porque, até onde nos diz respeito, o explicamos de forma muito diferente:

Uma vez unido a seu Âtman-Christos, o Ego, mediante tal ato, perde a grande ilusão chamada *ego-ísmo*, e percebe finalmente a plenitude da verdade; este *Ego* sabe que jamais viveu *fora* do grande TODO e que é inseparável dele. Isto é Nirvâna, que, por isso, é apenas o retorno a sua condição ou estado primitivo. Aprisionado em seu *oubliette*[109] de carne e matéria, ele perdeu até mesmo a concepção ou memória daquela condição, mas uma vez que a luz do Espírito tenha revelado a ele a ilusão dos sentidos, ele não deposita mais sua confiança nas coisas terrenas, pois aprendeu a desprezá-las. O Filho está agora unido ao Pai; daí em diante, a alma é una com o Espírito! E quando um homem atingiu este ponto na Gnose ou Teosofia, o que ele tem a ver, então, com os dogmas de qualquer Igreja?

---

108 A lenda da Ascensão é meramente uma alegoria tão antiga quanto o mundo; para acreditar nela, alguém teria que admitir também a autenticidade da ascensão de Elias, carregado vivo para o espaço cósmico, ele próprio, seus cavalos e seu cocheiro.

109 [Calabouço ou cela subterrânea onde o prisioneiro era deliberadamente esquecido. – *Compilador*.]

Quanto à Igreja, ela sempre produziu mistérios, e, como corretamente diz o abade, "mistérios existem apenas para os ignorantes". Além disso, não é o próprio Cristo que a Igreja Católica fez dizer: ". . . e o que nos quartos tiverdes falado nos ouvidos, será proclamado dos telhados" [*Lucas* 12:3]? E o que é isto senão uma repetição do mandamento de Gautama o Buda: "Vão e proclamem sobre os telhados dos párias, e em plena luz do dia, os mistérios dos Brâhmanas que eles mantiveram em segredo em seus templos. Eles fizeram isso por amor ao poder, para controlar os cegos e para usurpar as prerrogativas dos Devas (Deuses)."

O que faziam os Brâhmanas quando Sidarta Buda veio para libertar o povo do jugo desta casta, a Igreja Romana faz até o dia de hoje no Ocidente. Os teosofistas trarão à luz os mistérios da Igreja Católica, *que são realmente aqueles dos Brâhmanas*, embora com outros nomes; ao assim fazê-lo, seguem meramente os mandamentos dos dois grandes Mahātmas: Gautama de Kapilavastu e Jesus da Judéia. Ambos encontraram seu "Christos", a Verdade eterna, e ambos, sendo Sábios e Iniciados, proclamaram as mesmas verdades.

Todos nós agradecemos o abade Roca por suas bravas e generosas palavras; não duvidamos que sacerdotes como ele, que têm coragem de traduzir "a letra morta" dos textos simbólicos e proclamar as verdades esotéricas "sobre os telhados", possam estar prontos para seguir a senda da Verdade, a *Luz* que encontrarem em seu caminho.

Isto deve ser reconhecido!

Mas não somos otimistas, entretanto, como ele. Embora a Igreja veja seus maiores "mistérios" desvendados e proclamados por eruditos de todos os países versados em orientalismo e simbologia, ou por teosofistas, não acreditamos que ela jamais aceitará nossas verdades; acreditamos ainda menos que ela algum dia confesse seus erros. E, assim como de parte deles, os verdadeiros teosofistas jamais aceitarão seja um Cristo feito Carne, *de acordo com o dogma Romano*, seja um Deus antropomórfico, menos ainda um "Pastor" na pessoa de um papa: não serão eles que irão até a "Montanha da Salvação"; eles esperarão até que o Maomé romano se dê ao trabalho de pegar a estrada que leva ao Meru.[110] Acontecerá isto um dia? Deixo isso para o leitor julgar por si mesmo.

Uma última palavra! O abade Roca também fala de um *triplo significado* acordado canonicamente e reconhecido nos textos bíblicos por sua Igreja. Mas a Gnose, como a *Gupta-Vidyâ* (a ciência secreta) tem *sete* chaves que abrem sete mistérios. Quando a Igreja Romana, ou seus simpatizantes, tiverem reconhecido e estudado as quatro chaves (ou significados) de que eles carecem, será

[110] A montanha sagrada, morada dos Devas. – Editor, *Le Lotus*.

possível começar a fazer profecias. Até então, se não for realmente possível *amarmos uns aos outros*, nos deixem tentar, pelo menos, *não nos matar uns aos outros*. O futuro é o maior dos mistérios, e aqueles que, como Prometeu, têm o dom de ver o Futuro revelam os mistérios vindouros apenas para uma pequena minoria. Esperemos que a sabedoria advenha para um número maior.

H. P. BLAVATSKY.

Resposta às Observações da Senhora Blavatsky sobre Esoterismo Cristão[111]

[*Le Lotus*, Paris, Vol. II, nº II, fevereiro de 1888, pp. 258-271.]

[Traduzido do original em francês.][112]

I. – Há homens a quem nada pode desencorajar e nada humilha, porque eles têm *fé*, fé examinada de maneira crítica, cientificamente estabelecida. Sou um deles.

Longe de reclamar da "surra" que levei sob o disfarce de recepção calorosa, e como prova de boas-vindas à minha primeira aparição em *Le Lotus*, sou, ao contrário, grato às maneiras corteses da Senhora Blavatsky e sua completa franqueza de linguagem. Aos meus olhos, isto é prova de sua sinceridade e cordialidade, tanto menos ambíguas quanto mais francamente oferecidas. Ninguém suspeitaria de bajulação por parte desta senhora com relação a sacerdotes católicos – em geral tão adulados, e por boas razões, nos círculos *Ultramontanos* (Ultramundanos, diriam alguns), onde a religião de Cristo tem tudo a perder e nada a ganhar. Estou em dívida, em grande dívida, a seu intelecto viril, seu porte amazônico e sua pena sem cerimônia, por apresentar logo de início a pergunta abrasadora de Cristo "com vigor masculino", como observa o Editor, e, também, "sem ambiguidade e sem partidarismo".

---

[111] [Apesar da data precoce, considerou-se aconselhável que o ensaio do abade Roca aparecesse neste lugar particular, uma vez que tem relação direta com a Resposta de H. P. B. que imediatamente se segue. – *Compilador*].

[112] No caso, traduzido a partir da tradução inglesa do texto. (N. da T.)

Sem partidarismo... hum! Vejamos. Pode acontecer, como acontece com frequência, que exista partidarismo sem que se suspeite. Enganamo-nos tão facilmente! É tão difícil livrar-nos de todo interesse pessoal, e, ainda mais, de todo partidarismo de escola, seita, igreja, casta etc.!

Não é, pois, sem razão que Jesus Cristo disse: "Negue-se a si mesmo, e não jureis por nenhum Mestre, para que possam ter somente a Verdade pura."[113] Em seus próprios termos, tão categóricos quanto os dos Mahârâjâs de Benares, nosso Cristo também declarou: "Não há religião superior à Verdade." Veremos em breve como ele se expressou a este respeito.

Ora, a Senhora Blavatsky, e com ela seus Chelas e os teosofistas tomaram para si os Mestres, os Mahātmas. Eles não fazem segredo disso, e não os censuro. Daquilo que os Adeptos nos dizem, pareceria que eles estão prontos para oferecerem-se ao mundo por sua vez como doutores e professores. Que eles têm muitas coisas para nos ensinar, não tenho a menor dúvida. No artigo ao qual minha erudita interlocutora responde, nada mais fiz que prestar minhas homenagens à sua sabedoria. Porém, quando, quiçá um pouco intoxicado pelos vapores inebriantes destes elogios, o Editor de *Le Lotus* exclama e me diz nas entrelinhas "quem nos ama, nos segue"[114], respondo: paciência; desejaria muito *amá-los* à primeira vista; seria fácil e, ademais, perfeitamente cristão. Gostaria de *segui-los* também, contudo em bases sólidas, *con pasos contados*, e sabendo onde estou indo.

---

113 [Paráfrase de *Mateus* 5:34. – *Compilador.*]*

* "Negue-se a si mesmo", *Lucas* 9:23, e "Não jureis de modo algum". (N. da T.)

114 *Lucas* 18:22 – "... vende tudo quanto tens, e distribua entre os pobres, e tu terás um tesouro no céu; e vem e segue-me." (N. da T.)

Encontro-me antes na atitude de Aristóteles; para mim assim como para ele, há algo que é de mais valor que Platão, que é a *Verdade*. A frase é bem conhecida: "*Amicus Socrates, sed major Veritas*"! Se então vós sois a *Verdade*, que a tenhamos, mas preciso de provas absolutas.

Acontece que, antes da Senhora Blavatsky, outro se apresentou ao mundo dizendo diretamente: "Eu sou a VERDADE – *Ego sum Veritas*"! Ele também nos disse: "Venha a mim sem temor, confie em minhas palavras, eu sou o Mestre, o único Mestre, e o único Doutor." E ainda: "Eu sou o *Caminho*, Eu sou a *Vida* e Eu sou a *Ressurreição*".[115]

Esta é a linguagem de Cristo, e se ela não revelasse ao Próprio Deus, o trairia como o mais desavergonhado impostor. Ora, dizer na presença da Senhora Blavatsky que Cristo é um impostor deveria ser cuidadosamente evitado, pois ela responderia com uma beijoca na boca do blasfemador. Tirem, então, suas próprias conclusões.

Os senhores hão de concordar, cavalheiros, que a maneira com que Cristo expõe a matéria é ainda mais audaciosa e masculina do que a de sua nobre Diretora. Aqui, de fato, pode-se dizer que é feita "sem ambiguidade e sem partidarismo", sem qualquer interesse pessoal de qualquer espécie e com perfeita renúncia de si mesmo. O testemunho em favor disso é tal que ele olha para você e toma conta completamente de você. Ninguém pode ignorar o fato de que a vida

[115] [Paráfrases de passagens de *João* 11:25* e 14:6**.]

* Eu sou a ressurreição e a vida; quem crê em mim, ainda que esteja morto, viverá. (N. da T.)

** Eu sou o caminho, e a verdade e a vida; ninguém vem ao Pai, senão por mim. (N. da T.)

de Jesus Cristo foi gasta em múltiplas e inegáveis provas de desinteresse, e que sua morte foi a suprema confirmação disso, a *Μαρτυρία τε ΚΜηρίου*. Daí que, sobrepujado por tantas provas, um muito improvável filósofo, J. J. Rousseau, certa vez afirmou: "Se a vida e a morte de Sócrates são as de um sábio, a vida e a morte de Jesus são as de um Deus!". Sócrates exemplifica a mais alta e mais pura personificação da virtude no *Ocidente*, e enfatizo isto porque concordo que o Oriente tem visto encarnações de Sabedoria superiores à que se expressou em Sócrates, e, por esta razão, mais próximas àquela que se realizou dezenove séculos atrás no Filho de Maria. Vejam que não estou sendo parcimonioso em minha admiração pela Índia.

Além disso, deve-se observar que o próprio Jesus Cristo declara ser impossível demonstrar maior devoção aos irmãos do que o exemplificado ao sacrificar-se inteiramente a eles: *Nemo majorem Charitatem habet quam*, etc.[116] Quando algum dos Mahātmas – Jesus Cristo não foi um, seja o que for que a Senhora Blavatsky possa pensar – puder me convencer que ele arde de tal amor por nós, que veio ao mundo para provar isto e ao mesmo tempo prestar testemunho à Verdade, que ele próprio é em substância esta divina *Verdade*, e o *Caminho* que leva a isso, e a *Vida* que resulta disso, e a *Ressurreição* que restaura aquela *Verdade* e aquela *Vida* em nossos corações quando elas foram extintas neles; quando ele tiver demonstrado a mim experimentalmente, como Jesus Cristo o faz todos os dias em minha alma, "que ele é o único Mestre e o único verdadeiro Doutor", que ele é a *Luz* que ilumina todos os homens, e o *Princípio* na base de

116 [O texto da *Vulgata* para *João* 15:13 é: "Majorem hac dilectionem memo habet, ut animam suam ponat quis pro amicis suis." – *Compilador.*]*

* *Nemo majorem Charitatem habet quam* – Ninguém tem maior amor do que... (N. da T.)

nosso entendimento – *Ego Principium qui loquor vobis*[117]; quando, ademais, para sustentar este testemunho e uma infinidade de outros não menos extraordinários, ele puder concordar em beber do cálice que Jesus bebeu em Getsêmani (uma taça muito mais amarga do que a aquela em que Sócrates no Ocidente bebeu a cicuta, ou aquela em que Krishna, Gautama de Kapilavastu, Sidarta e todos os outros Budas beberam da bebida amarga no Oriente); quando ele puder, sem reclamar ou murmurar, *sicut agnus*, entregar seu corpo, *a planta pedis usque ad summum verticis*,[118] às varas e chicotes da flagelação brandidos ao máximo pelos braços dos soldados e servos, sua face à injúria, aos golpes e cuspidelas da multidão, a cabeça e a testa às picadas afiadas da coroa de espinhos, as mãos e os pés aos pregos e martelos da crucificação, os lábios ressequidos pela agonia ao vinagre e amargor da abominável esponja e, ainda mais grave, sua vida, uma vida inteira tecida de boas ações e bênçãos, à negação dos próprios discípulos, aos insultos, ao sarcasmo, às blasfêmias e maldições dos sacerdotes e pontífices de seu tempo; quando, finalmente, a toda fúria daquele diabólico Sabat, toda aquela explosão de furor, de iniquidades e louca atrocidade, ele responder somente com aquela sublime oração: "Pai perdoai-os pois não sabem o que fazem!"......
Então, sim, então queridos irmãos, eu mais do que amar-vos; eu vos seguirei cegamente, em muda adoração, abandonando tudo por vós; assim como abandonei a tudo por meu divino Mestre e Salvador, Jesus Cristo. Pois então Ele será vós, e vós sereis apenas *um* com o Pai; tereis então perdido a grande ilusão que é chamada *Ego-ismo*, para unir-vos, como Ele, com Âtma-Christos, com o Ego, absoluto, eterno, divino; então teríeis compreendido, por meio do humilde e

117 Em português: "Eu sou o Princípio que te fala." (N. da T.)

118 [*Isaías* 1:6.]

sofrido *Cristo* da carne, o Cristo-Espírito, glorioso e triunfante, e seríamos capazes de exclamar com nosso incomparável Paulo: "Vivo, não mais eu, mas Cristo vive em mim![119] *Vivo autem, iam non ego: vivit vero in me Cristous!*"

II. – Ah! Acredite-me, Senhora, os verdadeiros cristãos não estão todos mortos juntamente com os últimos gnósticos, como a senhora erroneamente declara. Preservamos, nós também, mesmo a Igreja Romana, conquanto obscura e degradada possa estar neste momento, aquele esoterismo profundo que está oculto nas formas exotéricas e nos dogmas incompreendidos, e que se encontram, não obstante, sob todos os símbolos religiosos e todas as tradições sagradas, no Ocidente assim como no Oriente. Se a concepção sublime daquele ideal cristão é aquela dos Mahātmas, honra para eles! Mas também o é aquela dos cabalistas e dos verdadeiros católicos; gostaria de poder acrescentar de todos os teosofistas, de todos os ocultistas e de todos os hermetistas.

Como a madame, distinguimos entre o *χρηστός* do sofrimento e o *χριστός* da glória, e conhecemos aquilo que a senhora parece desconhecer, *i.e.*, que a *unção* negada pela senhora a Jesus Cristo foi feita com o sangue de sua própria imolação, porque todo ser sacrificado é um ser consagrado ou C*ristificado*, e é perfeitamente *ungido* aquele que é inteiramente oferecido em holocausto de sangue. Não obstante, a senhora concordará com isso, ao recordar o Ciclo da *iniciação*: "Nenhuma 'vítima de sacrifício' pode unir-se ao *Cristo triunfante* antes de passar pelo estágio preliminar do sofrimento de Cristo, que foi condenado à morte", diz a senhora acertadamente. Muito bem!

---

119 [Paráfrase de *Gal.* 2:20. – *Comp.*]

É precisamente para cumprir esta condição ritualística que o "Verbo se fez Carne", de acordo com São João, e, consequentemente, se tornou capaz, em nosso tempo, depois de dezenove séculos de crucificação, de entrar plenamente, diante de todo o mundo, na luz divina do Cristo-Espírito, porque, como ensina o sábio Apóstolo do Areópago, "Cristo deve sofrer para que possa entrar na glória" – "*oportuit Cristum pati et it a intrare in gloriam.*" [120] A lei é absoluta, universal, aplica-se a Ele que é o *comandante*, o *chefe*, o "*Princípio*" da humanidade, e aplica-se também a cada uma das Mônadas, as células ou unidades individuais do corpo social universal, do qual este Cristo é o *princípio epigenésico*. Nenhum de nós poderá entrar neste corpo glorificado, que é para mim o Nirvana beatífico dos budistas, sem atravessar aquele caminho que o Evangelho chama de "porta estreita e caminho apertado, *angusta porta, et arcta via*" [*Mateus* 7:14].

A Senhora Blavatsky poderá agora ver o verdadeiro sentido da conversão de São Paulo que ela não compreendeu. São Paulo foi um iniciado da escola Essênica de Gamaliel, um verdadeiro Terapeuta, um perfeito Nazareno, como ele próprio nos diz. Ele se encontrou precisamente na condição em que aparentemente a Senhora Blavatsky se encontra hoje, e, onde, temo, alguns dos Chelas também se encontram. Como a maioria dos Fariseus – de cuja erudita seita Paulo gloriou-se ao seguir –, ele reconheceu o Cristo glorioso, ele O esperava, porém ele não O reconheceu na aparência do Filho sofredor de Maria, que tão pouco se assemelhava a seu ideal e àquele da Sinagoga, com sua coroa de espinhos, sua carne sangrenta, com

---

[120] [O texto da *Vulgata* para *Lucas* 24:46 é: "Et dixit eis: Quoniam sic scriptum est, et sic oportebat Cristoum pati, et resurgere a mortuis tertia die."* *Compilador.*]

* "E disse-lhes: Assim está escrito que o Messias havia de sofrer e ressuscitar de entre os mortos ao terceiro dia." (N. da Ed.)

a humilhação de sua vida toda, com a desconcertante ignomínia de sua alegada abominável morte.

No caminho de Damasco, foi dado ao discípulo de Gamaliel descobrir seu glorioso Cristo na própria pessoa do Cristo velado na carne e no sofrimento, a fim de realizar em seu corpo humano tudo o que foi ordenado pela Lei de Sacrifícios, no Ciclo da Iniciação a que se refere a Senhora Blavatsky. O que foi revelado a Paulo não foi de modo algum o Christos dos Gnósticos, como afirma ela, mas realmente o Chrestos com todo o arcano de sua degradação e aniquilação.

Além disso, ouçam-no em seu retorno de Damasco: "Porque eu decidi não saber coisa alguma entre vós, senão a Jesus Cristo, e este *crucificado. – Nihil me scire glorior inter vos, nisi Jesum-Christum, et hunc crucifixum.*"[121]

Então, diga-se de passagem, o Apóstolo teria tomado grande cuidado para "não dizer tudo o que precisa ser dito" de São Pedro, como diz a Senhora Blavatsky, porque, muito antes de Paulo, Pedro havia decifrado o Arcano da Paixão, e ele sabia perfeitamente bem que por trás do Cristo sangrento estava oculto, numa espécie de crisálida, o Cristo-Espírito, glorioso e divino. A prova disso está no próprio Evangelho: "Quem dizeis que eu sou?", interrogou Cristo aos seus discípulos. Somente Pedro respondeu: "Tu és o Cristo, o Filho do Deus vivo" – "*Credo quia tu es Cristous, Filius Dei vivi.*"[122]

---

121 [O texto da *Vulgata* para *I Cor.* 2:2 é: "Non enim judicavi, me scire aliquid inter vos, nisi Jesum Christum, et hunc crucifixum."* *Compilador.*]

* "Entre vós, eu não quis saber de outra coisa a não ser Jesus Cristo, e Jesus Cristo crucificado." (N. da T.)

122 [*Mateus* 16:16.]

"Abençoado és tu, Simão Barjonas, pois carne e sangue não revelaram isso a ti, mas o meu Pai que está no céu." Quisera a Senhora Blavatsky pudesse ir a Damasco e, em sua jornada, encontrasse o que Paulo lá encontrou! Somente isto está faltando para que se torne uma iniciada perfeita e a maior das budistas cristãs.

Não nego que ela é mais versada em esoterismo hindu do que eu; porém duvido, após cuidadosa consideração, que ela seja tão bem familiarizada quanto eu no esoterismo dos Evangelhos. Esta é a razão, devida inteiramente a ela, porque é difícil chegarmos a um acordo instantâneo. Conheço o budismo suficientemente bem para compreendê-la facilmente; ela não conhece suficientemente bem o cristianismo para prontamente captar o que quero dizer.

De outra forma, sonharia ela em demonstrar tanta erudição perante mim, recordando-me das *alegorias astronômicas* e do *simbolismo sideral*, nos quais os sacerdotes dos templos antigos viram estereotipados de certo modo todos os mistérios do cristianismo? Já faz tempo que o Dr. Sepp, para refutar Strauss e Dupuis, respondeu vitoriosamente aos argumentos levantados contra o Cristo histórico trazidos das lendas estelares. Assim, como este profundo exegeta observa, a Natureza, a verdadeira sibila muda, está tão cheia da Palavra que a informa, que libera seus oráculos e desvela seus segredos mediante todas as manifestações Cósmicas que ocorrem nos temas tratados em nossas ciências; "*multifariam, multisque modis loquens nobis* etc".[123]

Para responder à Senhora Blavatsky neste ponto, farei algum plágio, pois não conheço nada mais definitivo do que o que foi escrito na Introdução do esplêndido *Life of Christ* (Vida de Cristo)

---

123 Ele fará muitas coisas e nos falará de muitas maneiras. (N. da T.)

do Dr. Sepp, traduzido para o francês por M. Charles Sainte-Foi (pseudônimo de Éloi Jourdain).

Peço perdão à Senhora Blavatsky e seus leitores por remetê-los a este excelente monumento de nossa Gnose.

Tenho tanta fé no progresso da ciência crítica, que nunca perco as esperanças em ninguém – quanto mais nas elevadas inteligências a que estou me dirigindo neste momento.

Contentemo-nos, por ora, com as valiosas declarações feitas pela Senhora Blavatsky, que em consonância com seus Mestres, os Mahātmas, a saber, que por trás das fórmulas dogmáticas e véus sacramentais de todas as religiões exotéricas há uma verdade suprema e absoluta, uma cristandade essencialmente divina, conquanto diversamente interpretada e em quase todos os lugares explorada. Isto por si só basta para deixar atônitos nossos eruditos, e, sobretudo, para fazer as nossas instituições da Igreja, bem como nossas academias, refletirem! Que trabalhem duro com seus enxadões por toda a parte, pois o pão da ciência exige ainda mais suor do que o pão material.

Sim, sacerdotes, sim, eruditos, um e mesmo Dogma é comum ao Oriente e ao Ocidente. "Os Teosofistas trarão à luz os mistérios da Igreja Católica, *que são, de fato, aqueles dos Brâhmanas*, embora com outros nomes", afirma a Senhora Blavatsky. Assim seja! Meu primeiro artigo disse o bastante de como compartilho desta esperança, e este não o contradiz.

III. – Quando o sofrimento de Cristo tiver terminado o trabalho de redenção e libertação que ele veio fazer por nós, e que me parece estar chegando ao seu final; quando, graças à civilização cristã e às novas ciências que estão sendo inauguradas entre nós; quando, digo, pelo favorecimento de todas estas iluminações, o humilde e sofredor Cristo "tiver sido suficientemente exaltado" na compreensão do povo redimido por seu sangue, então, de acordo com suas próprias palavras, "*ele atrairá todos a ele, ele conduzirá todos para seu Pai e nosso Pai, para seu Deus e nosso Deus*", e nesta ascensão ele abarcará o mundo todo: "*Cum exaltatus fuero, omnia traham ad meipsum – ascendo ad Deum meum et Deum vestrum, ad Patrem meum et Patrem vestrum.*"[124]

Precisamos de comentar este texto? Como podem ver, trata-se unicamente de parafrasear a Lei da Iniciação, tal como era praticada em segredo nos Templos, e tal como, acredito, os Mahātmas e Chelas ainda praticam em seus retiros profundos e sagrados. Quando, pela senda purificadora do sofrimento, da expiação e da morte, Cristo for transfigurado na estrutura social, assim como certa vez o foi pessoalmente, sob o profético Tabor, ao ponto de o sofrido Cristo se tornar o Cristo triunfante, mediante o sacrifício feito ao Ego absoluto de todos que constituem o Ego relativo ou Ego-ismo, então, em verdade, *Filho de Deus* como Ele é por toda a Eternidade, como a Palavra, igual e consubstancial ao Pai, de acordo com a expressão canônica niceniana, ele será reconhecido, aclamado e glorificado pelo Oriente bem como pelo Ocidente; então todos os santuários

---

124 [Esta é uma paráfrase de duas passagens distintas da *Vulgata*, a saber, *João* 12:32 e 20:17; a primeira é: "Et ego, si exaltatus fuero a terra, omnia traham ad meipsum"*; e a segunda é: "Dicit ei Jesus: Noli me tangere, nondum enim ascendi ad Patrem meum: vade autem ad fratres meos, et dic eis: Ascendo ad Patrem meum, et Patrem vestrum, Deum meum, et Deum vestrum."** – *Compilador*.]

* "E eu, quando for levantado da terra, atrairei todos a Mim." (N. da T.)

** "Jesus disse-lhe: Não me detenhas, porque ainda não subi para meu Pai, mas vai ter com os Meus irmãos e diz-lhes que vou subir para Meu e vosso Pai, Meu Deus e vosso Deus." (N. da T.)

novamente re-ecoarão seu *chamado*, a saudação "geral" dos tambores novamente soará e o *réveille* de seu Advento ressoará de um canto a outro da Terra.

A humanidade, superando as barreiras que fecham e secularizam as igrejas, viajará livre e pacificamente para o Redil prometido a fim de constituir uma família universal do Pai, sob o cajado único do Pastor – de um Pastor que será o próprio Cristo, personificado visivelmente em um Pontífice que não mais se parecerá ao Papa de hoje do que o Papa de Salt Lake se parece ao verdadeiro Papa do Vaticano.

É o que eu digo uma profecia? De modo algum. Estou apenas repetindo os Oráculos e o que dizem as palavras do Messias e de São Paulo. Sou, na melhor das hipóteses, um miserável fonógrafo que repete o que me foi sussurrado por aí.

Enquanto espera que estas profecias se realizem, acredite-me, não fique demasiadamente perturbada, não fique terrivelmente chocada, Senhora, com a humildade de nosso Cristo! Um grande mistério, que já não é mais para muitos iniciados, está oculto sob estas mortificações. Senão, vejamos!

A fim de assumir a natureza humana, e, portanto, a humanidade quotidiana, com todas as suas mônadas individuais, transitórias e incessantemente renovadas na jornada terrena, Cristo precisou tomar para si, em sua carne, todas as nossas feridas, todas as nossas misérias, todas as nossas enfermidades pessoais e sociais, e expiá-las sobre uma cruz no fluxo de um sangue virginal, absolutamente puro ao olhar do Pai. Para elevar este mundo caído, mais afundado no Ocidente do que no Oriente – e é por isso que o eixo da Terra é inclinado, como a Senhora sabe –, uma alavanca era necessária. Esta alavanca, muito mais poderosa do que a de Arquimedes, é o *braço de Cristo*, o braço que chamamos de "a invencível direita do Pai".

Sob tal processo a Europa evolui, está sendo moralmente elevada; ela acorda, vibra, não vê? Ela cresce, ela escala, logo se encontrará nos píncaros onde a aguarda a Ásia. Os Mahātmas, com seu olhar fixo em nós, perceberam este movimento ascensional que opera no turbilhão de nossas revoluções e estão nos dizendo: este é o momento psicológico, deixem-nos segurar a mão de nossos pobres irmãos, e acender nossos faróis no meio de sua escuridão. E é por isso que, em obediência ao *mot-d'ordre* dos "Irmãos", a Senhora foi capaz de estabelecer 135 ramos, que são centros de luz, não somente em Paris, mas em quase todos os recantos do globo. E quando, mediante estes meios, o Oriente e o Ocidente se encontrarem e se abraçarem, então, *Arcades ambo*, juntos alçarão seu glorioso voo para o Reino dos Céus realizado na Terra, e a Jerusalém divina contemplada pelo Vidente de Patmos descerá sobre nós, para ser ocupada por homens que serão como Deuses e por Deuses que serão como homens, de acordo com os dizeres de nosso Cristo: *Ego dixi; vos Dii estis*![125]

Estou perfeitamente convencido de que, se em meu primeiro artigo eu tivesse sido capaz de transmitir meus pensamentos por completo – eles pedem realmente por um livro, e este livro surgirá, pois já o estou escrevendo –, a Senhora Blavatsky não imaginaria que eu a convidei e aos Adeptos para dirigirem-se à "Montanha da Salvação" por simplesmente tomar a estrada da Roma Cesariana-Papal, "onde ainda reina o Satã das Sete Colinas", para falar como

---

[125] [O texto da *Vulgata* para *João* 10:34 é: "Respondit eis Jesus: Nonne scriptum est in lege vestra: Quia ego dixi, dii estis?"* – *Compilador*.]

* "Respondeu-lhes Jesus: Não está escrito na vossa Lei? Eu disse: Vós sois deuses?" (N. da T.)

Saint-Yves. Ela teria compreendido, ao contrário, que "todos teríamos que nos dar ao trabalho de viajar no mesmo passo na estrada que leva ao Meru".

Esta síntese religiosa, e a harmonia social e a felicidade divina que disso resultaria, não estará na terra tão logo, diz ela: "Estamos apenas no início da Kali-Yuga, do qual 5.000 anos já se passaram, quando sua duração total é de 4.320 séculos, e será no final do Ciclo que virá o Avatar Kalkî." Não o nego. Ai de mim! Até mesmo acredito que ela está certa; não sou competente para julgar a matéria. Contudo, bem fundamentados ou não, estes cálculos não contradizem o que ela chama de minha "esperança otimista".

Quanto a mim, simplesmente quis me referir à época em que, graças ao progresso realizado entre nós pela economia religiosa e à civilização cristã, que devemos à difusão do *Espírito inteiramente novo* de nosso Santo Evangelho, será possível superar estes obstáculos, quero dizer, as montanhas de erro, de preconceito e paixão, que até agora impediram o Oriente e o Ocidente de apreciar e ouvir um ao outro. Estes obstáculos, estas barreiras, como todo mundo sabe hoje, são o trabalho político de César. Todos os nossos infortúnios chegaram a nós daquele monstro, que é o Satã de que falam nossas Parábolas. Nesse sentido, há o testemunho do Próprio Jesus.

No entanto, devo primeiro lembrá-la de que o grito de triunfo que, tal como um grito clarinante do vigia pela manhã, ecoado quatro anos atrás no centro de Paris: "No século XX, a Guerra estará morta, as fronteiras estarão mortas, os exércitos estarão mortos, os Césares estarão mortos", e assim por diante. Uma imensa multidão, reunida no Château-d'Eau, palpitava de entusiasmo diante da respiração ardente da Palavra profética, e os ecos enviaram esta emoção para vasta longitude. Pode-se dizer que Victor Hugo, cujo gênio era feito, acima de tudo, de pressentimentos e previsões, pode-se dizer que Paris, França, Europa – a cristandade de uma ponta à outra – se nutrem de ilusões e se lisonjeiam com sonhos otimistas? Ó! sim, sim, o que se agita em todo o Ocidente e em toda a América é realmente o espírito de Cristo, pode ter certeza! A cristandade não se realiza a menos que compreenda que pertence a Cristo. "*Mens agitat molem*"[126]. Seu Redentor a possuía, e São Paulo seria socialmente correto em nossos tempos: "*Non estis vestri, vos estis Christi.*"[127] Ó povo, Cristo o sustenta! Nas Masmorras de Vincennes, a Pitonisa falou a verdade quando, cento e dez anos atrás, pronunciou as palavras ardentes ao mundo pela boca de Diderot, prisioneiro de Estado: "*Deus, ecce Deus*!"[128] "Levantai, povo, porque a vossa redenção está próxima!"

Veja, querida Senhora, se quisermos fazer justiça ao sistema de nossa Redenção e ao gênio de seu Fundador, precisamos fazer duas coisas: primeiro, "não tornar uma questão de princípios ou doutrinas em uma questão de pessoas ou de instituições eclesiásticos", como afirmou uma de suas brilhantes compatriotas, a Senhora Svetchine; a Igreja Romana pode não se encontrar mais à altura do Santo Evangelho, contudo o Evangelho em si não perdeu nada de seu valor científico, religioso e social, por tudo isso; pode ser que o sacerdotismo cristão tenha decaído, decaído grandemente; porém sua

---

[126] O espírito move a matéria. (N. da T.)

[127] [O texto da *Vulgata* para *I Cor.* 6:19 é o seguinte: "An nescitis quoniam membra vestra, templum sunt Spiritus sancti qui in vobis est, quem habetis a Dei, et non estis vestri?"** – *Compilador.*]

* "*Non estis vestri, vos estis Christi.*" – Vós não vos pertenceis. Vós sois de Cristo. (N. da T.)

**Ou não sabeis que o vosso corpo é o templo do Espírito Santo, que está em vós, proveniente de Deus, e que não sois de vós mesmos? (N. da T.)

[128] Deus, eis o Deus. (N. da T.)

decadência de forma alguma envolve o Catolicismo. Seria bom ler Rosmini-Serbati com relação a isso! Em segundo lugar, temos de ter em mente o estado deplorável do Ocidente quando nosso Messias veio para abrir a Era de nossa Redenção, ao mesmo tempo religiosa, social, econômica e política.

No entanto, quem pode falar sobre os estragos terríveis que operam no entendimento popular e no coração do mundo romano pela influência satânica da ideia cesariana que o arou por tantos séculos? Quem pode narrar os vícios inoculados na Europa pelo abominável sistema "o poder faz a força" (tiranizando e brutalizando povos, em todas as partes fixados ao solo e presos pelos grilhões de mais de um tipo de escravidão), e que estavam no coração de todas as misérias intelectuais, morais e corporais em todas as partes, "*erantes et jacentes sicut oves non habentes pastorem*," como afirmou Jesus Cristo.[129]

Embora Caim, Irshu, Nimrod, os verdadeiros pais do Cesarismo, fossem de origem asiática, não foi, contudo, sobre o Oriente, mas sobre o Ocidente que as calamidades se precipitaram, liberadas que foram por aqueles grandes vilões, por aqueles primeiros cismáticos da Lei divina e social que governaram toda a humanidade até eles chegarem. Os povos orientais viram este turbilhão de maldades rapidamente declinar no horizonte e direcionar seu curso para as praias distantes circundadas por nossas montanhas e mares.

---

129 [O texto da *Vulgata* para *I Pedro* 2:25 é o seguinte: "Eratio enim sicut oves errantes, sed conversi estis nunc ad pastorem, et episcopum animarum vestrarum."* – *Compilador*.]

* Porque éreis como ovelhas extraviadas, mas agora voltastes ao Pastor e Bispo das vossas almas. (N. da T.)

Daí que alguns Pais da Igreja afirmam que Cristo, ao morrer na cruz no limite extremo que separa o Ocidente do Oriente, virou a face, com os olhos abertos e os braços estendidos, para o Ocidente. Observe-se que os regulamentos da Lei de Ram não foram quebrados então e não o são inteiramente mesmo agora, na Ásia, ao passo que entre nós não permanece nenhum traço deles, desde que Júlio César sufocou seu último sobrevivente na Gália druídica. Se compreendido corretamente, teríamos que talvez notar que a grande lei dos templos abramânicos é exatamente aquela da qual falou o Redentor: "Não penseis que eu vim destruir a lei ou os profetas: eu não vim para destruir, mas para cumprir", no mundo todo – *Non veni solvere, sed adimplere*! [*Mateus* 5:17.]

A Senhora Blavatsky é muito bem iniciada nos segredos dos santuários primitivos para ignorar que, muito antes de Jesus Cristo, os povos hindus já haviam passado pelos estágios sociais que nosso Messias veio para nos conduzir, por nossa vez, a fim de restabelecer o equilibro entre estas duas grandes divisões da família humana há tanto tempo interrompido. Ela sabe que, antes desta ruptura, o mundo inteiro, como testemunhou Moisés, tinha uma única e idêntica linguagem religiosa, uma única e idêntica constituição social: "*Erat terra labii unius, et sermonum eorundem.*"[130] [*Gên.* 11:1.]

Direi algo que nem todos os meus irmãos no sacerdócio entenderão, e que os mais iletrados provavelmente condenarão: "O Oriente já teve Messias e Cristos, *humanamente* realizados, quando o Ocidente havia recebido, mediante o ministério de Moisés e dos Profetas, somente promessas distantes de sua religião e Redenção social."

---

130 E toda a Terra era de uma língua, e de uma fala. (N. da T.)

É dito que "os judeus, graças ao Legislador do Sinai, encontravam-se economicamente no nível da Índia quando nosso Messias veio". Isto é possível, até provável; porém, o que não se pode duvidar é que os povos ocidentais, arruinados pelo Cesarismo Romano, encontravam-se em um estado muito atrasado. Observe também que, enquanto nossa evolução social, nossa Redenção religiosa e nosso renascimento econômico continuarão, os judeus, hindus e chineses permanecerão estacionários, ou se se moverem não será para a frente. Eles esperarão; ainda estão esperando. E o que estão esperando? Acredito que não estou enganado; esperam até que estejamos em uma condição de andar no mesmo passo que eles; quando a hora soar para retomar a marcha para a parada de Ram para onde deveremos retornar com eles, de mãos dadas, com o mesmo som triunfante.

E é desta maneira que se explica em minha mente a falência das pregações cristãs fora de uma esfera particular que o sacerdócio primitivo de nossa Igreja tinha para evangelizar: "pregue primeiro o Evangelho paras as ovelhas perdidas da casa de Israel", *ou de Ram* (a família de Israel pertence à cepa abramânica, e a grafia primitiva de Abraham é Abram, *i.e.*, Ab-Ram, descendente de Ram). A Senhora Blavatsky gosta de sustentar que Cristo e nossa Igreja são responsáveis pela impotência de nossos esforços no Oriente. Ela toma este impedimento como uma derrota do cristianismo, quando, ao contrário, é a confirmação do plano messiânico, quando considerado em seu verdadeiro sentido. Com estatísticas à mão, invocando e confirmando o testemunho do venerável bispo Temple, ela observa que "desde o início de nosso século, enquanto os missionários cristãos converteram *três milhões*, os muçulmanos adquiriram *dois milhões* de prosélitos sem o custo de um centavo"[131]. "Um sinal dos tempos", ela exclama.

---

131 No texto do abade Roca está escrito 2 milhões, contudo, de fato são

Ó, sim! Um sinal dos tempos, se soubermos como entender isto, um sinal evidente de que nossa economia religiosa é peculiar ao Ocidente e tem pouco a ver com o Oriente na forma preliminar de nossas Igrejas Cristãs. Mas espere! Deixe-se de lado a ideia de que ela providenciou um curso de redenção para todos os povos que foram arruinados e martirizados pela depredação cesariana. A senhora verá mais tarde! Verá como ela girará aquele cume – nosso globo –, em sua inteireza, sob o chicote do glorioso Cristo.

Poderia acrescentar um grande número de observações com relação ao precedente. Omiti aqui quatro páginas extensas do rascunho a partir do qual estou transcrevendo, todavia ainda não encerrei. Deixe-me percorrer alguns poucos pontos com cuidado meticuloso, pois a base da argumentação se tornará uma questão ardente.

Enquanto o trabalho de Redenção permanecer conosco, o Santo Evangelho da Dispensação não se afastará de nossas igrejas latina, grega, protestante, anglicana, anglo-saxã e anglo-americana; mas quando, de acordo com a promessa do Libertador, o cristianismo tiver superado e aniquilado o cesarismo em todas as suas formas políticas, grandes coisas serão vistas![132]

Prometi deixá-los ouvir a voz de Cristo; esta é sua oportunidade, portanto ouçam: "O princípio da força bruta e criminosa será abolido da Terra." Em outras palavras, que são as do Evangelho:

---

duzentos milhões, conforme o texto original de H. P. Blavatsky. (N. da T.)

132 [O editor de *Le Lotus*, como plenamente explicado na primeira página, não é responsável pelas opiniões dos colaboradores. Chamamos a atenção dos resenhadores de países onde o *Le Lotus* circular, de que este é um tema controverso, mas que nós não participamos da política. – Editor, *Le Lotus*.]

"*Princeps huius mundi ejicietur foras*!"[133] César-Satã fugirá de todos os lugares, suas fortalezas serão dizimadas, suas estruturas destruídas, suas leis abolidas. "Eu venci o mundo: ego vici mundum!"[134] Todos as instituições econômicas, religiosas ou sociais que não sejam obra do meu Pai celestial, e cujas fundações não estejam fundadas na justiça e nas verdades divinas, serão extirpadas, totalmente exterminadas: *Omnis plantatio, quam non plantavit Pater meus coelestis, eradicabitur*![135] A partir deste dia, o julgamento está dado, e a crise se inicia: "*Nunc judicium est mundi, νῦν κρίσις ἐστὶ τοῦ κόσΜου τούτου*".

Tivesse eu espaço suficiente à disposição, não citaria meramente cinco ou dez ou uma centena de textos. Invocando os Profetas, Cristo e seus Apóstolos, os Pais da Igreja primitiva e toda a tradição carmelita e franciscana, eu encheria um livro com relâmpagos e trovões. Entretanto, isto seria unicamente repetir o que já publiquei em *La Fin de l'Ancien Monde* (O Fim do Mundo Antigo) e não se deve citar a si mesmo.

Se os sacerdotes soubessem ler esotericamente as parábolas sombrias e as profecias fúnebres de nosso Evangelho que se referem

---

[133] [Estas palavras, bem como as latinas neste parágrafo, às quais a versão grega está apensa, são da mesma passagem da *Vulgata*, a saber, *João* 12:31: "Nunc judicium est mundi: nunc princeps hujus mundi ejicietur foras."* – *Compilador*.]

* Agora é o juízo deste mundo; agora será expulso o príncipe deste mundo. (N. da T.)

[134] [*João* 16:33.]*

* Estas coisas eu vos tenho dito para que em mim tenhais paz. No mundo tereis tribulações; mas tende bom ânimo, eu venci o mundo. (N. da T.)

[135] [*Mateus* 15:13.]*

* Mas Ele, respondendo, disse: Toda planta que meu Pai celeste não plantou, será arrancada. (N. da T.)

ao *fim do mundo* e a *consumação do ciclo*; se soubessem compreender o simbolismo das *montanhas que caem*, do *globo que treme*, do *sol* que se torna preto como carvão, da *lua* que não mais reflete a luz, das *constelações* que são extintas, das *estrelas* cadentes, das trombetas que soam sob a respiração dos Anjos, das *fundações* que racham, do *julgamento final* que separará as cabras das ovelhas ..., eles veriam que três-quartos destes prodígios já estão realizados, sem dúvida, em formas inesperadas pelo Vaticano e em nossas sacristias, não obstante o exato cumprimento das promessas transcendentais de nosso Libertador divino. Eles também compreenderiam que o *mundo* e a *era* referidos por Jesus Cristo não são o que nossos pobres exegetas imaginaram, porém realmente o *mundo* e a *era* do infame César e sua política abominável; um *mundo* e uma *era* para os quais Jesus recusou-se a orar – *non pro mundo rogo*![136] – pela simples razão de que ele veio para destruí-los; um *mundo* e uma *era*, finalmente, que não são outros que aqueles de que João por um lado, e Tácito, por outro, falaram francamente: *Totus mundus in maligno positus est – corrumpere et corrumpi soeculum est.*[137]

---

136 [*João* 17:9.]*

* Eu oro por eles; eu não oro pelo mundo, mas por aqueles que tu me deste, porque eles são teus. (N. da T.)

137 [A primeira parte desta citação em latim é da *Vulgata*, onde em *I João* 5:19 encontramos a passagem: "Scimus, quoniam ex Deo sumus, et mundus totus in maligno positus est."*

A segunda parte é de Tácito, *De origine et situ Germanorum liber*, xix, linhas 8-9, que são as seguintes "Nemo enim illic uitia ridet, nec corrumpere et corrumpi saeculum uocatur." (Veja *The Germania of Tacitus*. A Critical Edition. Rodney Potter Robinson. Middletown, Conn.: Amer. Philol. Association, 1935.) – *Compilador*.]

* E nós sabemos que somos de Deus, e que todo o mundo jaz no maligno. (N. da T.)

Permita-me perguntar à Senhora Blavatsky, em vista da convulsão geral da desintegração social, da decomposição política e das divisões eclesiásticas, aos quais a velha Europa como um todo está reduzida em nossos tempos (e acima de tudo a França, precisamente porque é a filha mais velha e o Soldado de Cristo), se ela ainda pensa que minha "esperança é otimista" e que Victor Hugo estava iludido quando disse, "no Século XX tudo isto terá terminado". Acredita ela que a destruição da estrutura podre poderia ainda, por um longo tempo, ser esconjurada pelos esforços desesperados daquele que ela chama – ela própria – de Maomé do Ocidente, tanto mais porque ele tem uma compreensão com o "homem de ferro", que ele mais tarde decorou com o título de Cavalheiro de Cristo, para grande espanto dos católicos?

Repito, acredito que a hora está próxima, muito próxima.

César, este é o obstáculo, este é o inimigo! Uma vez que o monstro seja derrubado, tudo mudará. Não quero dizer que um apito de trombeta será suficiente para reunir todos os povos sob o cajado do Único Pastor. Contudo, pelo menos o caminho será aberto, o Ocidente e o Oriente marcharão juntos sob a orientação do mesmo Cristo-Espírito e, *vive Dieu*, acabaremos de fato por re-entrar no Paraíso! O futuro é nosso, graças à sábia estratégia de nosso Redentor, e graças aos sofrimentos do Chrestos.

A humanidade tem um destino fabuloso diante de si. Não seríamos entendidos, nem a Senhora, nem eu, se revelássemos este futuro glorioso agora.

A Senhora Blavatsky me contradiz muito menos do que pensa que o faz. Retiro as palavras *Yliaster* e *Sat* que ela não admite, a fim de propor a palavra *telesme* que foi empregada por Hermes-Trismegisto. Aceitará ela esta? Duvido. O fato é que não há expressão em nosso pobre idioma que denote o que quero dizer; não obstante, ela certamente deve compreender-me, e isto basta.

Fora ou além de Deus, ela nada aceita, absolutamente nada, nem mesmo um ponto matemático. Ela está certa. Entretanto, se não formos *panteístas* – e a Senhora Blavatsky não o é mais do que eu – temos de nos expressar de tal maneira que nossos leitores não nos tomem por isto. Para sermos mais bem entendidos, digamos, então, que Deus é imanente no Cosmos, *presente* por meio de tudo e em tudo, mas *distinto* de tudo. Está satisfeita, Senhora? Sim, realmente? Bem, eu estou.

No entanto, de fato, não compreendo como ela pode provocar-me sobre o *triplo sentido* que nós canonicamente reconhecemos em nossas Sagradas Escrituras. A Gnose, diz ela, em concordância com a Gupta-Vidyâ, fornece *sete* chaves, e não meramente *três*, para abrir os sete mistérios. É a Senhora Blavatsky ignorante do fato de que a Doutrina Cristã é essencialmente *ternária* em todos os pontos nos quais o ensinamento Budista é setenário? Isto não quer dizer que não apreciamos a base real do sistema Oriental mais do que a Senhora poderia não compreender a real fundação do sistema Ocidental. Simplificamos e resumimos sua teoria sem distorcê-la. Nossas três chaves são equivalentes às suas sete e as incluem, assim como as suas sete equivalem-se às nossas três, que as subdividem.

Todos sabem que o raio branco se decompõe em três principais cores que, por sua vez, compõem, produzem, por nova decomposição, as sete cores do arco-íris. Analogamente, analisando o ser humano, São Paulo, o verdadeiro pai de nossa ciência sagrada, descreve nele mesmo três principais elementos, que ele chama *espírito*, *alma* e *corpo*: "*integer spiritus et anima et corpus*"; os budistas, sendo capazes de analisar o homem mais além, descobriram *sete princípios* nele. Não há contradição nisso; a Senhora está certa e nós também: os seus sete são nossos três e nossos três são os seus sete. Tal é nosso dogma, apropriado ao nosso intelecto e nossas categorias mentais, menos sutil e menos penetrante que o seu, contudo, também mais simples porque menos rudimentar. Confessamos e adoramos em Deus uma essência única, que procede em *três* distintas pessoas, em *três* diversos princípios de ação, energizando a criatura mediante *sete* operações que chamamos de *sete* manifestações ou *sete* dons de Paracleto. Há em tudo isso algo que relembra os *sete* distintos estados de sua *prajñâ*, que responde, por sua vez, às *sete* modificações da matéria e às *sete* formas ou *sete* classes de fenômenos da força.

Gosto de acreditar, Senhora, que quanto melhor nos compreendermos, melhor apreciaremos um ao outro, e, quem sabe, se Deus quiser, talvez façamos algum bem ao pobre Ocidente – e ao pobre Oriente também, pois, como a Senhora sabe melhor do que eu, não faltam pobres por lá, mesmo em lugares não muito distantes dos Mahātmas.

ABADE ROCA, *Cônego Honorário.*

Resposta às Concepções Errôneas do Abade Roca concernentes às minhas Observações sobre o Cristianismo Esotérico

H. P. BLAVATSKY

[*Le Lotus*, Paris, Vol. II, nº 13, abril de 1888, pp. 3-19.]

[Tradução do texto original em francês.]

No exemplar de fevereiro de *Le Lotus*, o abade fala de uma "surra" [*bourrade*] que acredita ter levado de mim. Ao mesmo tempo, com uma brandura que não chamarei de cristã – porque os cristãos não são nem humildes e nem gentis em suas polêmicas –, mas certamente budista, meu interlocutor assegura-me que não me deseja nada de mal. Ao contrário, diz ele estar grato pelas "minhas maneiras corteses e a completa franqueza de minha linguagem", resultados naturais de meu "porte amazônico".

Uma mente mais bajuladora do que a minha poderia encontrar algo a dizer com relação a isto. Poderia apontar, talvez, que tal superabundância de adjetivos e epítetos pessoais, em resposta às observações sobre um tema tão abstrato quanto a metafísica religiosa, denota bem o oposto da satisfação. No entanto, os teosofistas raramente são lisonjeados por seus críticos, e eu mesma muitas vezes recebi cumprimentos mais maldosos do que os que o abade Roca prodigaliza a mim. Estaria errada, pois, em não apreciar sua cortesia sobretudo porque, em sua tocante solicitude de considerar minha personalidade e fazer justiça ao meu "intelecto viril" e meu "vigor masculino", o abade analisou o Cristo teológico a fundo, todavia, não pronunciou uma palavra sobre o Cristo *esotérico.*

Ora, como nada tenho a dizer sobre o primeiro, e como nego *in toto* o Cristo inventado pela Igreja, bem como todas as doutrinas, todas as interpretações e todos os dogmas, antigos e modernos, concernentes a este personagem, começo por declarar a Resposta do Abade a minhas "Notas sobre o Esoterismo Cristão" como resposta alguma. Não encontro, em toda a sua volumosa carta, uma única expressão que seriamente contradiga minhas objeções, refutando-as lógica e cientificamente. A fé – e, acima de tudo, a fé cega – não pode ser "discutida criticamente"; em todo caso, jamais pode ser "cientificamente estabelecida", mesmo que o leitor cristão possa estar bem satisfeito com tal casuísmo. Meu interlocutor até mesmo guarda por mim ressentimento por "exibir" o que ele gosta de chamar de "tamanha erudição". Não preciso dizer nada. Contra-argumentos históricos e válidos, ele oferece como objeção um único fato como prova "experimental": Jesus Cristo dizer-lhe incessantemente *em sua alma* "que ele é o Único Mestre e o único verdadeiro Doutor". Uma prova frágil, realmente, em face da ciência, da lei e até mesmo do bom senso de um incrédulo!

É óbvio que o famoso paradoxo de Tertuliano: "*Credo quia absurdum et impossibile est*"[138] (Creio porque é absurdo) – nada tem a ver com uma discussão desse tipo. Pensei que estava me dirigindo ao místico erudito, ao socialista e liberal abade Roca. Dei-me ao trabalho meramente por um *sacerdote*, um *fidei defensor*! O abade me sai com esta: "Conheço o budismo bem o bastante para compreendê-la [a mim] facilmente; ela não conhece suficientemente bem o cristianismo para prontamente captar o que quero dizer". Entristecida como estou por contradizê-lo, a verdade deve, não obstante, estar acima de tudo. O abade se engana ao fantasiar que compreende o budismo; é fácil ver que ele não o conhece nem mesmo *exotericamente*, assim como não conhece o hinduísmo, mesmo em sua forma popular. De outro modo, ele jamais teria colocado Krishna, como o fez, entre os Budas. Ou, ainda, teria ele confundido o nome de um personagem histórico, o Príncipe Gautama, com seus títulos místicos, enumerando-os como os tantos Budas?

---

138 [Isto em geral é citado erroneamente de uma frase de *Carne Christi* de Tertuliano, cap. v, que diz: "*Certum est quia impossibile est*", que significa "é certo porque é impossível". – *Compilador*.]

De fato, não escreve ele, ao falar de Jesus, que o cálice de onde ele bebeu era "muito mais amargo que a taça da qual Sócrates no Ocidente bebeu a cicuta, *ou daquela . . . . em que Krishna,* Śâkyamuni[139], *Gautama de Kapilavastu, Siddhârtha, e todos os outros Buddhas*" beberam? Este "e todos os outros Buddhas" é uma prova definitiva para nós de que o abade não somente não conhece nada de budismo esotérico, nem tem a mínima ideia até mesmo da biografia histórica simples e popular do grande reformador hindu. É exatamente como se, ao falar de Jesus, eu escrevesse: "Orfeu, o Filho de Maria, Emanuel, o Salvador, o Nazareno e todos os outros Cristos que foram crucificados." Sem gastar mais tempo em apontar vários *lapsus linguae* com relação a termos sânscritos, bramânicos e budistas espalhados pelos artigos do abade Roca – de outro modo, artigos muito eruditos e, certamente, muito eloquentes em estilo – este exemplo é suficiente para permitir ao público julgar se meu crítico conhece o abecê do budismo na presente discussão. Será que o abade o confunde, como tantos outros o fizeram, com Teosofia? Neste caso, permita-me informar-lhe que Teosofia não é nem budismo, nem cristianismo, nem judaísmo, nem maometanismo, nem hinduísmo e nem qualquer

---

139 Este título, graças à bondade do Senhor Gaboriau, não aparece com os outros no *Le Lotus*, porém tenho as provas originais onde se encontram na ordem indicada acima.

outro *ismo*: é a *síntese esotérica* das religiões e filosofias conhecidas.

Certamente conheço algo do cristianismo – o popular e, sobretudo, o exotérico – para permitir-me aceitar o desafio contra tão erudito sacerdote católico como meu adversário. Não poderíamos dizer, ao contrário (admitindo por um momento que não fui capaz de "captar imediatamente" *o cristianismo do abade Roca*), que meu estimado interlocutor não está tão bem-informado daquilo que prega? Que, tendo jogado aos moinhos de vento sua batina de eclesiástico *ortodoxo* e *papista*, ignorando o verdadeiro esoterismo dos brâmanes e dos budistas, dos gnósticos pagãos e cristãos, bem como da autêntica cabala caldaica, e nada conhecendo das doutrinas dos teosofistas, fabricou para si mesmo um cristianismo seu, um esoterismo *sui generis*? Confesso que não o compreendi.

De seus "*Lei de Ram*" e "*Ab-Ram, descendente de Ram*" (?) – nada sei. Conheço perfeitamente bem a VAMŚÂVALI ou genealogia de Sûrya e das raças Chandra[140], de Ikshvâku e Budha[141] até Râma e Krishna, a fonte comum

[140] Sûrya e Chandra (Solar e Lunar) são termos usados respectivamente para as duas grandes raças primitivas e radicais de Âryâvarta, chamadas de Raças Solar e Lunar.

[141] Espero que o leitor evite confundir Budha ou Buda (com um *d*) e o filho de *Soma*, a Lua, com o título místico de Buddha (com dois *d*s). O primeiro é o nome próprio de um

de onde os *Purânas* (antigas *Escrituras*), o *Bhâgavata*, o *Skanda*, o *Agni* e o *Bhavishya-Purâna* retiraram suas genealogias divinas, humanas e dinásticas. Uma cópia dela se encontra na biblioteca real dos *Mahârâjâs* de Udaipur (a mais antiga das casas reais indianas, cuja genealogia familiar foi examinada e sancionada pelo governo anglo-indiano). Râma é um personagem *histórico*. As ruínas das cidades construídas por ele e *enterradas debaixo de várias camadas sucessivas de outras cidades*, mais recentes, todavia, mesmo assim *pré-históricas*, ainda existem na Índia; são conhecidas tão bem quanto as antigas moedas com sua efígie e nome. O que é então este "Ab-Ram, *descendente de Ram*"?[142] *A-bram* ou *A-brahm*, em sânscrito, significa um *não*-Brâhmana, ou seja, um homem fora da casta

---

indivíduo (Buda, Inteligência ou Sabedoria), o outro é o título dos Sábios, o "Iluminado".

[142] Não são as tribos dos orgulhosos Râjputs da raça Solar, *Sûryavamśa* – tribos que *provam historicamente* descender de Lava e Kuśa, os dois filhos de Râma – que reconheceriam este desconhecido "Ab-Ram". Ver minha nota nº 1 sobre Abraham (Abraão) em um próximo número de *Le Lotus*.

[No decorrer deste ensaio, H.P.B. refere-se oito vezes a certas Notas, numeradas de 1 a 8, que ela parece ter escrito para a edição seguinte de *Le Lotus*. Tais Notas não foram encontradas em nenhum número posterior desta revista e não são, certamente, as notas de rodapé que ela apensou, na edição de junho de 1888 do *Le Lotus*, no capítulo final de sua controvérsia com o abade Roca. Portanto, é impossível dizer no momento a quais Notas particulares ela se refere. – *Compilador*.]

Brâmane ou um homem de casta inferior. *Abra* é o nome do elefante de Indra; sua fêmea é chamada *Abramu*. As palavras são sânscritas, e o nome *Abramu* é encontrado novamente na Caldéia, porém o Abraão dos judeus nada tem a ver com o Râma hindu[143]; ele não pode ter surgido deste, pois, ao contrário, é Râma que surgiu de Brahman (neutro) por meio de seu aspecto terrestre, Vishnu, do qual ele é o Avatâra[144].

Isto é simplesmente uma digressão que o abade pode talvez chamar de outra "surra" [*bourrade*]. À *propos* disso, eu diria que ele deve ser muito sensível, uma vez que não vejo em minhas "Notas sobre o Cristianismo Esotérico" nada que pudesse dar origem a tal ideia na imaginação de meu ilustre interlocutor. O sopro de vento que bate em um castelo de cartas pode facilmente passar por pesada tempestade aos olhos do arquiteto que o construiu; porém se o abade Roca põe a culpa no sopro em vez de na fragilidade de seu edifício, a culpa não é minha. Ele me acusa também de *partidarismo*; uma acusação tão injusta quanto a outra. Não sou nem sacerdote, nem estou sob a batuta feroz de uma Igreja que se declara infalível. *Estou preparada para aceitar a verdade de onde quer que ela*

---

143 *Ab*, *Aba* significa "pai", todavia apenas nas línguas semíticas.

144 Devemos chamar a atenção do leitor, de passagem, para a importância destas observações, pois as obras de Fabre d'Olivet e Saint-Yves d'Alveydre baseiam-se em dados completamente em desarmonia com elas. – Editor, *Le Lotus*.

venha. Meu crítico, menos afortunado do que eu, encontrando-se entre a cruz e a caldeirinha, não pode aceitar minhas conclusões, e logo trata de atribuí-las a meu "partidarismo" e minha "ignorância" de sua religião. Uma vez mais, o espírito do partidarismo não pode existir em uma Sociedade tão universal e imparcial como a nossa, que escolheu para seu lema "Não há religião superior à Verdade". Sendo nossos Mestres Sábios muito grandes para enfeitarem-se com as penas de pavão da infalibilidade ou mesmo jactarem-se de possuírem a Verdade absoluta, seus discípulos sempre mantêm a mente aberta aos fatos que podem ser-lhes demonstrados. Que o abade destrua as provas que oferecemos contra a existência de um Cristo carnalizado, daí um *Cristo-Homem*. Seja ele chamado Jesus ou Krishna; que ele demonstre que jamais houve qualquer outro Deus encarnado além de seu "Jesus-Cristo" e que este é o "único", assim como o "maior" dos Mestres e Doutores – não unicamente o maior dos Mahātmans, mas *Deus em pessoa*! Muito bem; que ele nos apresente provas irrefutáveis ou pelo menos tão lógicas e evidentes como aquelas apresentadas por nós. Contudo, que ele não queira oferecer como prova a voz que fala em sua alma, ou citações retiradas dos Evangelhos. Porque sua voz – ainda que fosse a irmã gêmea do *daïmôn* de Sócrates – não tem mais valor na discussão, para nós ou para o público, que o que tem para ele, ou qualquer outra pessoa, a voz que me diz o contrário em *minha* alma. Sim, ele está certo em dizer que "é tão difícil nos livrar de todo interesse pessoal, e, ainda mais, de todo partidarismo de escola, seita, igreja, casta". Pois bem, como esta frase de modo algum pode aplicar-se a mim, uma vez que não pertenço a nenhuma escola especial nem a nenhuma seita, Igreja ou casta, uma vez que sou uma *Teosofista*, será que não se aplica a ele, cristão, católico, eclesiástico e cônego?

Em geral, nosso estimado correspondente deve ter uma imaginação muito fértil, pois agora ele imagina que o editor do *Le Lotus* está "intoxicado pelos vapores inebriantes" de seus elogios ao conhecimento dos Mahātmans e que lhe "fala nas entrelinhas". Se é assim, o editor deve estar "embriagado de melancolia", uma vez que, em vez de agradecê-lo por suas declarações lisonjeiras (lisonjeiras, de acordo com ele), o editor envia o primeiro artigo do abade para mim, em Londres, para que eu possa respondê-lo, publicando a seguir a minha "surra". Nossos fatos e intenções não concordam com as ideias que o abade Roca tem a respeito deles. É verdade que ele advertiu seus leitores de que "ninguém suspeitaria desta senhora [sua humilde serva] de bajulação com relação a sacerdotes católicos". Isto é incontestável e um fato *histórico*; o único realmente que encontro em sua longa epístola. Se, tendo a experiência de uma longa vida passada no estudo dos mencionados sacerdotes, eu coloquei um extintor nas esperanças róseas que brilham na chama de sua primeira carta, é porque não pude levar a sério os simples elogios civilizados dirigidos aos Mahātmans *pagãos* por um cristão e abade francês, e, porque, mesmo que o Editor do francês *Le Lotus* pudesse ser enganado, a Editora da revista inglesa *Lucifer* teria visto através deles[145]. Embora sinceramente aprecie o abade Roca como escritor, e em meus pensamentos diferencie o filósofo místico do sacerdote, não posso, entretanto, perder de vista sua batina. Portanto, a homenagem que ele presta à sabedoria de nossos Mestres, em vez de *intoxicar-me com seus vapores inebriantes*, apareceram a mim imediatamente sob seu verdadeiro disfarce. Esta homenagem faz a parte de um mastro ensebado erguido para servir de apoio às futilidades cristãs ligadas a ele em profusão, por uma mão apostólica romana ou uma boneca hindo-teosófica adornada de amuletos papista[146]. Longe de ser

---

[145] Dificilmente ousamos alegar que captamos a ideia da Senhora Blavatsky, porém acreditamos que, no presente caso, não nos enganamos. Generosamente oferecemos ao abade Roca um fórum; neste, ele expressou suas ideias, que a Senhora Blavatsky refuta com maestria; outros escritores expressam e expressarão suas próprias ideias sobre o assunto, pois o objetivo de *Le Lotus* é instruir os leitores, oferecendo-lhes de tempos em tempos opiniões de mentes eminentes que podem diferir das nossas em alguns pontos. – Editor, *Le Lotus*.

[146] A Senhora Blavatsky julga de acordo com o espírito e os termos do artigo sob consideração. Acontece que sabemos que o abade Roca é eloquentemente fulminante contra Leão XIII, contudo este, acometido de surdez incurável, não pode ouvi-lo. Além disso, não podemos acordar os mortos, e

intoxicada – confesso, com minha costumeira "franqueza" e minha *inequívoca* rudeza, que me sinto duplamente desconfiada.

As abundantes concepções errôneas na Resposta do abade provam o quanto estou certa. Esperava ele que o Editor do *Le Lotus* e os teosofistas gritassem em coro: *Mea culpa*!; e se convertessem *en masse* a suas ideias? Nós o vemos diante da primeira resposta, esquivando-se de golpes imaginários, e, em uma segunda carta, dando um tom inteiramente diferente aos elogios de seu primeiro artigo. Ele certamente tem direito de assim o fazer; melhor do que ninguém, ele deve saber o real significado de seus próprios pensamentos. No entanto, isto se aplica a todos, acredito. Por que, então, ele prossegue *desfigurando* o que eu digo, e mesmo inventando cenas *impossíveis* e casos em que me faz desempenhar um papel estranho, e atribui a minhas palavras o que ele certamente não encontra em minhas "Notas", escritas em resposta a seu artigo de dezembro? A ideia fundamental de minhas observações foi, de fato, que aquele que diria "*Ego sum veritas*" ainda está por nascer; que o "*Vos Dii estis*" aplica-se a todos; e que todo homem nascido de mulher é "o filho de Deus", seja ele bom, mau, ou nem um nem outro. Ou o abade Roca está obstinadamente determinado a não me

---

é melhor deixá-los para lá, a fim de nos ocuparmos com os *vivos*. – Editor, *Le Lotus*.

compreender, ou ele tem algum outro propósito. Não objeto, de forma alguma, ele confundir a voz trovejante de sua Igreja Latina com aquela que ele pensa que ouve dos *recessos de sua alma*, porém muito enfaticamente objeto a que ele me represente como compartilhando dos dogmas que foram assim inculcados nele, quando na realidade eu os repudio completamente.

Julgue por si mesmo. Escrevo com todas as letras que um Cristo divino (ou *Christos*) jamais existiu *sob forma humana* fora da imaginação de blasfemadores que carnalizaram um *princípio universal e inteiramente impessoal*. Aventuro-me a acreditar que isto está perfeitamente claro. Bem, o abade Roca, depois de ter-me representado como tendo dito "Eu sou a Verdade" – um absurdo que deixo para as Igrejas que o descobriram, e de que um Adepto, um Sábio, sorriria em piedade –, permite-se fazer a seguinte afirmação:

> . . . . . acontece que outro se apresentou ao mundo dizendo diretamente: "Eu sou a VERDADE – *Ego sum Veritas*"! . . . . Esta é a linguagem de Cristo, e se ela não revelou o Próprio Deus, ela o denunciaria como o mais desavergonhado dos impostores. Ora, dizer na presença da Senhora Blavatsky que Cristo é um impostor deveria ser cuidadosamente evitado, pois ela responderia com uma beijoca na boca do blasfemador. Tirem, então, suas próprias conclusões....

Tirem suas próprias conclusões!!!. . .

Que conclusões podem ou não podem ser tiradas pelos outros me interessa muito pouco. Mas tirarei minhas próprias conclusões, pois acredito que compreendo.

Há duas possibilidades:

a. Ou o abade não tem ideia clara do que é a Teosofia, de suas verdadeiras doutrinas, ou de mim, a humilde discípula da Verdade, e fala aos ventos e aleatoriamente;

b. Ou ele deseja me encurralar, forçar-me a me explicar, de modo a obter de mim uma resposta categórica.

O raciocínio não seria mau. Ou a Senhora Blavatsky passará em silêncio por esta afirmação, que é tão extraordinária quanto falsa – silêncio significando consentimento, ou ela responderá contradizendo e negando isto; neste caso, ela fará novos inimigos entre os cristãos, e haverá muito ganho.

É isso, *Monsieur l'Abbé*? Então é somente mais um engano. A "amazona" desta vez, assim como em outras ocasiões, terá suficiente "vigor masculino" para responder, sem ambiguidade e na própria cara do Universo, o que ela pensa de seu arranjinho. De fato, dizer que Cristo (dizemos *Christos*) é um *impostor* seria proferir não uma *blasfêmia*, mas uma simples estupidez: um adjetivo pessoal não pode ser aplicado a um princípio ideal, a uma abstração; seria como dizer: "o Espaço Infinito é um devoto". Um Ocultista-Teosofista riria. Quanto à suposição de que sou capaz de responder "com uma beijoca" na boca de alguém que proferir a expressão, isto é ainda mais grotesco. O abade esquece que sou antes de tudo uma Teosofista e, provavelmente, ignora que sou pessoalmente discípula da filosofia budista. Ora, um verdadeiro budista não bateria nem mesmo num cão para impedi-lo de latir. Os budistas *praticam* todas as virtudes pregadas no "Sermão da Montanha" de Gayâ – no Monte da Galileia, seis séculos mais tarde –, virtudes estas que são ouvidas raramente nas igrejas dos países cristãos e praticadas com menos frequência ainda. Os budistas não resistem, não devolvem o mal com o mal; deixam a glória de beijar, de cortar as orelhas de seus adversários, para aqueles como São Pedro, que desta forma defende seu Mestre apenas para traí-lo e negá-lo duas horas mais tarde, de acordo com a triste história. O abade deseja saber, *sem ambiguidade*, o que realmente penso da lenda cristã? É fácil para mim satisfazê-lo.

Para mim Jesus Cristo, *i.e.*, o Homem-Deus dos cristãos, copiado dos Avatâras de outros países, do hindu Krishna ao egípcio Hórus, nunca foi uma pessoa *histórica*. Ele é uma personificação deificada do tipo glorificado dos grandes Hierofantes dos Templos[147], e sua história,

---

[147] Todo ato de Jesus no Novo Testamento, toda palavra atribuída a ele, todo acontecimento relacionado a ele durante os

conforme contada no Novo Testamento, é uma alego-

---

três anos da missão que se diz ter ele cumprido, repousam no programa do Ciclo de Iniciação, um ciclo fundado na Precessão dos Equinócios e nos Signos do Zodíaco. Quando o Evangelho hebraico, não *de acordo com*, mas *de* Mateus, o Gnóstico, de quem fizeram um Evangelista – o Evangelho do qual (São) Jerônimo falou no século IV e que ele se recusou a traduzir com o pretexto de que foi falsificado (!) por Seleuco, o discípulo de Maniqueu (Ver *De viris illustribus*, de Jerônimo, cap. 3) –, quando, digo, que o documento *original* deveria ter sido traduzido, se é que alguma vez foi encontrado, e as Igrejas Cristãs teriam pelo menos *um* documento não falsificado, então somente será verossímil falar da "vida de Jesus", dos acontecimentos dos quais "ninguém ignora". Nesse meio tempo, e sem perder tempo discutindo sobre o tema do século em que Jesus ou Jehoshua viveu, um fato é certo, a saber, que os Ocultistas estão preparados para provar que até mesmo as palavras sacramentais atribuídas a ele na cruz foram *desfiguradas*, e que elas querem dizer algo bem diferente do que transmite a tradução grega. Vejam-se as minhas notas adicionais (nº 2) em um próximo exemplar do *Le Lotus*.

[A referência de H.P.B. a *De viris illustribus liber*, cap. 3, de São Jerônimo, está apenas parcialmente correta. O ponto principal do argumento de Jerônimo e a menção a Seleuco ocorrem em sua carta aos bispos Cromácio e Heliodoro, como se pode ver consultando *Opera*, de São Jerônimo, Vol. V, col. 445 (Johannis Martianay, Paris, 1706). H.P.B. usa o mesmo argumento no artigo "The Origin of the Gospels and the Bishop of Bombay" (A Origem dos Evangelhos e o Bispo de Bombaim) (*The Theosophist*, Vol. IV, nº 1, outubro, 1882, pp. 6-9), e novamente no terceiro capítulo de seu ensaio sobre "The Esoteric Character of the Gospels" (O Caráter Esotérico dos Evangelhos) (*Lucifer*, Vol. I, nº 6, fevereiro, 1888, pp. 490-96). *Vide* Notas do Compilador a este último ensaio para uma pesquisa abrangente das várias referências e citações

ria, certamente contendo profundas verdades esotéricas, porém ainda assim uma alegoria. É interpretada com a ajuda de sete chaves, analogamente ao *Pentateuco*. Esta teoria das sete chaves, a Igreja, de acordo com o abade Roca, simplificou "sem desfigurá-la", reduzindo as chaves a três; quando, ao contrário, fabricou três chaves falsas que não abrem coisa alguma. A lenda da qual falo está fundada, como demonstrei uma e outra vez em meus escritos e notas, na existência de um personagem chamado Jehoshua (de onde deriva Jesus) nascido em Lüd ou Lydda cerca de 120 anos antes da era moderna. E se este fato é negado – ao que dificilmente posso objetar –, devemos nos resignar a considerar o herói do drama da Cavalaria como um mito puro e simples. De fato, apesar de toda a desesperada pesquisa feita ao longo de séculos, se deixarmos de lado o testemunho dos "Evangelistas", *i.e.*, homens desconhecidos cuja identidade jamais foi estabelecida, e o dos *Pais* da Igreja, fanáticos interesseiros, nem a história, nem a tradição profana, nem documentos oficiais, nem os contemporâneos do drama *soi-disant* são capazes de fornecer uma única prova séria da existência histórica e real não somente do Homem-Deus, contudo até mesmo daquele que é chamado Jesus de Nazaré, do ano 1 ao ano 33. Tudo é escuridão e silêncio. Fílon, o judeu, nascido antes da Era Cristã e falecido bem depois

---

usadas por ela e seu texto completo. – *Compilador*.]

do ano em que, de acordo com Renan, a alucinação de uma mulher histérica, Maria de Magdala, deu um Deus ao mundo, fez várias viagens a Jerusalém durante o intervalo de quarenta anos. Ele foi lá para escrever a história das seitas religiosas de sua época na Palestina. Nenhum escritor é mais correto em suas descrições, mais cuidadoso em nada omitir; nenhuma comunidade, nenhuma fraternidade, até mesmo a mais insignificante, lhe escapou. Por que então ele não fala dos Nazireus? Por que não faz a menor alusão aos Apóstolos, ao *divino* Galileu, à Crucificação? A resposta é fácil. Porque a biografia de Jesus *foi inventada depois do primeiro século*, e ninguém em Jerusalém estava mais bem informado sobre o assunto do que o próprio Fílon. Temos apenas de ler a discussão de Irineu com os gnósticos no segundo século, para nos certificarmos disso. Tendo Ptolemeu (180 d.C.) comentado que Jesus pregou *um ano* de acordo com a lenda e que era jovem demais para ser capaz de ensinar alguma coisa importante, Irineu teve um ataque de indignação e testemunhou que Jesus pregou mais de dez ou *mesmo vinte anos*! A tradição tão somente, disse ele, fala de *dez anos* (*Contra Haereses*, liv. II, cap. 22, para. 4-5). Em outro lugar, ele faz Jesus morrer com a idade de *cinquenta anos ou mais*!! Ora, se já no ano 180 um Pai da Igreja teve de recorrer à tradição, e se ninguém tinha certeza de nada e não era atribuída grande importância aos Evangelhos – cujos *Logia* tinha mais de sessenta – qual é o lugar da história nisso tudo? Confusão, mentiras, enganação e falsificação, este é o registro dos primeiros séculos. Eusébio de Cesárea, rei dos falsários, inseriu as famosas 16 linhas, referindo-se a Jesus em um manuscrito de Josefo para acertar contas com os gnósticos, que negavam que jamais havia existido um personagem *real* chamado Jesus.[148] Ainda mais: ele atribuiu a Josefo, um fanático que morreu como viveu, um judeu teimoso, a reflexão de que talvez não seja correto chamá-lo (Iasous) um homem (*ανήρ*), porque ele era o *Ungido* do Senhor, *i.e.*, o Messias!! (*Vide* Josephus, *Antiq.*, liv. XVIII, cap. 3, 3.)[149]

Entretanto, qual é a vantagem de gastar tempo repetindo o que toda pessoa educada sabe? O abade remete-nos continuamente aos Evangelhos e a São Paulo, e, jogando sobre nós uma chuva de citações, exige triunfante: "Está claro? O *próprio* Cristo não diz isso e aquilo, e São Paulo não nos assegura isto. . . etc., etc., . . .". Não é necessário dizer que, para as palavras de Jesus possuí-

---

[148] Acrescente-se a isto que ele inventou o famoso monograma para o *Lábaro* de Constantino (uma combinação de X *Chi*, e P *Rho*, iniciais de *Christos* que ele aplicou a Jesus) e fabricou a visão daquele Imperador. Todavia, Gibbon e outros historiadores há muito julgaram Eusébio, e seu valor é bem conhecido agora. Ver minhas notas (nº 3) sobre este tema, em um exemplar futuro de *Le Lotus*.

[149] [Também 63-64, de acordo com a paginação do texto grego. – *Compilador*.]

rem algum valor de prova, primeiro a autenticidade dos Evangelhos deve ser comprovada. Jesus, tenha ele vivido naquela época ou mais cedo, *nunca escreveu nada*, e o que lhe fizeram dizer nos quatro Evangelhos é às vezes terrivelmente contraditório. Quanto a Paulo, indubitavelmente um personagem histórico, seria difícil separar em seus escritos o que ele disse e o que seus editores e aqueles que os corrigiram o fizeram dizer. Entretanto, permanece – sem dúvida, por inadvertência – uma expressão, dele ou de seus colaboradores, que sintetiza em duas palavras o que se pensava de Jesus. Veja a *Epístola aos Hebreus* 2:9[150]; lerá ali que Jesus foi feito "*inferior aos anjos*". Isto nos basta. Pode alguém que é *inferior* aos anjos ser Deus, o Infinito e o Único?

Realmente, todo homem, todo *Ju-su* (nome de Hórus, Khonsu, o Filho, o protótipo da humanidade), acima de tudo, todo iniciado cujo corpo é feito inferior ao dos anjos, podem dizer, na presença de seu Âtman (Espírito Divino): *Vivit vero in me Christus* (Mas Cristo vive em mim); assim como diriam: Krishna, Buddha ou Ormuzd vive em mim.[151] Depois de ter repetido o que eu disse

150 *Hebreus* 2:9 – Porém, vemos Jesus, que foi feito um pouco menor do que os anjos, por causa do sofrimento da morte, coroado com glória e honra, para que pela graça de Deus pudesse provar a morte no lugar de cada homem. (N. da T.)

151 Em hebraico, homem ou *Aïsh* (שיא) dá origem a esta outra forma por derivação cabalística Jesh יש, em grego e em francês

em minhas "Notas" sobre o *Christos* que se desenvolve unicamente por meio de *Chrestos*, o abade, como se estivesse dizendo algo novo que *partiu dele*, exclama em tom ameaçador que ninguém entrará naquele corpo glorificado exceto pela "estreita porta e o apertado caminho". Para ele, este é o abençoado *Nirvâna*, e ele continua a pregar o que temos visto ser pregado por doze anos e o que repeti em minhas "Notas". Ele deve deixar-me completar o que ele deixa em tal boa forma, incapaz de encontrar aquele caminho exceto no seio de sua Igreja, de sua própria fé. Infelizmente, sua *angusta porta, et arcta via* não pode aplicar-se nem a sua Igreja, nem a sua fé. Naquela Igreja *onde tudo é comprado*, crimes e indulgências, amuletos e beatitudes (na terra pelo menos; quanto ao Céu – depois de mim o Dilúvio![152]), o *caminho* e a *porta* se tornam cada

---

Jes-us, significando fogo, sol, divindade e homem. Esta palavra (com seus pontos massoréticos) era pronunciada אש *ish* ou *Jesh*, *homem*, neste caso. A forma feminina era השא *Issa*, *mulher*; em egípcio Isi-s, Ísis. A forma colateral era ישי *Jesse*, ou Isi, da qual o feminino em egípcio era Isi-s, *Isis*. Porém, *Isi* é o equivalente a *Jesse*, o pai de David, da raça de que descende Jesus, *Jes-us*. É necessário que se conheça a linguagem dos Mistérios e do Simbolismo antes de falar com tanta autoridade, e esta linguagem a Igreja perdeu. Veja minhas notas (nº 4), em um futuro exemplar de *Le Lotus*.

152 As palavras "Depois de nós, o dilúvio" são atribuídas a madame de Pompadour (nascida Jeanne-Antoinette Poisson), que queria melhorar o estado de espírito de Luís XV, seu amante, após a batalha de Rossbach, convidan-

vez mais largos, na proporção das somas pagas pelo fiel. Vá-se embora, religião de Judas! Foi a (são) Pedro que seu Mestre disse: VADE RETRO, SATANÁS! A prova disso está no próprio Evangelho, afirmo, repetindo a expressão costumeira do abade Roca.

Ele me manda a Damasco para que eu possa me tornar "uma iniciada perfeita e a maior das budistas cristãs" (?). O que ele diria se eu lhe dissesse que é depois de longos anos passados no estado de *Chrêstos*, depois de trinta anos de martírio físico e moral, que cheguei lá, e que é precisamente neste caminho glorioso que descobri que as Igrejas, que se denominam *cristãs*, nada mais são que sepulcros recheados de ossos mortos de paganismo esotérico e de putrefação moral. Portanto, prefiro muito mais permanecer a mais humilde das budistas esotéricas do que a maior cristã ortodoxa e exotérica. Tenho o maior respeito pela ideia transcendental do *Christos* (ou Cristo) universal que vive na alma do bosquímano e do selvagem zulu, bem como na do abade Roca, todavia tenho a maior aversão pela *cristolatria* das Igrejas. Detesto os dogmas e doutrinas que degradaram o Christos ideal, tornando-o

do-o a não pensar sobre as consequências dramáticas desta derrota. Foi de fato um provérbio comum na época ("Depois de mim, o dilúvio. Esse gentil e sociável provérbio já é o mais comum de todos nós", escreveu Mirabeau pai, em 1756). Luís XV retornou frequentemente para essa máxima egoísta como "Après moi, le déluge" (Depois de mim, o dilúvio), especialmente falando de seu delfim, o futuro Luís XVI. – *Wikipédia*. (N. da T.)

um fetiche antropomórfico absurdo e grotesco, um ídolo ciumento e cruel que amaldiçoa por toda a eternidade aqueles que não se curvam diante dele.[153] O menor dos docetistas gnósticos, que alega que Jesus crucificado não foi mais que uma *ilusão* e sua história uma alegoria, estava mais próximo da verdade do que um "santo" Agostinho ou mesmo um "Anjo das Escolas". Um pagão que viva uma vida simples e patriarcal, que respeita seu próximo e faz o seu dever, está mil vezes mais perto da *angusta*

---

153 É tão mais fácil para mim provar o fundamento sólido de minha repugnância já que, a fim de dar apoio a minhas declarações, tenho meramente que abrir *The Tablet*, o principal jornal dos *católicos romanos* ingleses. Eis um excerto dele:

> "A afirmação oficial quanto ao progresso moral e material da Índia, que foi recentemente publicada, fornece uma contribuição interessante à controvérsia sobre a questão missionária. *A julgar por estes números parece que, enquanto efetuamos uma marcada deterioração moral* nos nativos ao convertê-los ao nosso credo, seu padrão natural de moralidade é tão alto que, por mais que muito os cristianizemos, não podemos ter sucesso em torná-los tão maus quanto nós. Os números que representam as proporções de criminalidade nas diversas classes são os seguintes: – Europeus, 1 em 274; Eurasianos, 1 em 509; Cristãos Nativos, 1 em 799; Maometanos, 1 em 856; *Hindús, 1 em 1.361; e Budistas, 1 em 3.787.* Este último item é um magnífico tributo à exaltada pureza do budismo, porém as estatísticas são instrutivas do começo ao fim, e forçam, com uma força irresistível, a conclusão de que, como mera política social, faríamos muito melhor se devotássemos nosso dinheiro e zelo por uma geração ou duas ao melhoramento ético de nossos próprios conterrâneos, em vez de tentar transformar a moralidade, juntamente com a teologia, de um povo que muito razoavelmente poderia enviar missões para converter-nos."

Que confissão esplêndida!

porta, et arcta via do que jamais esteve um (são) Cirilo, o feroz assassino de Hipátia, ou de um (são) Constantino, provavelmente beatificado porque matou o filho com as próprias mãos, ferveu monges no breu, estripou a esposa e se tornou tão miseravelmente famoso quanto Nero.[154]

Ó, informa-nos o abade, "se a concepção sublime daquele ideal cristão [o *Christos* vivo no interior do homem] é aquela dos Mahātmans, honra para eles!" Este ideal não é cristão, nem foi inventado pelos Mahātmans; *era a apoteose dos Mistérios da Iniciação*. Quanto ao "Verbo feito Carne", trata-se da herança de toda a humanidade, recebida pelo homem no momento em que a Alma universal encarna nele, *i.e.*, desde o aparecimento do primeiro *homem perfeito* – que, a propósito, não foi Adão.

Para provar que Jesus era Deus, nos oferecem seu martírio na Cruz e seu sacrifício voluntário. Antes de acreditar que um "Mestre" se iguala a "Cristo", ele teria de concordar em beber do cálice que Jesus bebeu em Getsêmani e perdoar seus executores por suas torturas morais e físicas. Uma ideia realmente estranha! Todavia, é exatamente a *insignificância* dos sofrimentos que faz todo pagão sorrir com piedade. O que são três anos de sermões e de viver ao ar livre, culminados por algumas

---

[154] Ver minhas notas (nº 5) sobre este tema em um próximo exemplar de *Le Lotus*.

horas de sofrimento na cruz, comparados com os oitenta anos de tortura *moral* de Gautama o Buddha, diante do que todas as torturas da carne desvanecem em insignificância! Ah, *Monsieur l'Abbé*, é mais difícil, mais meritório e mais *divino viver voluntariamente pela Humanidade* do que morrer por ela. E como? Por uma morte violenta e inevitável da qual tenta *escapar* rezando ao Pai celeste *para afastar o cálice*. Pois esta é, palavra por palavra, a narrativa dos Evangelhos. Estes sofrimentos interessariam a um iogue ou a um fanático faquir se os interpretássemos para eles *literalmente*?![155]

Sendo assegurado *que não o compreendi*, sou instruída quanto ao verdadeiro significado da conversão de (são) Paulo. São Paulo, de acordo com o abade Roca, era "um

---

[155] Remeto o abade aos relatos do que o senhor Jacolliot viu na Índia, e que todos que lá viveram puderam ver em qualquer momento. Considere aqueles iogues fanáticos que, a cada lua nova, penduram-se pela pele das costas em um gancho de ferro fixado na extremidade de um ramo horizontal no alto de um poste alto. Este braço, como uma gangorra, ergue-os alto no ar e os faz girar até que a carne sangrenta se rasgue e o mártir voluntário seja lançado talvez a uns vinte passos. Olhe aqueles que, por longos anos, queimam o corpo com carvão incandescido todos os dias, e aqueles que se enterram até o pescoço e permanecem assim toda a sua vida, expostos ao sol ardente, o frio das noites geladas, a miríade de insetos e bestas selvagens, para não mencionar a fome e a sede e outras delícias do gênero.

iniciado da Escola Essênia .... um perfeito nazireu, como ele próprio nos diz" (p. 261 de *Lotus*). Agradeço-lhe por esta informação, porém temo ser incapaz de aceitá-la. Um essênio-nazireu seria o equivalente a um brâmane-budista; embora tivéssemos ouvido que dizem ter vivido antes em Paris uma criatura híbrida, referida como um "sacerdote brâmane-budista"! Paulo, o que quer que tenha sido, não poderia ter sido ao mesmo tempo um essênio e um nazireu, se por nazireu se quiser referir à seita *nazireu* do Velho Testamento, mencionada até mesmo no *Gênesis*. Os essênios tinham horror ao azeite e vinho, ao passo que os nazireus faziam uso de ambos (ver *Números* 6:20[156]). O primeiro não reconhecia o "ungido do Senhor" e usava água para lavar-se várias vezes ao dia, como os hindus e budistas; os nazireus nunca se lavavam, mas ungiam o corpo todo com óleo. É verdade que Paulo nos diz na *Epístola aos Gálatas* (1:15 *et seq.*[157]) que foi "*separado*" para o serviço do Senhor desde o nascimento, *i.e.*, prometido ao *nazireato*; porém, como ele diz alhures (I *Cor.* 11:14[158]) que é uma desonra ter cabelo crescido (como são repre-

---

[156] *Números* 6:20 – E o sacerdote os moverá, em oferta de movimento, perante o SENHOR; isto é santo para o sacerdote, juntamente com o peito da oferta de movimento e com o ombro da oferta alçada; e, depois disso, o nazireu poderá beber vinho. (N. da T.)

[157] *Epístola aos Gálatas* (1:15) – Mas quando aprouve a Deus, que me separou desde o ventre de minha mãe, e me chamou pela sua graça. (N. da T.)

[158] I *Cor.* 11:14 – Ou não vos ensina a mesma natureza que é vergonhoso para um homem ter cabelo comprido? (N. da T.)

sentados como os tendo Jesus e São João), isto prova que ele permaneceu um nazireu[159] somente até sua conversão ao Christos dos gnósticos. João Batista era um verdadeiro nazireu, também João do *Apocalipse*, porém Saulo deixou de sê-lo quando se tornou Paulo. Portanto, ele não era um "perfeito nazireu". Também não era mais um essênio, porque o que eles consideravam mais sagrado depois de Deus era Moisés, seu *Gênesis*, e a observância do Sabbath, e Paulo renunciou a Moisés e ao Sabbath. O que podemos fazer? O abade nos diz uma coisa, e a

---

[159] *Nazar* = o Separado (Ver *Gênesis* 49:26*; *Números* 6:2**; *Juízes* 13:5*** etc.). Esta palavra, quando escrita sem os pontos massoréticos, e lida NZR, נזר, na verdade dá a chave de seu significado cabalístico em suas três letras, porque *nun* significa *matrix*; a letra O, a mulher; *zayin*, o emblema da Soberania espiritual, o *Cetro*; e *resh*, a *cabeça*, o círculo. Não se permitia que a navalha tocasse o cabelo ou a barba de um verdadeiro *nazireu*.

* As bênçãos de teu pai prevalecerão sobre as bênçãos dos meus progenitores, até os últimos limites das colinas eternas. Elas estarão sobre a cabeça de José, e na coroa da cabeça daquele que esteve separado de seus irmãos. (N. da T.)

** Fala aos filhos de Israel e dize-lhes: Quando um homem ou uma mulher tiver se separado, fazendo um voto de nazireu, para se separar ao SENHOR. (N. da T.)

*** pois, eis que conceberás, e darás à luz um filho; e nenhuma navalha passará sobre a sua cabeça; porquanto a criança será um nazireu para Deus desde o ventre; e ele começará a libertar Israel das mãos dos filisteus. (N. da T.)

história e ambos os testamentos, bem outra. Portanto, é inútil dizer aos ocultistas que "o que foi revelado a Paulo não era de modo algum o Christos dos gnósticos . . . . mas realmente o *Chrestos* com toda a arcana de seu rebaixamento e sua aniquilação". Este *Chrestos* é exatamente o Chrestos-Christos dos gnósticos. Paulo nunca foi um apóstolo do cristianismo eclesiástico, sendo o adversário gnóstico de Pedro. Como prova deste fato, temos as palavras autênticas de Paulo, que foram negligenciadas nas *revisões e correções*, e o duplo sentido, a desarmonia que corre por todas as Epístolas. Se dois homens estiverem de posse, eu não falarei de uma verdade absoluta, porém de um fato estabelecido por prova, em outras palavras, de uma verdade relativa, por que um diz do outro *que se lhe opôs face a face* (*Gal.* 2:11)[160], e por que Paulo mostra tamanho desprezo pela alegação de Pedro (Cefas), Tiago e João, considerados os "pilares da Igreja"?

É igualmente inútil remeter-me ao Dr. Sepp e ao seu *Life of Christ* (Vida de Cristo). Eu o li vinte anos atrás e nada encontrei a não ser fanatismo e plágio, consciente ou inconsciente, da religião dos brâmanes. Não é de ontem que conhecemos o sistema crono-sideral deste bávaro com uma vívida imaginação. Muitas coisas curiosas poderiam ser ditas deste cálculo de Saros – uma salada

[160] *Gálatas* 2:11 – Quando, porém, Pedro foi para Antioquia, me opus a ele face a face, porque ele era reprovável. (N. da T.)

japonesa composta dos cálculos de Plínio e Suídas. Mencionarei apenas uma.[161] Todo teosofista sabe do grande período da *Mahâ-yuga*, cujas divisões sempre nos levam de volta ao número 432. Assim, a *Kali-yuga*[162] – a era negra e do mal dos brâmanes, durante a qual o mundo expia os pecados dos três yugas precedentes e para cuja ajuda nenhum Avatâra virá antes de seu epílogo[163] – du-

---

[161] *Vie de N.-S. Jésus-Christ*, Vol. II, p. 417.

[É óbvio que tanto H. P. B. quanto o abade Roca tinham em mente a obra alemã de Johann Nepomuk Sepp (1816-1909), intitulada *Das Leben Jesu Cristoi*, originalmente publicada em sete volumes em Regensburg, 1843-46 (4ª ed., 1898-1902), intitulada *Das Leben Jesu*. Deixamos na nota de rodapé de H. P. B. o título da tradução francesa desta obra de Charles Sainte-Foi (Paris: Ve Poussielgue-Rusand, 1854, 2ª ed., *ibid.*, 1861), pois é quase certo que a referência é desta tradução. *Vide* nota de rodapé do Compilador na p. 211 do Volume IX dos *Escritos Compilados de H.P. Blavatsky*. – *Compilador.*]*

* O Compilador se refere à sua nota de rodapé no artigo original em francês, que não consta nesta edição em português (N. da T.):

[Não está claro a que edição da obra do Dr. Sepp, *Das Leben Jesu Christi*, H.P.B. se refere. Na segunda edição da tradução francesa (Paris: Ve Poussièlgue-Rusand, 1861), que abrange apenas a primeira parte do texto original em alemão, e não vai além disso, o assunto de Saros é tratado no tomo III, p. 331.

Essa edição consiste em um volume dividido em três tomos, cada um deles paginado separadamente. O assunto é discutido em *A Doutrina Secreta*, Vol. I, p. 655, nota de rodapé, onde a mesma passagem do Dr. Sepp é mencionada e parcialmente citada. – *Compilador.*]

[162] Entre outros erros, Saint-Yves d'Alveydre (*Mission des Juifs*) faz dela a Idade de Ouro, a idade do renascimento espiritual. – Editor, *Le Lotus.*

[163] Ver minhas notas sobre este tema (nº 6), em um próximo

rará 432.000 anos, ao passo que o total da *Mahâ-yuga*, composto de *Satya, Tretâ, Dwâpara* e *Kali-Yuga*, perfaz 4.320.000 anos. Este é um cálculo místico que os brâmanes dão somente a seus Iniciados, um cálculo que fez nossos orientalistas, que não podem fazer nada com isso, pronunciar muitos absurdos.[164] Bem, o celebrado professor de Munique deixou o segredo escapar. No Volume I (p. 9) de seu livro, ele nos dá a seguinte chave:

"É um fato declarado [por Kepler] que no momento da encarnação, todos os planetas estavam em conjunção no signo de *Peixes*, que os judeus chamavam, desde o começo das coisas, de *constelação do Messias*. A Estrela dos Magos foi encontrada naquela constelação . . ." Era o famoso planeta que todo mundo em Londres pôde ver naquele ano, a bela Vênus-Lúcifer, da qual uma tradição cabalística judaica afirma que ela um dia absorverá os 70 planetas que presidem às várias nações do mundo. Quanto ao Dr. Sepp, ele alega que, em virtude destas profecias naturais, estava escrito nas estrelas que o Messias teria de aparecer *no ano lunar* de 4320, naquele memorável ano em que "todo o coro dos planetas estava em júbilo".[165]

---

exemplar de *Le Lotus*.

[164] Ver minhas notas sobre este tema (nº 7), em um próximo exemplar.

[165] [*Vide* nota de rodapé do Compilador na p. 212 do Volume IX dos *Escritos Compilados de H. P. Blavatsky*.]*

Assim, para admitir as noções excêntricas do Dr. Sepp publicadas em seu "excelente monumento à gnose cristã", temos, enquanto fechamos os olhos e comprimimos o cérebro, que:

(1) Acreditar que o mundo tem apenas *seis mil anos* de idade – nem um dia mais. (Vida longa ao *Gênesis* e à Cronologia de Moisés!)

(2) Supor que esta famosa conjunção se deu no ano 1 de nossa era, e não quatro ou cinco anos antes da era cristã, como o próprio Kepler provou.

3) Esquecer o que sabemos, a fim de permitir que triunfem as fantasias milagrosas de eclesiásticos. Ora, sabemos que este cálculo astronômico foi *emprestado* pelos judeus dos caldeus, de seus anos dinásticos 432.000, que eles próprios haviam recebido dos 4.320.000 anos da *Mahâ-yuga* bramânica.

E teríamos que aceitar aquela excelente passagem "da gnose" da Bavária! Nós nos inclinaríamos a acredi-

* [A maior parte deste parágrafo ocorre em *Pneumatologie* etc, Vol. IV, p. 67, de Mirville, onde é feita referência à obra do Dr. Sepp sobre *Life of Christ*. Não está claro, no entanto, o que se entende por tomo I, p. 9, nem a que edição específica, alemã ou francesa, deve se aplicar. No entanto, na 2ª edição da tradução francesa (Paris, 1861), a conjunção dos planetas e as visões de Kepler são mencionadas no tomo I, pp. 89-92, enquanto o "coro dos planetas" é mencionado no tomo III, p. 369. *Vide* o Índice Biobibliográfico para dados sobre as várias edições da obra do Dr. Sepp. – *Compilador*.]

tar que o Dr. Sepp a havia encontrado no fundo de uma garrafa de cerveja, se não soubéssemos que muito antes dele o coronel Wilford, que foi tão lindamente iludido pelos brâmanes[166] no início deste século, fez ele próprio o famoso cálculo, preservado até hoje, diga-se de passagem, nos volumes da Biblioteca Real Asiática, em Calcutá, e em todas as bibliotecas europeias. Repetindo, o abade Roca deseja que abandonemos os anos 4.320.000 de nossa *Mahâ-yuga*, a fim de aceitarmos os 4.320 *anos lunares* que o Dr. Sepp coloca entre a Criação do Mundo e a *Natividade*?

Afinal, pode ser que contradiga o abade Roca menos do que imagino, como ele mesmo diz. Tanto melhor, tanto melhor. Além disso, a aplicação de sua metáfora do "raio branco que se decompõe em três cores principais etc." é encontrada em meu *Ísis sem Véu* (Vol. II, p. 639), escrito cerca de doze anos atrás.[167] Talvez algum

---

[166] Os brâmanes, aborrecidos com a persistência com que o coronel Wilford pesquisava por Adão e Eva, Noé e seus três filhos, compuseram um pequeno belo Purâna com aqueles nomes em sânscrito, que inseriram em alguns manuscritos antigos. O próprio Sir William Jones caiu nessa, e com ele toda a Europa. Ver *Introduction to the Science of Religion*, de Max Müller.

[167] Para benefício de nossos leitores, citamos esta passagem da Senhora Blavatsky: "... Como o raio de luz branca é decomposto pelo prisma nas várias cores do espectro solar, assim também o raio de verdade divina, ao passar pelo prisma de três lados da natureza humana, decompõe-se em vários

dia, então, possamos entender um ao outro. Nesse ínterim, enviarei ao *Le Lotus* algumas notas[168] sobre as últimas palavras do Jesus crucificado, simplesmente para mostrar ao abade que nós, ocultistas, *sabemos* o que *alguns* Pais da Igreja *acreditavam que sabiam*. De onde vem, por exemplo, a tradição esotérica (porque os mencionados Pais não poderiam tê-lo visto pessoalmente) de que "Cristo, ao morrer na cruz . . . virou a face, com os olhos abertos e os braços estendidos, para o Ocidente"? Em minhas Notas explicarei tudo, exceto a afirmação de que o *Crucificado*, cujas mãos eram restringidas por dois grandes pregos para os dois braços laterais da cruz, tinha "os braços estendidos para o Ocidente", um feito difícil de realizar por um "crucificado". Todavia, este é um detalhe insignificante.

Encerrando, direi que ainda penso que o abade se engana e sua esperança é otimista. Aceito Victor Hugo como grande poeta, contudo jamais ouvi dizer que ele era um profeta. Quanto às palavras finais (*quant au mot*

---

fragmentos multicores chamados RELIGIÕES. E, como os raios do espectro, mediante nuances imperceptíveis, fundem-se uns nos outros, assim as grandes teologias, que surgiram em diferentes graus de divergência da fonte original, têm sido conectadas por cismas menores, escolas e ramificações de um lado ou outro. Combinadas, seu agregado representa a verdade eterna; separadas, não passam de sombras do erro humano e sinais de imperfeição . . ." – Editor, *Le Lotus*.

168 Ver Nota nº 8, em um próximo exemplar.

de la fin, ou de la faim)[169] que meu interlocutor lança à guisa de despedida, eu o faria observar: (1) que miséria e sujeira se encontram praticamente em todos os lugares onde o sacerdote católico governa, e (2) que lá, perto dos Mahātmans, como ele diz, não há pobres pela boa razão de que não há ricos; outras pessoas, além dos mentirosos missionários, estiveram lá.

E agora que respondi ao abade Roca, o *sacerdote católico*, concluo esta indevidamente extensa resposta me dirigindo ao Sr. Roca, meu crítico e interlocutor, que é tão cortês quanto é espiritual quando está disposto a esquecer sua batina. É ao último que expresso meu sincero pesar por ter tido que esquivar-me de todos seus golpes e contradizê-lo em tudo e em todos os lugares. Se ele acha que esta resposta, assim como minhas "Notas" prévias, são uma nova "surra", ele está errado. Pois se não nos entendemos um ao outro – embora ele possa dizer que *me entende muito bem* – é porque, embora na aparência estejamos falando a mesma língua, nossas ideias quanto ao valor e sentido do esoterismo cristão, do esoterismo brâmane-budista e aquele dos gnósticos são diametralmente opostas. Ele tira suas conclusões e seus dados esotéricos de fontes que eu não reconheço, uma vez que são

169 [Uma expressão intraduzível, pois faz um trocadilho com palavras. A palavra francesa "faim" significa fome. As "palavras conclusivas" do abade fazem alusão à miséria e a fome no Oriente. – *Compilador*.]

de invenção moderna, ao passo que estou falando a ele na língua dos antigos Iniciados e ofereço-lhe as conclusões do esoterismo arcaico que, por sua vez, até onde sei, são muito pouco familiares a ele.

Para definir com precisão e *sem ambiguidade* nossas respectivas posições, parece-me que, enquanto eu ofereço uma descrição esotérica do Christos *universal*, *i.e.*, do LOGOS impessoal e pré-cristão, ele me responde voltando ao Cristo sectário da era moderna, ao Cristo eclesiástico e dogmático, cujo padrão é pré-cristão. Ao esoterismo da antiga Gnose que ele declara que a Igreja perdeu, ele opõe o esoterismo escolástico da Idade Média. Ele até mesmo tenta se aproximar de mim por meio de sutilezas dos teólogos e rosacruzes que, para escapar de serem queimados vivos, escondiam-se sob um disfarce ortodoxo e abertamente simulavam um cristianismo contra o qual protestavam em segredo. Em vista de tudo isso, como poderíamos entender um ao outro? Quanto ao "melhor apreciar um ao outro", agradeço ao abade por seus votos amáveis, embora duvide de que ele possa jamais apreciar a *suavidade de minhas maneiras* combinada com a *extrema franqueza de minha linguagem*; quanto a mim, rogo-lhe que acredite que sempre apreciei nele o hábil escritor de coração amplo e liberal, bem como o sacerdote destemido que tem a rara coragem de ter opiniões próprias.

Não obstante, *vera pro gratiis*[170], mesmo que este ditado deva ser seguido por seu oposto, *veritas odium parit*[171].

H. P. BLAVATSKY,

Secretária-correspondente da
Sociedade Teosófica.

170 A verdade é gratuita. (N. da T.)

171 A verdade gera o ódio. (N. da T.)

Resposta do Abade Roca às Alegações de Madame Blavatsky contra O Esoterismo Cristão

[*Le Lotus*, Paris, Vol. III, junho, 1888, pp. 129-150.]

[Tradução do texto original em francês.][172]

I. Dizemos isso com circunspecção, porém madame Blavatsky causa bastante embaraço e dificilmente sabemos exatamente o curso a adotar com ela. Se imaginamos que ela o tratou rudemente – e não sou o único a dizer isso – é porque "sou muito sensível". Está confundindo com beijocas as carícias de uma mão cuja gentileza é tão budista, que "não bateria nem mesmo num cão para impedi-lo de latir". Seu mais leve sopro "parece-lhe uma tempestade", e o que é apenas um *zéfiro* parece-lhe uma explosão fria, pobre junquinho de La Fontaine que sou.

Bem, prossigamos. Estes mal entendidos podem ser compreendidos, se necessário; mas o que não se pode conceber é como a mesma pessoa pode ser, aos olhos de madame Blavatsky, ao mesmo tempo, "um *fidei defensor*", um sacerdote católico, um simples *curé*, sobre quem grandemente se lamenta dar-se ao incômodo, e um abade que "joga o solidéu de eclesiástico *ortodoxo* e *papista* aos ventos" e que, "ignorando o verdadeiro esoterismo dos brâmanes e dos budistas, dos gnósticos pagãos e cristãos, bem como da autêntica cabala caldaica, e nada sabendo das doutrinas dos teosofistas . . . . . fabricou para si mesmo um cristianismo seu, um esoterismo *sui generis*". Ela acrescenta:

---

172 Neste caso, tradução do inglês. (N. da T.)

“Confesso que não o compreendi.”

Acredito! Nem eu e nem ninguém mais neste mundo, querida madame, jamais compreenderá como o mesmo homem pode ser ao mesmo tempo “um *fidei defensor*”, um pobre *curé* sobre quem não vale a pena ser incomodado, e um abade privado de sua “batina ortodoxa e papista”. Estes termos colidem entre si como a luz bate na escuridão.[173]

Eu não diria de madame Blavatsky que “está falando aos ventos e aleatoriamente”, como ela diz a meu respeito; porém, tudo isso certamente parece assim e em mais de um lugar. Julguem por si mesmos: se eu levanto a voz um pouquinho, então estou assumindo “um tom ameaçador” com ela. No entanto, ela gentilmente reconheceu que tenho a mansidão, não de um cristão, porque os cristãos, diz ela, “não são nem humildes e nem gentis em suas polêmicas”, mas de um budista.

Ela deveria então estar satisfeita – mas não. Leva a mal que eu fale como um budista. Esta linguagem em minha boca não tem valor para ela. Minha homenagem produz nela o efeito “de um mastro

---

[173] Não seria que estes termos remontam sua origem às próprias cartas, às “Notas” do Senhor Roca? Parecem ser, talvez, *contraditórios* em suas “Notas” e sob o manuseio de sua – hábil – pena, e quando o leitor não dispõe nem de minhas respostas, nem das próprias cartas diante de si – caleidoscópios literários regulares. O Editor de *Le Lotus* faria bem em publicar nossa correspondência, da primeira carta do Senhor Roca à última, juntamente com minhas respostas. A brochura seria interessante, e o público seria mais capaz de julgar quem de nós está errado. – H. P. BLAVATSKY.

ensebado erguido para servir de apoio às futilidades cristãs ligadas a ele em profusão, por uma mão apostólica romana [bom! para esta ocasião me tornei um simples padre de novo] ou uma boneca hindo-teosófica adornada de amuletos papistas" – *Papistas*, entenda!

É realmente difícil satisfazer madame Blavatsky: "Longe de ser intoxicada pelos vapores inebriantes destes elogios", isto a aborreceu. "Confesso, com minha costumeira ´franqueza´ e minha inequívoca rudeza – que me sinto duplamente desconfiada", diz ela. E como me torno sombrio aos seus olhos! Eis os dilemas cujos quatro cornos ela continuamente lança contra mim: "Ou o abade Roca está obstinadamente determinado a não me compreender, ou ele tem algum outro propósito. . . . Acredito que compreendo . . . . ou ele fala aos ventos e aleatoriamente, ou ele deseja me encurralar, forçar-me a me explicar, de modo a obter de mim uma resposta categórica... e assim comprometer-me aos olhos dos cristãos, entre os quais farei novos inimigos – e haverá muito ganho."

Isto é o que ela chama de "meu arranjinho". Não é escandaloso de minha parte! Malvado abade Roca, como pode haver tamanha astúcia num trapaceiro simplório? Deixa para lá! O miserável não terá sucesso em anunciar as mudanças de madame Blavatsky. "O Editor do francês *Lotus* pode estar enganado, contudo a Editora da revista inglesa *Lucifer* teria visto através dele." Cônsules, durmam em paz aos pés do Capitólio! Há sentinelas acima, e ouvireis seus altos brados se os gauleses tentarem escalá-lo.[174]

---

[174] Os *geese* (gansos) [*oies*, em francês] salvaram o Capitólio, mas o *anointed* (ungido) [*oints*, em francês] perdeu Roma. – H. P. BLAVATSKY.

Meu Deus! O que é que eu fiz a esta boa senhora para deixá-la neste estado? É verdade que sou um sacerdote católico (apesar de ter "jogado meu solidéu aos ventos"). E estes sacerdotes, sabe, ela os conhece de cor e salteado! Ela não "passou uma vida inteira estudando os sacerdotes acima citados"? Disseram-me certa vez que a "cristolatria" inspira às vezes tanto horror em certas almas, que elas se tornam cristofóbicas e sacerdotefóbicas. Esperemos que este nunca seja o caso com os budistas, cuja mansidão é inalterável.[175]

Rogo que fique descansada e que não se aborreça por minha causa. Não há motivo para tanto alarme. O abade Roca não é, de modo algum, o que se supõe que seja, e está até mesmo entristecido por ter causado esta ansiedade. Acredite-me, querida madame, nem "eu falo aleatoriamente aos ventos", como espero comprovar para a senhora, nem tenho a intenção de causar-lhe qualquer mal, como poderá ver adiante. Seus temores não têm fundamento; a senhora está procurando segredos onde nada existe, exceto talvez uma grande quantidade de *naïveté*.

---

[175] O abade engana a si mesmo novamente. Não sou nem "cristofóbica", vendo que o Christos impessoal da Gnose aos meus olhos é idêntico ao divino Espírito da Iluminação, nem "sacerdotefóbica", porque tenho o maior respeito por certos sacerdotes. Eu apenas suspeito dos levitas em geral, dos grupos brancos de protestantes, assim como da batina do sacerdote católico. O *odium theologicum* é conhecido por mim pessoalmente em toda a sua fúria. Mas, imbuída dos princípios budistas, não odeio ninguém, nem mesmo meus inimigos. Alguém odeia o raio porque coloca um para-raios no telhado? – H. P. BLAVATSKY.

Eu diria, de bom grado, a madame Blavatsky o que este pobre abade Roca realmente é, se ela não o tivesse já dimensionado melhor do que ele próprio é capaz de fazer por ora. A primeira avaliação desta senhora foi a melhor; ela faria bem se se ativesse a ela. Sim, ela estava mais correta do que imaginava quando me chamou de *otimista*. Reconheço isso agora; sou mais do que otimista, sou um *simplista* facilmente enganado, acostumado como sou a considerar tudo sob o prisma do Santo Evangelho de Jesus Cristo.

II. Custa-me um bocado, mesmo agora, que madame Blavatsky tão cuidadosamente colocou todos os pingos nos "is", diminuir minha admiração e estima por ela. Não! Não posso, ainda não acreditarei que ela e seus Mestres são o que ela tão positivamente afirma.

Simplesmente pense! Concebi muitas agradáveis esperanças quanto ao surgimento desta Teosofia hindu quanto aos primeiros sotaques destas vozes orientais provenientes dos santuários dos Himâlayas, e que despertavam tais ecos harmoniosos em nossas Igrejas Cristãs.[176] Queria tanto acreditar que estes novos Semeadores eram aqueles cujas pegadas Xavier de Maistre fantasiou ter já ouvido nas declividades das montanhas vizinhas. Eu os estava tomando pelos trabalhadores evangélicos de quem Cristo falou aos discípulos: "A colheita verdadeiramente é grande, mas poucos são os trabalhadores para a sua colheita; orai, pois, ao Senhor da colheita que envie

---

[176] Isto já é demais! O quê? "Vozes orientais provenientes dos santuários dos Himâlayas .... despertavam *tais ecos harmoniosos* em suas "Igrejas Cristãs", quando na verdade os sacerdotes destas Igrejas os denunciaram no exato momento em que foram ouvidas na América ou na Índia – como VOZES DE SATÃ! Este é um sentimento róseo, um otimismo contrário a todas as evidências. – H. P. BLAVATSKY.

trabalhadores para a sua colheita." (*Lucas* 10:2; *João* 4:35.) Eu queria convencer-me de que os "Irmãos" eram os Missionários anunciados pelos profetas, que, como nos garante Malaquias, virão para converter o coração dos Pais (do Oriente) ao coração dos Filhos (do Ocidente), e o coração dos Filhos ao coração dos Pais, nossos gloriosos ancestrais das primeiras eras. (*Mal.* 4:5-6, e *Mateus* 11:14[177]).[178]

---

[177] *Mal.* 4:5-6 – Eis que eu vos enviarei Elias, o profeta, antes da vinda do grande e terrível dia do SENHOR; 6 E ele converterá o coração dos pais aos filhos, e o coração dos filhos a seus pais; para que eu não venha e fira a terra com uma maldição. *Mateus* 11:14 – E se vós quiserdes aceitar, este é Elias, o que havia de vir. (N. da T.)

[178] A teosofia hindu – e o abade Roca sabe disso melhor do que ninguém – é declarada por sua Igreja como proveniente do inferno. Os bispos católicos de Bombaim, de Calcutá e de outras grandes cidades indianas ficaram tão assustados com a *harmonia* destas vozes, que desde o início incitaram os *fiéis* a tampar os ouvidos com algodão. Ameaçaram de excomunhão "quem quer que se aproximasse do *antro de feiticeiros* recém-desembarcados da América, *daqueles embaixadores plenipotenciários do Inimigo de Deus e do Grande Rebelde* [sic]". Isto foi dito pelo arcebispo de Calcutá, se me der licença, em 1879. Outro digno e santo homem, um missionário apostólico de Simla, temendo talvez, equivocadamente, um "rival comerciante", no meio de um sermão anunciou minha chegada na residência rural do vice-rei da Índia como "a Pitonisa do Grande Maldito" (no estilo de de Mirville e des Mousseaux). Estavam todos estes "bons padres" surdos então, visto que não ouviram as vozes *harmoniosas*, mesmo que seus narizes estivessem nos Himâlayas? Não é verdade então que, por doze anos, os descendentes de seus "ancestrais gloriosos das primeiras eras" – e por que não acrescentar a (São) Cirilo de sangrenta

Estou, então, enganando a mim mesmo? Sua linguagem me aflige, madame, e não cativará ninguém em lugar algum da Europa, exceto talvez na Turquia.

Haveria, então, se os budistas não se enganam ou difamam a si mesmos, dois teosofistas, um cristão e o outro pagão, e, segundo entendi, há dois misticismos e até mesmo três, de acordo com Gorres; e também duas gnoses ou gnosticismos e dois ocultismos, um ortodoxo e o outro heterodoxo, e novamente, duas cabalas, uma datada de antes de Esdras, e outra a partir dele; e, finalmente, duas magias, uma branca e a outra negra.

Mas então, madame Blavatsky, em lugar de apresentar-me a seus leitores como despojado de todo esoterismo e absolutamente ignorante de toda Teosofia, deveria, me parece, admitir instantaneamente que minha Teosofia e meu esoterismo nada têm em comum

---

memória e a (São) Eusébio de falaciosa memória os *Santos* Padres da Inquisição, os Torquemadas e Cia. – nos seguiram por todas as partes, rasgando nossa reputação em pedaços porque não tinham mais o poder de mutilar nosso corpo com seus instrumentos de tortura? Então todas aquelas pilhas de livros e panfletos, cheios das mais negras calúnias, das mais vergonhosas mentiras, das mais baixas insinuações, emanadas dos missionários, nada mais são que sonhos? Nós as possuímos, contudo, na Biblioteca de Adyar. – H. P. BLAVATSKY.

com a de seus Mestres[179], pela simples razão de que a minha é cristã e a sua é pagã![180]

---

[179] O esoterismo de nossos Mestres (ou melhor, sua divina filosofia) é a dos maiores PAGÃOS da antiguidade. Alhures o abade Roca fala com menosprezo do termo. Responderei a isto mais tarde. Enquanto isso, pergunto se há, em todo o Universo, um homem tão valente (exceto os ignorantes missionários) que fale com menosprezo da religião de Sócrates, de Platão, de Anaxágoras ou de Epiteto! Certamente, eu seria a primeira a escolher a posição de serva do pagão Platão ou de Epiteto, ele próprio um escravo, em preferência a um funcionário do mais alto cardeal de um Alexandre ou um César Bórgia, ou até mesmo de Leão XIII. – H. P. BLAVATSKY.

[180] Foi isto que fiz de todas as formas possíveis. Basta ler minhas "Notas" para certificar-se disso. Sim, há duas Teosofias – uma universal (a nossa), e outra *sectária* (a sua). Sim, há duas Cabalas, a compilada por Simão ben Yohai no *Zohar*, no segundo século (nós dizemos no primeiro), a verdadeira cabala dos Iniciados, que está perdida e cujo original encontra-se no *Livro dos Números* caldeu; e outra, a que existe nas traduções latinas de suas bibliotecas, a Cabala desnaturada por Moisés de León no século XIII, um pseudográfico composto por aquele israelita espanhol, *com o auxílio e sob a direta inspiração* dos cristãos sírios e caldeus, *nas tradições preservadas no Midraschim e fragmentos remanescentes do verdadeiro Zohar*. E é por isso que encontramos aí a Trindade e outros dogmas cristãos, e é por isso que os rabinos, que não tiveram oportunidade de preservar entre as posses de suas famílias alguns capítulos da autêntica Cabala, não querem saber de nada daquela de Moisés de León (a de Rosenroth e Cia.), da qual zombam. Veem antes o que Munk diz sobre o assunto. O misticismo e a Ca-

Bem, se ela não começou por fazer-me justiça no início de sua refutação, ela o fez, e com graça, no final, e agradeço-a por isso.

Eis o que ela diz: "embora na aparência estejamos falando a mesma língua, nossas ideias quanto ao valor e sentido do esoterismo cristão, do esoterismo brâmane-budista e aquele dos gnósticos, são diametralmente opostas". (Quem sabe? Não estou realmente convencido disso, e direi por que adiante.) Ela continua: "Ele tira suas conclusões e seus dados esotéricos de fontes que eu não reconheço, uma vez que são de invenção moderna (não tão moderna, madame, como a senhora o verá), ao passo que estou falando a ele na língua dos antigos Iniciados e ofereço-lhe as conclusões do esoterismo arcaico. . . ."

Ao que eu respondo que é preciso admitir, se absolutamente necessário, a coexistência de dois esoterismos, pois o erro é provavelmente tão antigo quanto a verdade, pelo menos em nossa Terra, mas

---

bala em que o abade e outros se baseiam para obter dados vêm a eles, pois, de Moisés de León, assim como seu sistema de Sephiroth vem a eles de Tholuck (l.c., pp. 24 e 31), sua grande autoridade. Foi Hây Gaôn (morto em 1038) que pela primeira vez desenvolveu o Sistema Sephirothal como o temos agora, *i.e.*, um sistema que, como o *Zohar* e outros livros cabalísticos, foi filtrado na Idade Média na Gnose já desfigurada pelos cristãos dos primeiros séculos. – H. P. BLAVATSKY.

[A referência a Tholuck, encontrada na nota de rodapé acima, é equivocada. Ocorreu uma vez antes de maneira idêntica, a saber, no ensaio de H.P.B. sobre "O Caráter Esotérico dos Evangelhos". *Vide*, pp. 216 e 238 do Volume VIII, da presente Série, onde a verdadeira fonte desta referência é plenamente explicada nas Notas do Compilador. – *Compilador*.]

em nenhum caso é possível admitir a prioridade da fonte alterada sobre a pura.[181]

Madame Blavatsky, se estivesse certa, teria nos prestado um grande serviço, contudo para seus próprios Mestres o pior serviço possível, em abrir nossos olhos como ela o fez ao *paganismo* de suas doutrinas. O termo é sério, porém foi ela que o pronunciou primeiramente (observe este ponto!), e me compele a repeti-lo.[182]

---

[181] Precisamente. Ora, como a teologia cristã é a mais jovem, e como até mesmo o *judaísmo de Esdras* é apenas 400 anos mais velho, segue-se que a fonte ariana, da qual os Arhats de Gautama beberam, tendo prioridade, deve ser a *fonte pura*, ao passo que todas as outras foram alteradas. Parece, então, que estamos perfeitamente de acordo, às vezes. – H. P. BLAVATSKY.

[182] Não nego isso. Não sendo nem cristã, nem judia, nem muçulmana, devo necessariamente ser *pagã*, se a etimologia científica do termo significar alguma coisa. O abade Roca dá a impressão de pedir desculpas por usar a expressão que repete. Diríamos que ele está tentando persuadir os leitores de que foi apenas um *lapsus calami*, um *lapsus linguae*, ou seja lá o que for! Nada disso. Qual é a origem da palavra *pagão*? *Paganus* significava, nos primeiros séculos, um habitante da aldeia, um aldeão, se preferir, alguém que, por viver muito longe dos centros do novo proselitismo, permaneceu (felizmente para ele, talvez) na fé de seus pais. De acordo com a Igreja Latina, tudo o que não é *pervertido* à teologia sacerdotal é *pagão*, idólatra e vem do diabo. E o que a etimologia romana, cuja adoção era imposta sobre outros povos pelas circunstâncias, importa para nós? *Sou democrática*, no verdadeiro sentido da palavra. Respeito a tradição das nações, o povo do campo e da natureza, o trabalhador honesto desdenhado pelo rico. E digo bem alto

Se as asserções que vou reproduzir estão bem fundadas, segue-se, claramente, que *Monsieur* de Saint-Yves estava absolutamente certo quando escreveu: "Chegará um tempo em que novos missionários *judaico-cristãos* [e não *pagão-budistas*] restabelecerão uma comunhão perfeita baseada na ciência e no amor com todos os outros centros religiosos da Terra."[183]

Descobrir-se-á que estes missionários judaico-cristãos são necessariamente os legítimos herdeiros da casta sacerdotal egípcio-caldaica, pois Moisés, como todos sabem, foi iniciado em todas as gnoses dos santuários do Egito ("*Et eruditus est Moyses omni sapientia Aegyptiorum. . . .*" – *Atos* 7:22[184]). Estes santuários derivavam-se, por sua vez, por uma estrada ascendente, daquela Igreja misteriosa e primitiva dos protogonos "*quorum nomina sunt inscripta in coelis*", de acordo com o ensinamento solene de São Paulo (*Heb.* 12:23[185]).[186]

---

que prefiro ser *pagã* com os camponeses do que católica romana com os príncipes da Igreja, a quem dou pouca importância, conquanto que não os encontre em meu caminho. Mais uma vez, o abade Roca está cometendo um *fiasco*. *Vide* nota 6. – H. P. BLAVATSKY.

[A nota 6 é a nota de rodapé da p. 421 do presente Volume*, que começa com: "O esoterismo de nossos Mestres" – *Compilador*.]

* Volume IX dos *Escritos Compilados de H.P. Blavatsky*. (N. da T.)

183 *Mission des Juifs*, p. 178. [Cap. IV, p. 198, na edição de 1884.]

184 *Atos* 7:22 – E Moisés foi instruído em toda a sabedoria dos egípcios, e era poderoso em suas palavras e atos. (N. da T.)

185 *Heb.* 12:23 – à igreja e assembleia geral dos primogênitos, que estão inscritos no céu, e a Deus, o juiz de todos, e aos espíritos dos homens justos aperfeiçoados; (N. da T.)

186 [A redação da Vulgata é diferente, a saber: "Et Ecclesiam primitivorum, qui conscripti sunt in coelis, et judicem omnium Deum, et spiritus justorum

Facilmente ascendemos os degraus daquela gloriosa genealogia na esplêndida obra do autor da *Mission*.

Madame Blavatsky poderá ver, com isso, que as fontes das quais os católicos se valem não são da invenção moderna, como ela gosta de afirmar.[187]

A tese do marquês de Saint-Yves emerge vitoriosamente das próprias asserções de minha erudita antagonista.[188] Eu deveria per-

---

perfectorum." – *Compilador.*]

187 Sinto contradizê-lo novamente, e sempre. Aos meus olhos, as fontes trazidas pelos católicos são extremamente modernas em comparação com os *Vedas*, e mesmo com o budismo. Os "ensinamentos solenes" de São Paulo datam do século sexto ou sétimo – quando, revisadas e totalmente corrigidas, suas *Epístolas* foram finalmente admitidas no Cânone dos Evangelhos, após terem sido exiladas deles por vários séculos – e não desde o ano 60. De outro modo, por que deveria (São) Pedro ter perseguido seu inimigo Paulo, personificando-o sob o nome de Simão Mago, um nome que se tornou tão genérico quanto o de um Torquemada ou um Merlin? – H. P. BLAVATSKY.

188 Eu realmente temo que a tese de *Monsieur* (*le Marquis de*) Saint-Yves emerja de minhas mãos não mais vitoriosa do que os sonhos róseos e o otimismo de meu honrado correspondente. As fontes encontradas aqui não ascendem mais alto do que as visões pessoais do erudito autor. Nunca li o trabalho completo, porém foi o bastante para mim ler as primeiras páginas e uma revisão manuscrita de um de seus ferventes admiradores, para assegurar-me de que nem os dados esotéricos da literatura sagrada dos brâmanes, nem as pesquisas exotéricas

dos sanscritistas, nem os fragmentos da história dos Âryas de Bharatavarsha, nada, absolutamente nada que é conhecido pelos maiores pânditas do país, ou mesmo pelos orientalistas europeus, apoia a "tese" que o abade Roca me apresenta. O livro eclipsa como uma ficção erudita as obras de Júlio Verne, e o abade pode bem comparar minhas "contradições" com as obras de Edgar Poe, o Júlio Verne do misticismo americano. A obra é inteiramente destituída de qualquer base histórica ou mesmo tradicional. A "biografia" de Râma ali é tão fictícia como a ideia de que a Kali-Yuga é a Idade de Ouro. O autor é certamente um homem de grande talento, mas a fantasia de sua imaginação é mais notável que sua erudição. Os teosofistas hindus estão prontos para pegar a manopla, se ela lhes for atirada. Que o abade Roca, ou qualquer outro admirador da *Mission,* se deem ao trabalho de transcrever todas as passagens que mencionam Râma e os outros heróis da antiga Aryâvarta. Que eles apoiem suas afirmações em provas *históricas* e nos nomes dos autores antigos (dos quais não encontramos rastro em sua obra). Os teosofistas hindus e outros teosofistas responderão e derrubarão uma a uma todas as pedras da alvenaria baseada na etimologia fonética do nome de Râma, do qual o autor fez uma verdadeira Torre de Babel. Daremos todas as provas históricas, teológicas, filológicas e, acima de todas, lógicas. Râma nada tinha a ver com as Py-Ramides (!!), nada igualmente com os Ramsés, nem mesmo com Brahmâ ou os brâmanes, no sentido desejado; e menos ainda com as "Ab-Ramides" (!!?). Por que não Ram-bouillet, neste caso, ou "le Dimanche des Rameaux"? *Mission des Juifs* é um romance muito bom, uma fantasia admirável; no entanto, o Râma encontrado ali não é mais o Râma dos hindus do que a Baleia que engoliu Jonas é a baleia do zoológico que se diverte nos mares do Norte e do

der uma ilusão; eu deveria confirmar minhas convicções totalmente cristãs.

Os teosofistas hindus teriam, então, dado sua plena medida. Quanto à própria Teosofia, ela certamente não perderia nada de seu caráter universalista. Madame Blavatsky reconhece que "Teosofia não é nem budismo, nem cristianismo, nem judaísmo, nem maometanismo, nem hinduísmo e nem qualquer outro *ismo*: é a *síntese esotérica* das religiões e filosofias conhecidas". É verdade que, aos olhos dela, não é também cristianismo; mas aventuro-me a pensar que ela se engana nesse ponto. Do meu modo de pensar, a verdadeira Teosofia é indistinguível do real cristianismo, do cristianismo integral, científico, tal como é concebido pelo autor de *Mission*, por católicos esclarecidos, cabalistas ortodoxos e os joanitas da escola tradicional de Joaquim de Floris, de João de Parma, dos franciscanos e carmelitas, a quem Renan dedicou a mais erudita de suas obras críticas, que certamente não é *Vida de Jesus*. (Ver a dissertação de Renan sobre *The Eternal Gospel of Joachim of Floris*, publicada na *Revue des Deux-*

Sul. Não objeto, de forma alguma, os cristãos engolirem a baleia e Jonas se tiverem apetite, porém recuso-me absolutamente a engolir o Râma de *Mission des Juifs*. A ideia fundamental daquela obra deliciaria aqueles ingleses que buscam a honra de provar que a nação britânica descende em linha direta das Dez Tribos de Israel; daquelas tribos que *se perderam antes de terem nascido*, pois os judeus nunca tiveram mais que duas tribos, das quais uma era apenas uma casta, a tribo de Judá, e a outra, a de Levi, a casta sacerdotal. As outras eram apenas os signos personificados do zodíaco. O que pode Râma ter a ver com tudo isso? – H. P. BLAVATSKY.

-*Mondes*, Vol. 64, começando com a primeira parte do exemplar de 1º de julho de 1866, pp. 94-142.)

III. Quanto a mim, eu esperava, em minha simplicidade infantil – não disse e repeti isso o bastante em meus primeiros artigos no *Le Lotus*? – que os "Sábios" dos Himâlayas também tomassem parte eles próprios na construção daquela bela e gloriosa Síntese Teosófico-Cristã. Era isso um sonho? Deveria ser renunciado? Bem, não, certamente ainda não, não tão cedo!

Madame Blavatsky, está claro, não cede nem um palmo; ela ataca com uma mão rápida e viva: "eu coloquei um extintor nas esperanças róseas que brilham na chama de sua primeira carta ... porque não pude levar a sério os simples elogios civilizados dirigidos aos Mahātmans *pagãos* por um cristão e abade francês". O termo está lá, mas eu o sublinhei, e por boa razão.

Ah! Madame, o que a senhora tomou por simples elogios não era uma cilada! Era uma expressão sincera, senão de uma convicção firmemente estabelecida, pelo menos de um desejo ardente e uma vontade inteiramente a seu favor. Cristo poderia muito bem progredir sem os budistas, se necessário, mas os budistas não poderiam avançar sem ele, certamente ... e a senhora não tenciona passar sem ele também, inteligente como é.[189] Não me desespero em dissipar o mal-entendido. Ali certamente há um.

---

[189] Permito-me responder que Buda é 600 anos mais velho que Jesus (confundido com o Christos). Os budistas, contudo, cujo sistema religioso foi cristalizado desde seu último Conselho eclesiástico, que precedeu o primeiro Conselho da Igreja Cristã por vários séculos, têm sido capazes de avançar muito bem sem o Cristo inventado por esta última. Eles têm o seu

Não me arrependo de uma única palavra que publiquei, em vista da concordância de *Le Lotus* e alhures, pois se, por um lado, recebi golpes inteligentes e gracejos amargos, por outro, tive a vantagem de ter apresentado prova de boa-vontade, grande tolerância e fraternidade inteiramente cristãs – senão budistas.

Buddha, que é o seu Cristo. A religião deles, que transcende em sublimidade moral tudo o que até aqui foi inventado ou pregado neste mundo, é mais antiga que o cristianismo, e tudo o que é bom no Sermão da Montanha, *i.e.*, tudo o que se encontra nos Evangelhos, já se encontrava há séculos nos Aforismos de Gautama o Buda, nos de Confúcio e na *Bhagavad-Gîtâ*. O que o abade Roca quer dizer quando diz que os budistas "não poderiam avançar sem ele [Cristo], certamente", quando avançaram bem sem ele por mais de 2.000 anos? O que ele está tentando insinuar ao falar de mim da mesma maneira? Tenho a honra de dizer-lhe que houve um tempo em que eu acreditava, como ele acredita; houve um tempo em que eu era idiota o bastante para acreditar no que nunca foi comprovado para mim. No entanto agora, não acreditando mais em tais coisas e chegando aos sessenta, não é provável que eu seja apanhada na arapuca dos bons sentimentos. Não, não há qualquer "mal-entendido". Se, apesar de todo o meu cuidado em colocar pingos nos "is", ele persiste em não querer me entender, ele demonstra má-fé. Pode ser que ele queira cavar uma polêmica impossível porque, não sendo capaz de responder meus argumentos com provas do mesmo peso, ele, não obstante, quer dar a palavra final. Neste caso, rendo-me a ele com prazer. Não tenho realmente nem tempo e nem desejo de lutar com moinhos de vento. – H. P. BLAVATSKY.

Minha honrada correspondente gaba-se de ter derrubado meu edifício. Ela diz: "Ele desintegrou-se com um sopro de vento, como um castelo de cartas .... e não foi culpa minha." De quem foi a culpa, então? Certamente não é minha também, e ficaria triste se tivesse compelido madame Blavatsky a destruir aquela fundação, porque ela teria trabalhado contra si mesma e não contra mim. É verdade que ela teria destruído minhas esperanças. É verdade também que ela teria partido meu coração de francês, um europeu, e um sacerdote de Jesus Cristo. Mas, com o mesmo golpe, ela teria destruído a si mesma, e, nesse caso, com base em que estaria ela se congratulando?[190]

---

190 O abade é realmente muito sensível. Agradeço-lhe a solicitude tão . . . cristã, a meu humilde ser; mas com o risco de "partir seu coração" mais uma vez, a verdade compele-me a dizer que, de forma alguma, entendo sua obstinação, apesar de meus protestos, em lamentar minha sorte. Infelizmente para ele, tenho muito pouca suavidade em minha natureza. Não será ele que me instruirá. Se ele continuar suas lamúrias ao som de "My Aunt Aurora" (Minha Tia Aurora), ele irá edificar os leitores de *Le Lotus* menos ainda do que eu. Que ele se acalme e deixe seu coração aflito ser consolado. *Os que desejam me destruir não podem fazê-lo*. Não estou em perigo. Outros, mais fortes que ele, tentaram dobrar-me a suas ideias, ou me abater. Mas tenho uma epiderme de *tártara*, parece; nem ameaças coroadas com as flores de sua retórica e pulverizadas com os matizes róseos claros de sua poesia, nem os elogios endereçados a "minha inteligência" me afetarão. Aprecio em seu exato valor seu desejo de confundir os dois esoterismos: o esoterismo cristão e o dos antigos Iniciados da submersa Atlântida. Isto não me impede de ver que seu desejo está baseado no terreno de "Castelos da Espanha". Os dois esoterismos se deram muito bem um sem o outro ao longo de séculos,

IV. Pois então. O que significa isso? Privar Cristo de suas grandes conquistas? Fazer retroceder a civilização inaugurada sob seus auspícios? Destruir seus altares no Ocidente? Desenraizar seu nome de nosso solo? Cuidado! Renan, o mesmo Renan que madame Blavatsky invoca contra mim, exclamaria: "*Tirar este nome do mundo hoje seria sacudi-lo até suas fundações!*" (*Life of Jesus* – Vida de Jesus.)

Tarde demais! Ele é o Mestre, seu espírito tornou-se nosso espírito universal para sempre, sua alma passou para nossa alma. Cristo e o cristianismo estão de ora em diante fundidos em um só. Os princípios de seus Santos Evangelhos, todas as ideias de fraternidade, tolerância, solidariedade, união, mutualismo e tantas outras estão associadas à gloriosa trilogia de nossa imortal Revolução, estão se preparando para triunfar com os próprios princípios da civilização moderna, que carregará seus benefícios para todas as partes do mundo, até mesmo para aquele Oriente que ainda não os compreendeu e que tentará sufocá-los em seu berço no Ocidente. Piedade de Deus!

Deus do céu! Que empreitada! Uma de minhas ideias foi chamada de "*barroca*"; de que chamaremos esta outra, se ela realmente tiver origem em um cérebro? Não podemos ver o que está acontecendo? Tremores em todas as partes! E estamos meramente no alvorecer do *Novo Dia*. O Sol, que é Cristo, o "Cristo Solar", como dizem os cabalistas, este sol ainda não se ergueu sobre nós; mas o alvorecer é belo, pleno de radiância, de perfume, de esperança! E alguns dese-

---

e podem viver lado a lado, sem se chocarem demasiadamente, pelo resto da *Kali-Yuga*, a negra e fatal idade, a era das causas e dos efeitos sinistros, que não a impediu de ser representada na França como a Idade de Ouro – um dos erros aceitos pelo abade Roca com aquela fé inocente tão característica dele. – H. P. BLAVATSKY.

jarão interromper a marcha ascendente daquele orbe! Que falta de sentido! Não, nem o Sena, nem outro rio qualquer da Europa, verá o que o Nilo viu, nas palavras de Lefranc de Pompignan:

> O Nilo tem visto em seus barrancos
> Os negros moradores do deserto
> Insultam, com seus gritos selvagens
> A Estrela Radiante do Universo

pois então aconteceria o que o poeta canta na mesma estrofe:

> Crime débil, estranhos frenesis!
> Enquanto estes monstros bárbaros
> Lançam seus clamores insolentes,
> O Deus, seguindo seu caminho,
> Derrama torrentes de luz
> Sobre seus obscuros blasfemadores!

Não é possível. Não. Não! O cristianismo jamais terá de repelir tal tentativa. Não pode ser isso o que madame Blavatsky quiz dizer.[191]

---

[191] O abade está enganado. Minha ideia é exatamente esta. Os "blasfemadores obscuros" de quem ele fala são os cristãos dos primeiros séculos, aqueles grupos catequistas-bandoleiros, de ladrões esfarrapados e imundos, oriundos dos esgotos das províncias romanas e posando de "guardas de honra" de sua *Santidade*, os Cirilos de criminosa memória, os açougueiros da Santa Igreja – este cassetete sanguinário de quase dezessete séculos. – H. P. BLAVATSKY.

V. Entretanto, aqui estão afirmações terríveis, ou negações corajosas; contudo elas revelam seu significado, no meu entender, e direi como.

"Nego *in toto*", exclama ela, "o Cristo inventado pela Igreja, bem como todas as doutrinas, todas as interpretações e todos os dogmas, antigos e modernos, concernentes a este personagem. . . . . Tenho a maior aversão pela *cristolatria* das Igrejas. Detesto os dogmas e doutrinas que degradaram o Christos ideal, tornando-o um fetiche antropomórfico absurdo e grotesco. . . . Jesus crucificado nada foi mais que uma *ilusão*, e sua história uma alegoria. . . . Para mim Jesus Cristo, *i.e.*, o Homem-Deus dos cristãos, copiado dos Avatâras de outros países, do hindu Krishna ao egípcio Hórus, nunca foi uma pessoa *histórica*. Ele é uma personificação deificada do tipo glorificado dos grandes Hierofantes dos Templos, e sua história, conforme contada no Novo Testamento, é uma alegoria."[192]

Estas negações, sem dúvida, são graves, e é evidente que, nestes termos e com base nisso, nenhum entendimento seria possível, nenhuma concordância poderia ser esperada entre cristãos e budistas.[193]

Mas podemos, alegremente, virar a questão, apresentá-la sob outro aspecto, e resolvê-la favoravelmente. Vamos tentar. Uma palavra apenas me embaraça mais do que as anteriores; foi a que sub-

---

[192] Exatamente, o abade tem uma memória extraordinária – H. P. BLAVATSKY.

[193] O abade está certo. Nenhuma concordância é possível entre a cristolatria dogmática das Igrejas, seu deus antropomórfico e os Esoteristas Orientais. O *verdadeiro* cristianismo morreu com a gnose. – H. P. BLAVATSKY.

linhei acima, na passagem de madame Blavatsky, que chamou a si mesma e aos Mahātmans de PAGÃOS. Temos que levar esta estranha expressão a sério? Não penso assim. Deve haver um equívoco aí, um *quid pro quo*.

Acredito que nada no mundo é menos pagão do que os conceitos de "Irmãos" e seus adeptos.[194] Minha nobre companheira dirá se estou enganado, depois de dar-me a honra de ouvir muito atentamente. Suplico-lhe que reflita bem sobre o assunto, e, acima de tudo, não imagine que há uma armadilha escondida sob minhas palavras. Minha fala é franca, límpida como um cristal.

Vejamos, querida madame, se a senhora tem um claro entendimento do significado encoberto pela palavra *pagão* na mente europeia, e de acordo com todos os nossos léxicos. (Ver entre outros, Quicherat, que acabei de *consultar novamente*). Os pagãos, do latim *pagani*, de *pagus*, vila ou aldeia, eram os *pago-dedite*, os aldeões, os interioranos, os idólatras ignorantes que tomavam os sinais sagrados, os símbolos religiosos, por realidades divinas. Como podemos imaginar que os Mahātmans e madame Blavatsky são esse tipo de gente? Estou convencido do contrário.[195]

---

194 Vou me explicar pela última vez. Os "Irmãos" e "Adeptos", não sendo nem cristãos, nem judeus, nem muçulmanos, são, necessariamente, como eu, *pagãos*, gentios para todos os cristãos; assim como estes, e acima de tudo os católicos romanos, são puros *idólatras* para os "Irmãos". Está claro? O Cristo do abade Roca disse: "Não ireis pelo caminho dos gentios, nem entreis em nenhuma cidade samaritana" (*Mateus* 10:5). Estou chocada em ver o abade fazer tão pouco da ordem de seu Mestre! – H. P. BLAVATSKY.

195 Sinto, naturalmente, como sempre, dissipar sua doce ilu-

Evidentemente, não é o que esta erudita senhora tencionava declarar assim como ela não pretendia apresentar-se como anticristã ao maltratar tanto este Cristo, o Homem-Deus, a quem ela não vê demonstrar clara e completamente sua existência histórica, pela prova experimental que o filósofo empregou quando provou o movimento ao caminhar em frente aos que o negavam. Cristo vive conosco de outra maneira que como uma vã abstração, pois ele está prestes a transformar nosso mundo e reverter seus dois polos, colocando acima o que estava embaixo, e levando para baixo o que estava no alto, justamente como ele declarou. Temos realmente olhos e não vemos?[196]

Sei o que madame Blavatsky dirá disso... Estamos chegando lá. Enquanto isso, a defrontarei com suas próprias palavras, neste

---

são, querido *Monsieur*. Eu precisava dessa aula de etimologia, e agradeço o abade Roca por isso. Imagino, contudo – embora não seja tão indiscreta de perguntar sua idade –, que eu já sabia tudo isso que ele acaba de me ensinar antes que madame sua mãe tivesse colocado suas pernas em suas primeiras calças. Os *pagani* ou pagãos podem ter sido ignorantes aos olhos dos mais ignorantes do que eles – aqueles que aceitaram por moedas cunhadas o asno de Balaam, a baleia de Jonas, e a cobra que caminhava sobre a cauda –, todavia não eram mais ignorantes por tudo isso. Como os mais sérios dos livros falam de Platão, Homero, Pitágoras, Virgílio etc., etc., sob o nome de "filósofos e poetas *pagãos*", os *Adeptos* estão em boa companhia. A liçãozinha é tão inútil quanto afetada. Sou uma *pagã* para os cristãos, e me orgulho disso. Disse alhures: prefiro de longe ser uma pagã com Platão e Pitágoras, do que uma cristã com os papas. – H. P. BLAVATSKY.

[196] [Expressões encontradas em *Jó* 5:11, e *Isaías* 26:5. – *Compilador*.]

momento tão adequadas e corretas; diz ela: "Tenho o maior respeito pela ideia transcendental do *Christos* (ou Cristo) universal que vive na alma do bosquímano e do selvagem zulu, bem como na do abade Roca." Entretanto, veremos que acabaremos por encontrar o x da dificuldade e por resolvê-la cientificamente, talvez até mesmo por nos encontrar em perfeita concordância. "Tanto melhor, tanto melhor", repetirei diante dela.

A dificuldade que ela sente em admitir um Cristo *carnalizado*, como ela diz, não durará para sempre, espero. Seus olhos são feitos para ver claramente.[197]

Indubitavelmente, um "adjetivo pessoal não pode ser aplicado a um princípio ideal", conquanto permaneça no estado de um Ideal abstrato: mas é *Χριστός*, ou Cristo Universal, *que vive em nossa alma*,

---

[197] Assim espero. E é exatamente porque meus olhos veem claramente, talvez antes mesmo de meu estimado correspondente ter nascido, que não desejo voltar à escuridão egípcia dos dogmas eclesiásticos. Jamais aceitarei as invenções de Irineu, de Eusébio, de Jerônimo ou de Agostinho. A "gnose ortodoxa" é blasfêmia aos meus olhos, um pesadelo medonho que transforma o Espírito Divino em um cadáver de carne putrefata e veste-o com roupas humanas baratas. Reconheço apenas a Gnose de Márcio, Valentino e outros tais. Dia virá em que o Esoterismo Oriental prestará o mesmo serviço à Europa cristã que Apolônio de Tiana prestou em Corinto a seu discípulo Menipo. O bastão dourado será esticado até a Igreja de Roma, e o vampiro que vampirizou os povos civilizados, desde Constantino, reassumirá sua forma espectral, demoníaca de incubus e sucubus. Assim seja! *Om mani padme hum*! – H. P. BLAVATSKY.

uma mera ideia, em sua opinião, um Princípio absolutamente impessoal? Tenho ciência de que ela disse *sim*, contudo ela disse também que os Mahātmans são pagãos. Há confusões aqui que precisam ser dissipadas.

VI. Cristo, de acordo com a Gnose ortodoxa, é isto: ele é o Filho engendrado de toda a eternidade no adorável arcano das *Processões internas da Essência divina*; ele é a Palavra viva, consubstancial ao Pai, de quem São João fala; ele é o *Lúmem de Lumine* do símbolo Niceno, cantado nas Igrejas Cristãs de todos os ritos e todas as seitas (exceto a *Filioque* da Igreja Ortodoxa Greco-Russa)[198]. Esta mesma Palavra foi concebida antes de todos os séculos e fora do Círculo essencialmente divino, por Ochmah, ou o Princípio feminino emanado[199], ou,

---

[198] No entanto, o *Filioque* da Igreja Ortodoxa Greco-Russa é o que está mais próximo do Esoterismo do Oriente. – H. P. BLAVATSKY.

[199] Se, por "Ochmah", o abade se refere a *Chokhmah*-Sabedoria (foneticamente escrito às vezes Hochmah), está totalmente enganado de novo. Hochmah não é o "Princípio feminino", mas o masculino, uma vez que é o "Pai", *Yah*, ao passo que *Binah*, Inteligência ou Jeová, é o Princípio feminino, "a mãe". Eis o triângulo superior dos 10 Sephiroth:

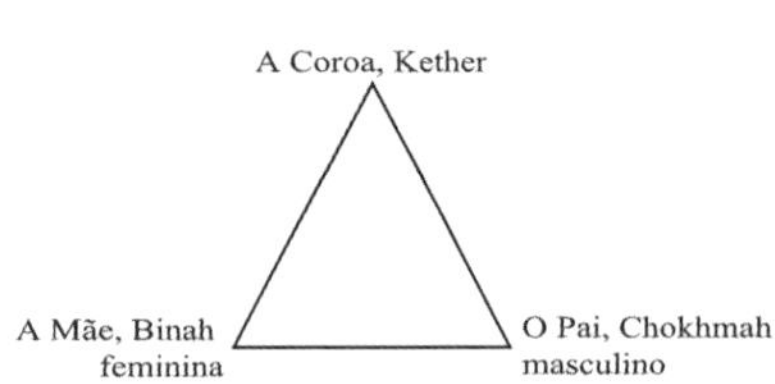

Kether é o ponto mais elevado (*Eheieh*, Ser). O Microprosopo, o Filho, emana de dois Sephiroth, Chokhmah (ou melhor *Chokhma*, pois a letra H foi acrescentada pelos cabalistas

ainda, a Sabedoria viva, imaculada e fecundada por Ensoph[200], que é o Princípio masculino, emitido por Deus, e chamado Espírito Santo (talvez o Akâśa[201] dos hindus)[202].

---

cristãos) e Binah, os dois pontos inferiores do triângulo. Mas onde o abade estudou a cabala? – H. P. BLAVATSKY.

200 En-Soph nunca foi o "Princípio masculino", nem Parabrahm. En-Soph é o Incompreensível, o Absoluto, e não tem sexo. A primeira lição no *Zohar* ensina-nos que En-Soph (o *Não*-Ser, pois é o Ser Absoluto *per se*) não pode criar. E não sendo capaz de criar o Universo (que é apenas um reflexo de En-Soph no plano objetivo), pode ainda menos *engendrar*. – H. P. BLAVATSKY.

201 Âkâśa não é o Espírito Santo, porque então Âkâśa seria *Shekhinah*, ao passo que Âkâśa é o número do Setenário Cósmico, cuja alma é Éter. *Shekhinah* é um princípio feminino, assim como o Espírito Santo o era para os primeiros cristãos e gnósticos. Jesus disse no *Evangelho dos Hebreus*: "Agora mesmo a minha mãe o Espírito Santo puxou-me por um dos meus cabelos, e levou-me para o grande monte Tabor." [Orígenes, *Comm. in Evang. Joannis*, tom. II, p. 64.] Bem, realmente, se é isto o que os senhores "sacerdotes católicos" ensinam para seu rebanho, dificilmente posso congratulá-los, e sinto por eles. Parece, afinal, que o abade está certo em dizer que seu Cristo "reverteu seus dois polos, colocando acima o que estava embaixo, e levando para baixo o que estava no alto" (*vide supra*). Toda a Cabala e os Sephiroth tiveram sua parte nisso, e o cérebro dos cabalistas também. – H. P. BLAVATSKY.

202 Madame Blavatsky conhece tão bem como qualquer um o valor esotérico deste hierograma sagrado: ⏀, o qual, quando separado *ab intra*, fornece I e ◯, que formam, por sua con-

Ora, nós, sacerdotes católicos, ensinamos que este mesmo Filho, esta mesma Palavra, se fez carne: *Verbum caro factum est* (*João* 1:14 – Credo Niceno). Eis em poucas palavras: Este único Filho, esta Palavra concebida de toda a eternidade pelo Pai-Mãe, que é Deus ⏀, criado então por En-Soph, I, no seio de Ochmah, ◯, veio para nossa Terra, *o polo sul da Criação*, para tomar um corpo e uma alma como as suas, mas não um Espírito, marque bem, não uma personalidade humana. Não há duas pessoas em Homem-Deus, há apenas a Pessoa do eterno Filho, do *Princípio*, como ele chama a si mesmo (*João* 8:25); mas há duas naturezas, a natureza *presumida* que é a sua, madame, que é a minha, assim como é a do selvagem bosquímano e do zulu, assim como é a do maior patife que há sobre a Terra.

O homem nada teve a ver com esta *concepção genérica*; este mistério foi realizado dentro de uma Virgem, e poderia ter sido realizado somente ali. Como esta Virgem não é outra, senão Ochmah, o próprio Princípio feminino, a Esposa de En-Soph, a imaculada Sabedoria revestida de corpo[203], como uma preliminar para causar a mesma Palavra, ela já havia concebido pelo Espírito Santo no polo norte da Criação, para passar para a *Natureza humana*[204]; e ela veio,

---

junção *ad extra*, o número 10, o número simbólico de toda a Criação.

203 Nenhum iniciado ignora o fato de que espíritos se revestem para descer e despem-se para reascender.

204 Já tive a honra de dizer ao abade Roca que seu "Ochmah" (Chokhmah, então, por favor) era um princípio masculino, o "Pai". Deseja ele tornar a Virgem Maria um Macroprosopo barbado? Que ele abra o *Zohar* e aprenda ali a hierarquia dos Sephiroth, antes de dizer e escrever coisas que são . . . impossíveis. Eis o que o *Zohar* de Rosenroth diz, conforme tradu-

com o nome de Maria, para conceber novamente no polo sul, a fim de colocá-lo ao alcance dos caídos.

Daí a expressão ocorrer tão frequentemente nos Pais da Igreja: "*Prius conseperat in mente quam in corpore, prius in coelis quam in terris*". Refiro-me aqui a coisas perfeitamente inteligíveis, se não para todos, pelo menos para uma compreensão de mente aberta, como é a de madame Blavatsky.

Prevejo o que ela responderá; de fato já está em seu artigo. Ela dirá: a Encarnação da Divindade na Humanidade é "a Apoteose dos Mistérios da Iniciação. O Verbo feito carne é a herança da raça humana etc.". Nada mais verdadeiro. Esta linguagem é absolutamente católica. Também é verdade, como ela acrescenta: "O *vos Dii estis* aplica-se a todo homem nascido de mulher". Eis a maneira como explicamos isto à luz do *Zohar*:

A Humanidade Astral, ou Adão-Eva original e universal, formava, antes da Queda, um corpo integral e homogêneo do qual o Cristo divino era o Espírito, senão a alma. A alma dele era antes Ochmah, ou Sabedoria imaculada. A Queda aconteceu – não determinarei sua causa nem sua natureza agora, de modo a não criar duas controvérsias desde logo. Este fato, bem conhecido de madame Blavatsky, mas explicado de forma diferente por ela, ocasionou o

---

ção de Ginsburg: *Chokhmah* ou "Sabedoria" (חכמה), o poder (ou princípio) ativo e masculino, representado no círculo dos nomes divinos por *Jah* (חי). Ver *Isaías*, 26:4 – "Confiai vós no SENHOR", (חי)" etc. Caso Jah seja traduzido como "Eterno", como na bíblia francesa de Ostervald, ou mesmo "Senhor Deus", na versão inglesa, ele é sempre Deus, o Pai, e não a mãe-*deusa*, Maria. – H.P.B.

deslocamento deste grande corpo – se pudermos chamar por este nome as Constituições biológicas do polo espiritual ou polo Norte. Minha antagonista expressaria isto de forma diferente; ela diria que a Humanidade passou de um estado de Homogeneidade, ou Celeste, para um estado de Heterogeneidade, no qual se encontra na Terra. Que seja, estou disposto aqui a ignorar a ideia de pecado implicada em nosso dogma. De qualquer forma, ela foi compelida a tocar nesta questão, muito embaraçosa para ela, da origem do mal; ela livrou-se tanto quanto pôde, contudo não de forma brilhante.[205] A Cabala explica isto muito melhor, e *The Eternal Gospel* (O Evangelho Eterno), impresso em Londres em 1857 (Trübner and Co., 60 Paternoster Row), lança uma vívida luz sobre este mistério. Tem pouca consequência para o ponto principal de nossa discussão.

O que é certo é que o mal desola a Terra, e todos sofremos com isso. Os budistas estão condenados por seu sistema a atribuir a Deus uma paternidade singular com a *vos Dii estis* interpretada de sua maneira. Não apenas o selvagem bosquímano e zulu, mas também Cartouche, Mandrin e Troppmann[206] podem utilizar o nome e pensar que podem usar o título de Filhos de Deus. Uma bonita família,

---

[205] Não sou eu que tenho de dizer se me livrei de forma brilhante ou não. Pelo menos sempre sei do que estou falando, e o verdadeiro valor bem como do significado das palavras e nomes que uso, o que não é sempre o caso do abade Roca. Sinto dizê-lo, mas antes de dar lições aos outros, talvez fosse melhor que ele estudasse a Cabala elementar. – H.P. BLAVATSKY.

[206] [A referência aqui é a três famosos criminosos franceses, a saber: Louis Dominique Cartouche, ladrão (n. cerca de 1693; executado em 28/11/1721), Louis Mandrin, bandido e salteador de estrada (n. 1724; executado em 26 de maio de 1755) e Jean Baptiste Troppmann, assassino (n. 1849; exec. em Paris, em 19/01/1870). – *Compilador*.]

em verdade.[207] O ensinamento cristão, sem defraudar aquelas pobres criaturas de sua herança paternal, pelo menos toma a precaução de impor a elas um comportamento apropriado. Oferece-lhes os meios, tanto racionais quanto justos e fáceis, de reafirmarem-se nas condições primordiais de sua santidade original: Aquele que caiu, se degradou; é fácil se recuperar. Agarre-se mais uma vez àquele Cristo de quem se afastou. Não é preciso elevar-se ao céu para encontrá-lo: ele veio à terra e está ao seu alcance. Ele está dentro de sua natureza, de sua própria carne. Toda célula, toda mônada, derramada de seu corpo celestial nas regiões inferiores, estão re-associadas a ele por meio da afiliação com a Igreja que, de acordo com São Paulo (*Efésios* 1:23)[208], é o verdadeiro corpo social do Cristo-Homem – o corpo organizado no qual está oculto o Cristo-Espírito, como uma borboleta está oculta na crisálida. E este é o completo mistério da Encarnação"! Onde está o absurdo?[209]

---

[207] Uma "família" não pior que a de David, *assassino* e *adúltero*, de quem dizem Jesus descender; ou mesmo que a que se apresentou diante do Eterno, como nos diz o *Livro de Jó*: "Ora, houve um dia em que os filhos de Deus vieram apresentar-se diante do Senhor, Satanás veio também entre eles" (*Jó* 1:6; 2:1), *Satã, o mais formoso dos Filhos de Deus*. Se Satã, assim como o senhor, eu ou Troppmann, não somos filhos de Deus, ou melhor, da Essência do Princípio divino *absoluto*, seria Deus *Absoluto* e *Infinito*? Não esqueçamos, mesmo em discussões, de ser lógicos. – H. P. BLAVATSKY.

[208] *Efésios* 1:23 – que é o seu corpo, a plenitude daquele que cumpre tudo em todos. (N. da T.)

[209] Noto que o abade Roca está se imiscuindo novamente nos princípios budistas, vedantinos, esotéricos e teosóficos, apenas substituindo o nome "Cristo" por aqueles de Parabrahman e

No que este Dogma se choca com a razão? No que ele repele aqueles que reconhecem o Cristo-Princípio, ou o Cristo Universal? Ora, se negarmos a existência deste Cristo, então realmente seria impossível compreendermos um ao outro.

VII. É exatamente isto que gostaria de saber de minha digna correspondente, antes de prosseguir com a controvérsia.[210] A pergunta não é exatamente a que madame Blavatsky já respondeu quando disse: "um Cristo divino (ou *Christos*) jamais existiu sob forma humana fora da imaginação de blasfemadores que carnalizaram um princípio universal e inteiramente impessoal.... aquele que diria '*Ego sum veritas*' ainda está por nascer." Na realidade, é outra pergunta, mais básica, a saber: *Existe Christos no céu ou na terra, ou em qualquer forma, divina ou humana?*

Tenho a honra de advertir madame Blavatsky de que mesmo que seu aparato visual e conceitual não lhe permita compreender e admitir que o Cristo-Princípio poderia tornar-se o Cristo-Corpo-

---

Âdi-Buddha. Na Inglaterra, diriam que ele gosta de levar carvão para Newcastle. Não me oponho à doutrina, pois é a nossa, mas antes à limitação estabelecida pelos cristãos. Que eles, então, registrem uma patente de invenção para aquilo que tem sido reconhecido e ensinado com outros nomes em uma época em que até mesmo as moléculas dos cristãos não flutuavam no espaço. – H. P. BLAVATSKY.

[210] O abade terá de "avançar" sozinho. Retiro-me e recuso-me absolutamente a prolongar a controvérsia. Que ele primeiro aprenda o ABC do Esoterismo e da Cabala, e depois veremos. – H.P. BLAVATSKY.

rificado ou o Homem-Deus, eu ainda a consideraria uma cristã[211], e por esta razão:

Em nosso Santo Evangelho, que ela praticamente considera, com Strauss, como o Ritual Maçônico da compreensão humana mais elementar, na boca de nosso Salvador Jesus Cristo, a quem ela toma por uma idealização da humanidade terrestre, as palavras abençoadas que interpretei a seu favor são encontradas, e fico feliz em aplicá-las a ela com justiça – assim acredito, pelo menos. Ouça o enunciado divino:

"E, se qualquer disser alguma palavra contra o Filho do homem [o Homem-Deus], ser-lhe-á perdoado; mas, se alguém falar contra o Espírito Santo [o Cristo-Espírito], não lhe será perdoado, nem neste mundo [a era presente, que está se encerrando] nem no futuro [a era que está se iniciando em nossos dias][212]. É realmente incrível que

---

[211] Todos têm o direito de pensar o que quiserem de mim; mas uma ilusão jamais será uma realidade. Eu tenho o mesmo direito de afirmar que o papa é budista, no entanto, tomarei muito cuidado em não dizer isto; um budista não é meramente aquele que o deseja ser. – H.P. BLAVATSKY.

[212] *Mateus* 12:32*; *Marcos* 3:28-29**; *Lucas* 12:10***; *I João* 5:16****.

* E quem falar uma palavra contra o Filho do homem, isso lhe será perdoado; mas, se alguém falar contra o Espírito Santo, não lhe será perdoado, nem neste mundo, nem no mundo vindouro. (N. da T.)

** 28 Na verdade eu vos digo: Todos os pecados serão perdoados aos filhos dos homens, e as blasfêmias com que tiverem blasfemado; 29 mas aquele que blasfemar contra o Espírito Santo, nunca terá perdão, mas está em perigo de condenação eterna. (N. da T.)

*** E a todo aquele que falar uma palavra contra o Filho do homem, lhe será perdoada, mas ao que blasfemar contra o Espírito Santo não lhe será perdoado. (N. da T.)

estas palavras tenham sido repetidas pelos Quatro Evangelistas[213]. A razão é que elas são de importância capital. A versão de acordo com São Marcos é a mais liberal de todas. Ela declara que se as coisas ditas contra o Filho do Homem forem *blasfêmias*, estas blasfêmias seriam perdoadas, desde que não fossem endereçadas ao Espírito Santo (*loc. cit.*).

Nada me autoriza, entretanto, a dizer que madame Blavatsky tenha blasfemado contra o Espírito Santo: eu deveria dizer o contrário.[214] Portanto, não sou eu que direi *raca* a ela – nunca, nunca!

**** Se alguém vir o seu irmão pecar um pecado que não seja para morte, deverá orar, e Deus dará vida àquele cujo pecado não é para morte. Há um pecado que leva à morte, eu não digo que se deve orar por este. (N. da T.)

[213] Tanto mais incrível em vista de contradizerem-se um ao outro em tudo o mais. – H.P. BLAVATSKY.

[214] "Primeiro, cace a lebre, depois a coma." Para acusar uma pessoa de "blasfêmia", primeiro devemos provar que tal pessoa *acreditava* na coisa contra a qual blasfemou. Ora, como não acredito *na revelação* dos conteúdos dos dois Testamentos e como, para mim, as "Escrituras" Mosaica e Apostólica não são mais *Santas* do que um romance de Zola, e, como os *Vedas* e o *Tripitakas* têm muito mais valor na minha opinião, não vejo como eu poderia ser acusada de "blasfêmia" contra o Espírito Santo. *É o senhor que blasfema* em chamar isto de "um princípio masculino" e o revestimento de um princípio feminino. *Raca* são aqueles que aceitam as divagações dos "Pais da Igreja" aos "Conselhos" como inspiração direta do Espírito Santo. A história mostra-nos aqueles famosos Pais matando uns aos outros em suas assembleias, brigando e querelando entre si como arruaceiros, intrigando e cobrindo de opróbio

Ela pode convencer-se pelas próprias palavras de nosso Salvador que Cristo não é aquele "ídolo ciumento e cruel que amaldiçoa por toda a eternidade aqueles que não se curvam diante dele", uma vez que até este insulto encontrará graça e perdão diante da infinita misericórdia do coração do Deus-Homem.

Temo por madame Blavatsky que as discussões que ela teve com sacerdotes cristãos, e que devem ter sido extremamente vivas de ambos os lados, uma vez que ela diz que pagou "por ter conhecido os tais sacerdotes", tenham contribuído muito para falsificar suas ideias sobre Jesus Cristo. Temos de admitir que muitos entre nós, ministros de seu manso e humilde Evangelho, dificilmente brilham em nossa época com um profundo entendimento dos Arcanos de Cristo, e que nossa tolerância nem sempre tem estado – de fato, longe disso – em conformidade com a de seu coração. É certo, por exemplo, que o terrível Cristo da Inquisição, nossa própria obra, não foi de forma alguma desenhado para tornar o verdadeiro Cristo agradável, ou para recomendá-lo, o Cristo do Sermão da Montanha da visão do Tabor.[215]

---

o nome da Humanidade. Os *Pagãos* enrubescem ao ver isto. Todo novo convertido que se deixou ser entrapado, mas que manteve a dignidade e um pouco de bom senso, retornou, como o imperador Juliano, a seus deuses antigos. Deixemos estes sentimentalismos, pois me afetam muito pouco. Conheço minha história muito bem, e muito melhor que o senhor o *Zohar*, *Monsieur l'Abbé*. – H.P. BLAVATSKY.

[215] Mais um erro. Há bons e maus sacerdotes no budismo, assim como há entre os cristãos. Detesto a *casta* sacerdotal, e sempre tive desconfiança dela, mas não tenho absolutamente nada contra os indivíduos em si que a compõem. É o *sistema como um todo* pelo qual tenho horror, assim como tem todo

É igualmente certo que nosso próprio Cristo, aquele dos sacerdotes, é tido em abominação, infelizmente, por muita gente. Aquele cujo exemplo gravemente negligenciamos em seguir, enquanto ele nos dizia: "*Exemplum enim dedi vobis, ut quemadmodum ego feci vobis, ita et vos faciatis.*" (*João* 13:15.)[216]

VIII. Encerro, por enquanto, pelo menos, trazendo à luz a homenagem religiosa que madame Blavatsky presta, talvez involuntariamente, ao nosso Santo Evangelho: "O Novo Testamento certamente contém profundas verdades esotéricas, porém é uma alegoria", diz ela. A palavra *alegoria* será substituída algum dia, no vocabulário deste exegeta, por *obra arquetípica*. Em todas as questões, arquétipos possuem a peculiaridade, segundo Platão, de ser ao mesmo tempo uma alegoria e a exata expressão de uma realidade histórica. Então ela perceberá por si mesma a coisa maravilhosa que ela mencionou em uma nota: "Todo ato de Jesus no Novo Testamento, toda palavra atribuída a ele, todo acontecimento relacionado a ele durante os três anos da missão que se diz ter ele cumprido, repousam no *programa do Ciclo de Iniciação*, um ciclo fundado na Precessão dos Equinócios e nos Signos do Zodíaco".[217]

---

homem honesto que não seja hipócrita ou um fanático cego. A maioria é prudente e mantém silêncio; quanto a mim, tendo coragem em minhas opiniões, falo e declaro exatamente o que penso. – H. P. BLAVATSKY.

[216] *João* 13:15 – Porque eu vos dei um exemplo, para que, como eu vos fiz, façais vós também. (N. da T.)

[217] Não presto homenagem de forma alguma ao seu "Santo Evangelho"; abra os olhos! Aquele a quem presto homenagem cessou de ser visível para a sua Igreja ou para o senhor. Tendo se tornado, desde os primeiros séculos, o sepulcro caia-

Sim, de fato, acredito nisso! Como poderia ser diferente? Tudo isso não apenas repousa no programa, mas realiza-o e precisa realizá-lo. Os esoteristas cristãos revelam a razão desta harmonia[218]; eles conhecem e ensinam que Jesus Cristo é a realização histórica de todas as virtudes e todo espírito de profecia que iluminou o mundo antes de sua vinda, que iluminou os Videntes de todo santuário e que foi difundido na própria Natureza, falando por meio da voz dos Oráculos, e a agência de pitonisas, sibilas, druidesas etc. Ouça as palavras de São Paulo sobre este assunto: "*Multifariam multisque modis olim Deus loquens patribus in Prophetis: novissime diebus istis locutus est nobis in Filio, quem constituit heredem universorum, per quem fecit et saecula.*" (*Hebreus* 1:1-2.)[219] Todo o admirável capítulo poderia ser citado, e lido à luz do *Zohar.*[220]

---

do referido nos Evangelhos, esta Igreja toma a máscara pela realidade, e suas interpretações pessoais pela voz do Espírito Santo. Quanto ao senhor, *Monsieur l'Abbé*, que tão vagamente percebe o personagem oculto sob a máscara, jamais o reconhecerá porque seus esforços vão na direção oposta. O senhor está tentando *moldar as características do desconhecido oculto sob aqueles da máscara*, em vez de corajosamente a tirar. – H. P. BLAVATSKY.

218 Até agora, encontrei apenas *cacofonia* nas opiniões dos esoteristas cristãos, cacofonia e confusão. Como prova, veja o seu *Ochmah*. – H. P. BLAVATSKY.

219 *Hebreus* 1:1-2 – 1 Deus, que várias vezes e de diversas maneiras, falou no passado aos pais pelos profetas; 2 nestes últimos dias falou-nos pelo seu Filho, a quem constituiu herdeiro de todas as coisas, por quem fez também os mundos. (N. da T.)

220 Sim, de fato! É esta "a luz do *Zohar*" que emana da lâmpada de seu próprio Esoterismo? Esta luz é muito incerta, temo;

Sabemos, além disso, que Jesus Cristo foi o sujeito das antecipações, previsões, desejos e expectativas de todas as gerações anteriores a ele, não somente em Israel, como diz Jeremias (14:14,17)[221], porém em todo o mundo, entre todos os povos sem exceção, como disse Moisés: "*Et ipse erit expectatio gentium.*" (*Gên.* 49:10[222].)[223]

---

uma coisa verdadeiramente obscura. Acabamos de provar isto. – H. P. BLAVATSKY.

221 *Jeremias* 14:14, 17 – 14 Então disse-me o SENHOR: Os profetas profetizam mentiras em meu nome, eu não os enviei, nem lhes dei ordem, nem lhes falei. Eles vos profetizam falsas visões, adivinhações, e coisas que não existem, e o engano dos seus corações. 17 Portanto tu dirás esta palavra: Meus olhos desfaleceram em lágrimas noite e dia, e não cessarão, porque a virgem filha do meu povo está ferida com uma grande brecha, por um golpe muito doloroso. (N. da T.)

222 *Gênesis* 49:10 – O cetro não se afastará de Judá, nem o legislador dentre seus pés, até que venha Siló. E a ele se congregarão os povos. (N. da T.)

223 Bela prova! Um Jeremias que disse: "Os profetas profetizam mentiras em meu nome, eu não os enviei, nem lhes dei ordem, nem lhes falei. Eles vos profetizam falsas visões, adivinhações, e coisas que não existem." (*Jer.* 14:14.) Ora, como os profetas dos gentios nunca profetizaram Jeová ao povo, a quem era a profecia endereçada diretamente – *se é que foi uma* –, senão aos seus "gloriosos ancestrais, os Pais da Igreja"? Sua citação não é feliz, *Monsieur l'Abbé*. O Verso 17 fala da *nação de Israel*, ao mencionar "a filha virgem de meu povo", e não da Virgem Maria. O texto hebraico deveria ser lido, por favor, e não citações das traduções latinas desfiguradas por Jerônimo e outros. É o Messias dos judeus, que nunca foi reconhecido pelo povo de Israel como Jesus, que era o "sujeito das antecipações, e previsões", e é o *Kalki-Avatâra*, Vishnu, o Buda Primordial etc., que é esperado "com anseio" por todo o Oriente e pelas multidões da Índia. Contra a *Vulgata*, que o senhor cita,

Como Cristo responderia às expectativas universais, como ele realizaria o Programa do antigo Ciclo de Iniciação, ainda que um texto apenas, ainda que um ponto apenas da concepção ideal tivesse sido violado por menor que seja? É por isso que ele disse: ". . . *iota unum, aut unus apex non praeteribit a lege, donec omnia fiant.*" (*Mateus* 5:18.)[224]

Certamente, concordo que o Ciclo da Iniciação, que madame Blavatsky conhece tão bem, tinha uma presciência de outras coisas além das que foram compreendidas até o presente sob a influência de Cristo.[225] Sim, de fato, mas a carreira do Redentor do mundo ainda não acabou; sua missão não está acabada; mal começou. . . Estamos apenas bem no início, no estágio preparatório, do Santo Evangelho. Nossa teologia é bastante primitiva, e nossa civilização meramente delineada e extremamente crua. Que o *Cristo-Espírito-Amor*, o prometido Paracleto, venha! Ele está nas nuvens, ele se aproxima, ele desce através do nevoeiro denso de nossa compreensão e da indiferença glacial de nossos corações. Ele retorna, exatamente como disse, e na vestimenta que ele previu em sua linguagem de parábolas.[226] Quantas são as almas que já sentem, com Tolstoi, as

---

eu oporia cinquenta textos que demolem o edifício construído com tamanha destreza por seus "ilustres ancestrais". No entanto, realmente, tenhamos piedade dos leitores de *Le Lotus*. – H. P. BLAVATSKY.

224 *Mateus* 5:18 – Porque na verdade eu vos digo: Até que passem o céu e a terra, um iota ou um traço de letra, não passará da lei, até que tudo seja cumprido. (N. da T.)

225 Excelente, realmente. A confissão chega um pouco tarde, mas antes tarde do que nunca. – H. P. BLAVATSKY.

226 Quando a "linguagem de parábolas" puder ser corretamen-

suaves brisas da nova primavera! E quantos mais que, com Lady Caithness, veem o alvorecer da radiante Aurora da nova era!

A Segunda Vinda está ocorrendo exatamente como Jesus a predisse.

Encerro aqui. Se madame Blavatsky realmente quiser, continuaremos, e talvez eu poderei, com satisfação, ser capaz de fornecer-lhe as provas científicas ruidosamente exigidas de mim por esta bela alma ateia com um santo desejo pela verdade divina, e que, sem saber, adora Cristo.[227]

---

te compreendida, e quando tudo o que pertencer a César – *pagão* – nos Evangelhos for dado a César (ao budismo, bramanismo, lamaísmo e outros "ismos"), poderemos prosseguir com esta discussão. Aguardo o feliz dia. . . . . H. P. BLAVATSKY.

227 De bom grado perdoo o abade Roca seu pequeno *lapsus linguae*, na condição de que ele estude sua Cabala mais seriamente. Minha "bela alma" nada exige, de forma alguma, de meu demasiadamente petulante correspondente; e se esta alma exige "ruidosamente" qualquer coisa que seja, é que suas convicções não sejam distorcidas e ela seja deixada em paz. Dispenso o abade Roca de suas "provas científicas". Para mim a ciência não pode existir fora da verdade. Como eu não imponho minhas crenças a ninguém, que ele fique com as suas – mesmo a de que o Pai Eterno (*Chochma*) é seu princípio feminino. Posso assegurar-lhe, sob minha palavra de honra, que nada que ele diria de Buda, dos "Irmãos" e do Esoterismo do Oriente *partiria meu coração*; dificilmente me faria rir.

E agora, que respondi todos seus pontos e combati todos os seus fantasmas, peço que o encontro seja adiado e o debate encerrado. Tenho a honra de expressar meu respeitoso adeus

Querida madame, perdoemo-nos reciprocamente nossas vivacidades. Embora o Sermão das Perfeições e Beatitudes possa ter sido pregado para nós – para a senhora no Monte de Gayâ quase três mil anos atrás, para mim no Monte da Galileia menos de dois mil anos atrás –, é pela caída Humanidade que nossa fraqueza nata é devida: *Homo sum; humani nihil a me alienum puto.*[228]

ABADE ROCA,

Cônego Honorário.

---

ao abade Roca, e de marcar um encontro com ele em um mundo melhor, no Nirvâna – perto do trono de Buda. – H. P. BLAVATSKY.

[228] [Terence, *Heauton Timoroumenos*, I, 1:25: "Sou um homem; não considero nada relacionado ao homem um assunto estranho a mim." – *Compilador*.]

A Crucificação do Homem

[*Lucifer*, Vol. II, nº 9, maio, 1888, pp. 243-250.]

"Prometeu é a representação personificada da Ideia, ou do mesmo poder de Júpiter, contemplado, porém, como independente e não imerso no produto – como a lei menos a energia produtiva."

(S. T. COLERIDGE)

"In abstracten wie im concreten Monismus ist es Gott selbst, der als absolutes Subject in den eingeschränkten Subjecten das Weltleid trägt, wobei er sich dann auf den Satz berufen kann: Volenti non fit injuria."

(VON HARTMANN)

"Sei que fiquei suspenso naquela árvore fustigada pelo vento nove noites inteiras, ferido pela lança e devotado a Odin – eu em oferenda a mim mesmo – naquela árvore que ninguém sabe de que raiz brota."

Canção-runa a Odin, *Edda*.[229]

229 [*Hovamol* – The Balad of the High One – Estância 139.]

Como Odin, o Poderoso, eu, Homem
Ofereço-me em uma árvore
Sacrificado
Eu a Mim Mesmo,
Um Ideal a Mim aquele Ideal,
E ali, suspenso ainda, varrido pelo vento

na floresta do Tempo;
Devo ali permanecer suspenso por longos éons
em agonia
Tristeza inexprimível!

Como Prometeu
Acorrentado ao rochedo,
Perfurado pelo sol sobre Kavkas,
O Abutre alimenta-se de meu coração,
Eu corroendo a mim próprio
De tristeza inexprimível.

Sou Jesus o manso e humilde
Suspenso ao alto na colina do Calvário,
Penetrado por lança e espinhos,
Perfurado no coração e no cérebro,
Por três longos dias – três noites –
três éons
Em tristeza inexprimível.

E Odin olhando feito o sol
a terra e o mar
disse
"passará": e
Prometeu gritando para os Abutres

"Ai! Ai! ei! Eu sou livre,
Quem és tu?

Os Deuses maus passarão
Com seus feitos,
E com Zeus o tirano
é lançado no Abismo,
Acometido pelo Destino
Mestre dos Deuses e dos Homens.
"Ai! Ai!"

E Jesus o último e o melhor
disse
"Perdoa-lhes, porque eles não sabem o que fazem,
Senhor! O Conhecimento virá e
'O Consolador'."

Mas todos os três são um,
Eu oferecido em sacrifício a mim mesmo
Mistério inexprimível;
Ah! quando virá o fim!
Ah! Quando?

E o Espírito – o Consolador
disse
"Verdade! todos estes três são um,
Mas eu, Deus, sou aquele Um;
Eu sustento o Mundo – Tristeza –
Autoconsciente nele,
Ai de mim!
Sofrendo até o fim
Quando o Mundo deve retornar

De onde veio
para o abismo,
E eu serei tudo em tudo,
e vós em mim
Onde não há Tempo nem Espaço,
No entanto
Onde há Amor."

A. J. C.

Lucerna, 1885.

Prometeu, a maior "Ideia" da mitologia grega, representa o "Nous Agonistes" – a parte divina da alma humana – aquela centelha de fogo trazida dos Céus por Prometeu– e soprada no homem – individualizada no Homem, que lenta – gradual, porém garantidamente, através e por meio de conflitos agonizantes com a natureza titânica terrena inferior, eleva-se de um mundo material inferior até o ideal – invisível. A natureza inferior é reapresentada pelo tirânico, arbitrário Zeus, o "Nomos" ou lei do mundo fenomenal percebido pelos sentidos (*Jupiter est quodcunque vides*). Prometeu, a Nova e renascida Alma, batizada com fogo = espírito, é aquela que é oposta a Zeus – é o invisível – o númeno – que opera no mundo ideal, cujas delícias não são dadas a conceber à mera mente humana animal.

Esta alma prometeica do homem, que desce dos céus, pode se livrar dos grilhões da terra e do Tempo-Abutre somente pela destruição de Zeus (isto é, sua transformação-transfiguração em uma forma superior), o mundo fenomenal, e por sua elevação a um poder superior, o do ideal, o único real.

Prometeu, além disso, é a revolta da Alma iluminada contra todas as formas falsas-populares-sacerdotais-hierárquicas de religião – aquelas religiões que buscam a salvação pessoal, fundadas no egoísmo e não no bem geral universal e na salvação de todos os seres sencientes.

Prometeu é a forma grega do Atman da Vedanta – o verdadeiro ego, liberto das encarnações nas máscaras (personas) da personalidade e da roda da tortura da Necessidade e do Destino, e admitido em seu repouso e morada no Espírito Cósmico universal-imanente, que escapou das tristezas do mundo da Criação. Prometeu é o ideal "Nomos" ou Lei na própria alma, a "lei Consciente – o Rei dos Reis", o Deus "estabelecido no céu do coração".

Nas Agonias desta "Nous Agonistes" – as agonias do nascimento da raça e de cada indivíduo, deve sempre haver esta Crucificação do homem ideal representado por Odin-Prometeu – Cristo; contudo depois da Cruz vem a transfiguração, na qual se cumprem estas palavras de Prometeu,

"Mediante miríades de angústias e aflições,

Atado, *assim* eu escaparei destes grilhões."

Schelling (Vol. 1, p. 81) tem uma ótima passagem sobre os mitos de Prometeu e Pandora.

"Aqui [o mito de Pandora] as aspirações da Humanidade por coisas superiores são representadas como a verdadeira causa da miséria humana. Nas palavras de Hesíodo, 'Epimeteu, enganado pelos encantos de Pandora, aceitou seus presentes destrutivos – presentes dos Imortais – e, assim, trouxe miséria e destruição para a raça humana'. E Prometeu, que desejava elevar a raça, formada por ele à semelhança dos Deuses, padece, acorrentado ao rochedo, de todos os sofrimentos do homem, desde que alimentou em seu peito o desejo de liberdade e conhecimento superiores. Aqui, neste rochedo, ele representa, em sua própria pessoa, toda a raça humana. O Abutre que corrói seu fígado, que cresce novamente, é uma imagem do eterno desejo inquieto e agitado por coisas superiores, que tanto tortura todos os mortais."[230]

No relato da Crucificação de Jesus, ele é representado como tendo recebido cinco ferimentos; não poderiam estes ferimentos ter um significado simbólico-esotérico? Os sentidos do homem pelos quais ele percebe o mundo fenomenal são cinco, e não poderiam estes ferimentos na cruz, que culminam na morte da pessoa (máscara do homem superior), significar a morte de todos os desejos terrenos inferiores, que têm sua origem nestes cinco sentidos, e a consequente vinda à existência em uma esfera mais pura e superior agora totalmente inconcebível para nós, todos os nossos conceitos sendo derivados destes sentidos terrenos? Pregar os pés tira o poder de mover-se na direção de qualquer objeto de desejo terreno, assim como pregar as mãos, os órgãos de aquisição – agora, também, geralmente de cobiça e ganância –, priva-nos do poder de medir os objetos de nosso desejo de adquirir; as feridas ao lado matam o coração, isto é, todos os desejos da terra e nos despertam para o Nirvâna do budismo.

A própria cruz, à qual toda a humanidade está presa, é um conhecido emblema fálico, representando a mais forte forma de sensualidade humana-terrena; e é o próprio símbolo no qual se crucifica

---

230 [Hesíodo, *Works and Days* (Trabalhos e Dias), 84-89; *Theogony* (Teogonia), 510-14. – *Compilador.*]

o homem até a morte. (Ver Nota 1 de Notas das Editoras no final deste artigo.)

É extraordinário que nesta lenda Prometeu é representado coroado com a planta agnocasto (lugos), cujas folhas formavam a Coroa dos Vitoriosos na «Agonia» dos Jogos Olímpicos. Cristo, em sua Agonia Vitoriosa, foi coroado com o acanto espinhoso. Esta planta agnocasto foi usada também na festa de Tesmoforia, em honra de Deméter – a que traz a lei, «nomos» –, cujas sacerdotisas dormiam em suas folhas como que para encorajar os desejos castos. Nos tempos cristãos, este costume sobreviveu entre as freiras, que costumavam beber água destilada de suas folhas, e monges usavam facas com cabos feitos de sua madeira com a mesma intenção de estimular a castidade.

Chaucer, em seu belo poema "A Folha e a Flor", faz a Rainha das senhoras da folha – as consagradas ao amor espiritual – carregar ramos de agnocasto na mão e cantar:

"Suse le foyle, devers moi-
Mon joly cuer est endormy."
Seu coração estava adormecido para a terra,
mas extasiado no Céu.[231]

---

231 [Há considerável incerteza quanto a estas duas linhas do francês antigo. O poema do qual foram extraídas é de autoria duvidosa. Alguns eruditos recusam-se a atribuí-lo a Chaucer. O tema deste poema é um torneio entre os Cavalheiros da Flor e os Cavalheiros da Folha. Na opinião de Clifford Bax (*The Distaff Muse*, Londres: Hollis & Carter Ltd., 1949), sua data aproximada seria 1450, ao passo que Chaucer morreu em 1400. Mesmo o próprio palavreado varia no trecho que ele cita, sendo as linhas 176-179 do poema como segue:

Se atribuir a expressão de tristeza ao Ser divino for considerado ímpio, pode ser observado que a Cabala registra uma antiga tradição relativa a Schechinah (o elemento feminino – mãe – elemento reprodutor de Deus) em que ela exprime a seguinte queixa pelo mal do mundo, e pela separação dos elementos duais anteriormente unidos da humanidade:

"Ai de mim, que afastei os meus filhos e ai das crianças que foram afastadas da mesa de seu Pai!"

– Ver *Sympneumata* [L. Oliphant, p. 72].

E Jesus, o Cristo – o Homem divino – uma encarnação do Espírito e tipo da próxima fase da evolução humana, não gritou de amargura em sua agonia: "Pai, por que me abandonaste?" (*Vide* observação das Editoras a seguir, Nota 2.)

O inspirado Sr. John Pulsford, em seu trabalho *Morgenröthe*, que contém muitas intimações da nova época da Idade de Ouro que está por vir, diz:

E ela, em lascívia, iniciou um verso,
Que diz de *Sus lefoyl de vert moy men call,*
Seen, et monjoly cuer endormi;
E a companhia então a tudo respondeu . . .*

O sentido da frase em itálico não está nada claro. É impossível dizer de onde foi tirada a versão destas linhas conforme aparecem no texto, nem se a linha em inglês que imediatamente segue a linha em francês é parte do poema. – *Compilador.*]

*No original: And she began a roundel lustily, That Sus lefoyl de vert moy men call, *Seen, et monjoly cuer endormi;* And then the company answered all . . . (N. da T.)

"Tendo Deus se vestido com as dores da criação, é preciso que toda a Criação seja preenchida e vestida por Sua glória. Nenhuma das atuais anomalias da Criação sobreviverá sob Sua glória. Não basta dizer que Ele sofre conosco; é-nos ensinado, ao contrário, dizer que 'nós sofremos com Ele'[232], atribuindo-Lhe a maior parte das aflições de Suas criaturas. De qualquer modo, enquanto alguma criatura sofrer, Ele estará sofrendo. Suportar os sofrimentos de todos que sofrem é uma necessidade do Amor para Ele. . . . Ele não pode livrar-Se de suportar as aflições e carregar as dores, enquanto houver uma única criatura para nascer ou ser carregada por Seus filhos e filhas. A Primeira Causa deve estar presente em todos os efeitos; não como um espectador, mas como Um no interior, suportando todos."[233]

---

[232] E por que "Ele" e não IT* (Isso)? Possui a Deidade um sexo? Muito extraordinariamente, o costume – mesmo na Concepção monoteísta de Homens, que espelha seu elemento masculino em sua Deidade, quando não degrada o Desconhecido ao ridículo e absurdo, buscando dirigir-se e falar-lhe como "Mulher" em alguns casos, como "masculino-feminino", ou "Pai-Mãe", em outros, fazendo assim de um PRINCÍPIO absoluto impessoal um enorme HERMAFRODITA! – H. P. B.

* IT – No inglês it é neutro, não existe em português, é um pronome de terceira pessoa do singular. É usado como sujeito ou objeto de um verbo, ou como objeto de uma preposição. Usa-se para se referir a um objeto, animal ou outra coisa que já foi mencionada.– *Collins Dictionary*. (N. da T.)

[233] *Morgenröthe*, p. 110 [p. 83 na ed. de 1881].

"A vaidade, a luta e a miséria da natureza desordenada há muito nos aflige; mas a glória da Bondade perfeita de Deus está prestes a revelar-se na nova ordem dos homens e da natureza."[234]

"Como Prometeu acorrentado a um rochedo, o Espírito impessoal está atado à personalidade até que a consciência de seu poder hercúleo desperte nele, e rompendo sua corrente, ele se torne livre novamente."[235]

"Der aetherishe Hauch der Götter, der Funk des Prometheus ist, nach den ältesten Mythen, Princip des höhern Lebens im Menschen."[236]

Isto é:

"O alento etéreo dos Deuses – a centelha do fogo de Prometeu, de acordo com os mitos mais antigos, é o princípio da vida superior nos homens."

---

234 Op. cit., p. 111 [p. 84 na ed. de 1881].

235 Dr. Franz Hartmann, *Magic: White and Black.*

236 Schelling, Vol. I, p. 78.

Notas das Editoras

1. Esta é uma das muitas interpretações semiesotéricas ou místicas do *drama simbólico e alegórico*, que foi transplantado e desenvolvido na Cristandade somente em seu sentido literal – a "letra morta que mata".

Um dos *sete sentidos esotéricos* implícitos no mistério da Crucificação pelos inventores místicos do sistema – cuja elaboração e adoção originais remontam à noite dos tempos e ao estabelecimento dos mistérios – é descoberto nos símbolos geométricos contidos na história da evolução do homem. Os hebreus, cujo profeta Moisés foi instruído na Sabedoria do Egito, e que adotaram seu sistema numérico dos fenícios e, mais tarde, dos pagãos, de quem tomaram emprestada a maior parte de seu Misticismo Cabalístico, adaptaram, de forma muito engenhosa, os símbolos Cósmicos e antropológicos das nações "pagãs" em seus registros peculiares *secretos*. Se o sacerdotismo cristão perdeu a chave deles nos dias que correm, os primeiros compiladores dos Mistérios Cristãos eram bem versados em filosofia Esotérica, e a usaram com destreza. Assim, eles tomaram a palavra *aish* (uma das palavras-formas hebraicas para homem) e a usaram em conjunção com *Shânâh,* "ano lunar", tão ligada misticamente ao nome de Jeová, o suposto "pai" de Jesus, e circunscreveram a ideia mística em um valor e fórmula astronômicos.

A ideia original de "Homem Crucificado" no Espaço pertence certamente aos antigos hindus, e E. Moor mostra isso em seu *The Hindoo Pantheon* (O Panteão Hindu), em uma gravura que representa Wittoba – uma forma de Vishnu. Platão a adotou em sua decussada Cruz no Espaço, o X, "o segundo Deus que se imprimiu sobre o Universo na forma de uma cruz". Krishna, da mesma forma, é mostrado "crucificado". (Ver *Monumental Christianity*, do Dr. J. P. Lundy, pp. 173-74, fig. 72)[237]. Novamente isto é repetido no Velho Testamento na estranha injunção de *homens crucificados* diante do Senhor, *o Sol* – que não é profecia alguma, porém tem um sentido fálico direto. Diz o sugestivo trabalho sobre os significados cabalísticos ora existentes – *Key to the Hebrew-Egyptian Mystery in the Source of Measures*:

Em símbolo, os pregos da cruz têm uma pirâmide sólida como forma das cabeças, e uma haste afunilada quadrada em forma de obelisco ou emblema fálico, como prego. Tomando a posição dos *três* pregos nas extremidades do homem e sobre a cruz, eles formam ou demarcam um *triângulo*, havendo um prego em cada canto do triângulo. As feridas, ou *estigmas*, nas extremidades, são

[237] [Uma reprodução da gravura de Wittoba na obra de Edward Moor será encontrada na página 296 do Volume VII dos *Collected Writings*. – *Compilador*.]

necessariamente *quatro*, designativas do *quadrado*. . . . Os três pregos com as três feridas são em número de seis, que denotam as seis faces de um cubo *aberto* [que forma a cruz ou homem-forma, ou 7, somando três barras horizontais e quatro verticais], sobre o qual o homem é colocado; e isto por sua vez aponta para a medida circular nas bordas do cubo. *Uma* ferida no pé separa-se em *duas* quando os pés são separados, formando três ao todo, e quatro quando separadas, ou 7 ao todo – outro número *muito sagrado* [e *para os judeus*] básico *feminino*.[238]

Assim, embora o sentido fálico ou sexual dos "Pregos do Crucifixo" seja provado pela leitura geométrica e numérica, seu sentido místico é indicado por um curto comentário sobre ele, oferecido acima em conjunção com Prometeu. Ele é outra vítima, pois é crucificado na Cruz do Amor, sobre o rochedo das paixões humanas, um sacrifício à sua devoção à causa do elemento espiritual na Humanidade.

2. As palavras, ora aceitas de forma dogmática, tão dramáticas por serem pronunciadas na hora crucial, são de uma data posterior à geralmente suposta. O versículo 46 do capítulo 27 de Mateus foi distorcido pelos inescrupulosos editores dos textos gregos dos Evangelhos. *Eli, Eli, Lama Sabachthani* – nunca significou "Deus meu, Deus meu, por que me abandonaste?", contudo signifi-

[238] [Cap. II, Seção II, parágrafo 21, p. 52.]

cava, de fato, originalmente, o contrário. São as palavras Sacramentais usadas na iniciação final no antigo Egito, como em todos os lugares, durante o Mistério de *levar Chrêstos à morte no corpo mortal com suas paixões animais*, e a ressurreição do Homem Espiritual como um Cristo iluminado em um corpo agora purificado (o "*segundo* nascimento" de Paulo, o "duas vezes nascido" ou os Iniciados dos brâmanes etc. etc.). Estas palavras foram endereçadas ao "Eu Superior" do Iniciado, o Espírito Divino nele (seja ele denominado Cristo, Buddha, Chrishna ou outro nome qualquer), no momento em que os raios do Sol da manhã incidiram no corpo extasiado do candidato e supostamente o chamaram de novo à vida, ou *novo nascimento*. Foram dirigidas ao Sol Espiritual *interior*, não a um Sol *exterior*, e deveriam ser lidas, caso não tivessem sido distorcidas por propósitos dogmáticos:

"Meu Deus, meu Deus, Como Me Glorificaste!"

Isto está provado agora na obra acima citada. Diz o autor:

> .... Decerto, nossas versões são tomadas dos manuscritos originais *gregos* (a razão pela qual não temos manuscritos originais em hebraico concernentes a estas ocorrências sendo porque os enigmas em hebraico iriam denunciar-se em comparação com as fontes de sua derivação, o Antigo Testamento). Os manuscritos gregos, sem exceção, apresentam estas palavras da seguinte maneira:
>
> Ἠλί *Ἠλί* λαμὰ σαβαχθανί

São *palavras hebraicas*, vertidas em *grego*, e em hebraico são como segue:

ינ-תחבש המל ילא ילא [239]

A Escritura destas palavras diz, isto é, "Meu Deus, meu Deus, por que me abandonaste?" como tradução apropriada. Eis então as palavras, sem qualquer sombra de dúvida; e inquestionavelmente, esta é a interpretação dada a elas pela Escritura. Ora, as palavras não carregam esta interpretação, e é uma falsa versão. O verdadeiro *sentido é exatamente o oposto ao dado*, e é:

Meu Deus, meu Deus, como me glorificaste!

THOTH E HÓRUS PURIFICANDO O REI
De Kôm-Ombô, Egito.

[239] [A última palavra desta frase, lida da direita para a esquerda, qual seja, *shâbahhthani*, foi erradamente grafada em *Lucifer*, dando origem a confusão. A própria H.P.B. chamou a atenção para isso no exemplar seguinte de sua revista (Vol. II, nº 10, junho, 1888, p. 295). Esta grafia errada foi corrigida no presente texto. *Compilador*.]

As correntes estão entrelaçadas e retratadas como pequenas cruzes ansatas; esta cena é de um tipo semelhante, porém não idêntica àquela mencionada por H.P.B. como estando no Templo de Filas. Nenhuma reprodução disso pôde ser encontrada.

E ainda mais, pois já que *lama* é *porque* ou *como*, evoca a ideia de *deslumbrar*, *ofuscar* como verbo, ou, como advérbio, poderia ser "quão deslumbrantemente", e assim por diante. Ao incansável leitor, esta interpretação é forçada e feita para responder, por assim dizer, ao cumprimento de uma declaração profética, por uma referência marginal ao *primeiro* versículo do Salmo *vinte e dois*, que diz:

"Deus meu, Deus meu, por que me abandonaste?"

As palavras em hebraico para este versículo são:

ינ־תבזע המל ילא ילא

cuja referência está correta e a interpretação certa, *todavia com uma palavra totalmente diferente*. As palavras são:

Eli, Eli, lamah azabvtha-ni?

Nenhuma agudeza humana, por mais erudita que seja, pode salvar esta passagem da *falsidade de versão* à primeira vista; e como tal, ela se torna um golpe muito terrível sobre a sacralidade aparente do recital.[240]

---

[240] *Key to the Hebrew-Egyptian Mystery* (Chave para os Mistérios Hebraico-Egípcios) etc., pp. 300-301.

[Este tema foi explicado em profundidade em *The Esoteric Tradition* (A Tradição Esotérica), Vol. 1, pp. 72-75, em que o autor, Dr. G. de Purucker, apresenta o pano de fundo esotérico desta escritura enigmática. – *Compilador*.]

Contudo, nenhum golpe é forte o bastante para matar a víbora da fé *cega*, reverência covarde por crenças e costumes estabelecidos, e este elemento egoísta e presunçoso do homem civilizado que o faz preferir uma mentira que é sua a uma verdade universal, propriedade comum de todos – incluindo aí as *raças inferiores* dos "pagãos".

Que o leitor que duvida da afirmação consulte os originais hebraicos antes de negar. Que ele se volte para algum *baixo-relevo* egípcio mais sugestivo. Um especialmente, do templo de Filas, representa uma *cena de iniciação*. Dois Deuses-Hierofantes, um com cabeça de falcão (o Sol), e outro com cabeça de íbis (Mercúrio, Thoth, o deus da Sabedoria e do conhecimento secreto, assessor de Osíris-Sol), estão inclinados sobre o corpo de um candidato recém-iniciado. Estão derramando sobre sua cabeça um duplo fio de água (a água da vida e do novo *nascimento*) que estão entrelaçados na forma de cruz e repletos de pequenas cruzes ansatas. Trata-se de uma alegoria do despertar do candidato (agora um Iniciado), quando os raios do sol da manhã (Osíris) incidem na coroa de sua cabeça (*seu corpo em transe sendo colocado três dias antes* na *tau* de madeira, para que *receba os raios*). Então aparecem os Hierofantes-Iniciadores e as palavras sacramentais são pronunciadas visivelmente para Sol-Osíris, endereçadas, na realidade, ao Sol-Espírito interior, iluminando o homem recém-nascido. Que o leitor medite sobre a relação entre o Sol e a Cruz desde os tempos mais antigos, em suas qualidades geradora e espiritualmente regeneradora. Que ele examine o túmulo de Beit-Oualy, no reinado de Ramsés II, e descubra nele cruzes de todas as formas e em todas as posições. Novamente, o mesmo sobre o trono deste soberano e, finalmente, sobre um fragmento da Sala dos ancestrais de Tutemés III, preservado na Biblioteca Nacional em Paris, e que representa a adoração de Bakhan-Alenré.

Nesta extraordinária escultura e pintura, vê-se o disco do Sol lançando raios sobre uma cruz ansata colocada sobre outra cruz, da qual as do Calvário são cópias perfeitas. O antigo papiro menciona estas como as "camas duras dos que estavam em trabalho de parto (espiritual), o *ato de darem nascimento a si mesmos*". Uma quantidade destas "camas" cruciformes, sobre as quais o candidato, em transe mortal no final de sua suprema iniciação, era colocado e protegido, foi encontrada nos subterrâneos das salas dos templos egípcios após sua destruição. Os dignos e ignorantes padres, do tipo de Cirilo e Teófilo, as usaram livremente, acreditando terem sido trazidas e escondidas ali por alguns novos convertidos. Tão somente Orígenes, e depois dele Clemente de Alexandria, e outros ex-iniciados, sabiam mais. *No entanto, preferiram guardar silêncio.*

O Ocultista, contudo, deve ter sempre em mente as palavras ditas por Amiano, que, se a "Verdade é violada pela falsidade", pode ser e é "*igualmente ultrajada pelo silêncio*"[241].

[Como o assunto das Notas Editoriais acima é de considerável importância do ponto de vista da erudição, acredita-se ser aconselhável acrescentar a esta altura materiais que foram publicados adiante, neste mesmo ano, e que contêm uma Nota de encerramento escrita por H.P.B. – *Compilador*.]

241 [Referência a *History* (*História)*, Livro XXIX, i, 15 de Amiano Marcelino. – *Compilador*.]

É isto um erro?

[*Lucifer*, Vol. II, nº 12, agosto, 1888, pp. 492-95.]

Nas notas das Editoras para o artigo "A Crucificação do homem", do exemplar de maio de *Lucifer*, aparece uma citação de *Key to a Hebrew-Egyptian Mystery in the Source of Measures* (Chave para um Mistério Hebraico-egípcio em Origem das Medidas). Não vi esta obra e não sei o nome do autor, mas, a julgar por este exemplo de seus escritos, ele está muito longe de ser um guia seguro. Pela maneira de tratar o tema da citação, ele evidentemente não sabe que os dois Evangelhos, nos quais foi preservada a exclamação, reproduzem a tradução caldaica ou Targum dos *Salmos* 22:1. Esta teria sido mais familiar do que o original hebraico para um judeu da época, com o hábito de misturar-se e ensinar o povo, e pode bem ter saído dos lábios de alguém morrendo nestas circunstâncias. Confrontar aqui o caldaico com o hebraico e alegar que um é falsificação do outro é fazer uma afirmação sem fundamento. No entanto, há um erro ainda maior do que este na citação, pois, para fazer a leitura "Meu Deus, meu Deus, como me glorificastes!" da tradução caldaica, o autor substitui ינתהבש por ינתקבש e, ao fazer isso, falsifica a afirmação aceita. Quando se compreende que a exclamação pronunciada pelo Evangelista é uma versão caldaica do original hebraico, não se pode senão admitir que o sentido do caldaico é determinado pelo hebraico, do qual é uma tradução. Este inquestionavelmente é "Deus meu, Deus meu, por que me desamparaste?" Na versão apresentada pelo autor, a palavra hebraica que ele adotou para dar suporte a visões preconcebidas apenas significa "glorificar" no sentido de cantar as orações (e não por iluminação) do sujeito glorificado.

Nunca me deparei com um exemplo de uso da fórmula hebraica referida no sentido de "Meu Deus, meu Deus como me glorificaste!". Poderiam as eruditas editoras de *Lucifer* ou qualquer um de seus leitores, que podem ter tido mais sorte nesse sentido, amavelmente apontar algum para mim?

EUFRATES

8 de junho de 1888.

(A carta acima foi enviada aos EUA ao autor de *The Source of Measures* para que respondesse à sua crítica, a seguir apresentamos sua resposta – Editora, *Lucifer*.)

Nenhum Erro

A carta de "Eufrates" alcança-me no interior, onde me encontro, sem livros de referência. A razão da nova tradução das palavras "eli eli, lama sabachthani" é a seguinte: o registro do Novo Testamento deve sustentar-se mediante sua própria autoridade original, pois não possui outra fonte autêntica. Somos obrigados, portanto, a tomar, aceitar e seguir suas afirmações pelo que parecem ser. Uma frase grega, com letras de palavras hebraicas, deve ser convertida em hebraico em concordância com os equivalentes das letras do texto grego. Por exemplo, e, neste caso, há duas palavras com a letra hebraica quadrada, com o mesmo som, porém com diferentes letras e significado. Uma é a palavra caldaica קבש e, a outra, a hebraica תבש. A primeira é transliterada para o inglês como "shâbăk", o que significa *desamparar*, e a outra é *shâbăch*, e significa *glorificar*. Estas palavras são as que supostamente foram substituídas pela palavra usada nos Salmos, *azabthani*, a palavra pura para "*me desamparar*". Se no texto grego, único guia e autoridade que possuímos, a palavra é σαβαχ, não pode ser convertida apropriadamente para o hebraico de outra maneira que não por שבח, ou transliterado, por *shâbăch*. A verdadeira palavra do texto grego é *σαβαχθανι*, ou na conversão apropriada שבחתני, ou *shâbăchthani*, que significa "*me glorificaste*", e nada mais. Qualquer mudança disto deve e pode ser apenas perversão, visando *corrigir* o texto do Novo Testamento. Como usado na frase climatérica de todo o drama simbólico fabricado, foi tirado dos Mistérios, e nunca teve qualquer realidade. O assunto foi referido a judeus eruditos, e demonstrou-se surpresa que em tal manifesta diferença entre a palavra indicada e a correção adotada não exista *nenhum comentário* sobre a discrepância, provavelmente porque se pensou ser melhor embaralhar, em vez de colocar a nu o malabarismo simbólico para o populacho estouvado e ignorante.

Dificuldades que surgem de algum obstáculo fatal para a conversão de uma leitura fixa e necessariamente simbólica, e alguma conversão popular plausível para cobrir o simbólico, não são infrequentes tanto no hebraico quanto no grego. Há uma dessas na frase hebraica descritiva da primeira criança nascida no mundo, em que se afirma que a criança é o próprio Jeová, e onde o vulgar é descartado pela interposição da palavra "de", de modo a poder ser interpretada: "uma criança *de*, ou a dádiva, Jeová". Um exemplo singular de uma leitura que se presta a engano é a seguinte: Margoliouth, um judeu muito culto, chama a atenção para o fato de que o uso de "*orla*" é aludido no Novo Testamento – no caso da mulher que padecia de hemorragia, que pensava que se ela apenas tocasse a "*orla de sua roupa*" se recuperaria.[242] Aqui ele diz que a palavra grega é "*Craspedon*", que

242 *Mateus* 9:20 – E eis que uma mulher que, havia já doze anos, padecia de um fluxo de sangue, chegando-se por detrás dele, tocou na orla de sua veste. (N. da T.)

significa, literalmente, se pudesse simplesmente tocar a "orla" de sua roupa. O uso de *orlas* foi ordenado para que as pessoas se lembrassem das leis e ordens, para obedecê-las, mas, com o passar do tempo, o costume se tornou um uso supersticioso, e as orlas passaram a ser consideradas como possuindo virtudes mágicas em si próprias. Por isso, a mulher pensou que poderia ser curada por virtude mágica se simplesmente as tocasse. Foi então que, percebendo que a virtude havia saído dela, o Mestre disse que a mulher estava certa, e assim endossou o *fetiche* e sua propriedade curativa. Entretanto, pela mesma recepção, *as roupas* (o manto) no qual as orlas eram usadas foram estimadas como sendo um *fetiche* muito mais forte e possuindo virtudes mágicas muito mais potentes do que as próprias orlas. Este manto tinha um nome, e foi especificamente chamado de "*Talith*". Ora, no Evangelho de Marcos a narrativa estabelece a convicção das propriedades mágicas tanto das orlas quanto dos *Talith* nos quais eram usadas. Enquanto a mulher com hemorragia é curada por tocar na orla, o chefe da sinagoga veio por entre a multidão com a informação de que sua filha está morta, e então se segue a narração. Ele toma a menina pela mão e diz "*Talitha cumi*", que, sendo interpretado, é "*Menina, a ti te digo, levanta-te*".[243] A palavra "*Talith*" é do hebraico *tâlãl*, que significa *vestir*, e significa "*uma roupa*" e a roupa na qual as orlas eram usadas. Não tem o sentido de "menina". A frase parece apropriada apenas como um comando a uma pessoa a quem alguém se dirige pelo nome próprio, como "*Talita, levanta-te*!" Não obstante, neste contexto, mencionar a palavra em si foi revelar todo o simbolismo como abrangendo a *Talith* e as Orlas usadas nele, como um fetiche favorito, portanto, a palavra foi dada para aqueles que compreenderam, e a paráfrase de "Menina, a ti te digo, levanta-

---

243 *Marcos* 5:41 – E ele tomando a menina pela mão, disse-lhe: Talita cumi; que, traduzido, é: Menina, a ti te digo, levanta-te. (N. da T.)

-te" foi feita para o vulgar e iletrado. Foi uma peça fácil e barata de inocente engano. Milagres "baratos"[244] eram realizados com tanta facilidade quanto a fabricação de uma história infantil para encobrir um ângulo de um enigma ou charada. Foi uma peça destas a história dos meninos fazendo tortas e passarinhos de barro, quando o passarinho de um dos meninos voou e fugiu. Em outra passagem do grego, lemos "por que sois batizados para o morto?" onde o evidente sem sentido *επι* é colocado na margem da verdadeira palavra do texto, *ὑπερ*, que significa "*para a salvação de*"; o verdadeiro sentido tendo referência a um costume de batismo por delegação de colocar o morto não batizado em um banco, com uma pessoa viva por baixo. A pergunta era feita ao corpo: "Quereis ser batizado?", com a resposta por procuração "Quero", e o homem vivo era batizado iper twn nekrwn, *em lugar do morto e para o bem ou salvação do morto*. Uma fraude tão transparente não pegaria para a média do público, embora tenda a guiar o obtuso para a "Alta Igreja".

Mas uma das peças mais interessantes e instrutivas de imposição é uma registrada fora dos livros sagrados, por um pastor de um rebanho. Está contida em uma história rara daquele rei dos açougueiros, Constantino, e do principal teólogo diplomata, Eusébio. Constantino prestava culto a Mitra, o Deus-Sol, cujos sacerdotes eram os Magos, que observavam o dia de Natal daquele Deus todo 25 de dezembro ou dia de Natal, e cuja religião abarcava o *batismo, uma festa eucarística, a confissão, a ressurreição dos mortos e a angeologia com o inferno*; portanto, sendo equiparados aos quatro do cristianismo, que Constantino adaptou com sua observância mitraica.

---

244 No original, cheap John = vendedor ambulante que oferece barganhas, em geral dando a suas mercadorias um preço arbitrário, baixando-os gradualmente a seguir. (N. da T.)

Os padres cristãos, para salvar-se da acusação de furto, tiveram que dizer que o Diabo, com sua usual astúcia e esperteza, havia profeticamente antecipado toda a história, a fim de reivindicar prioridade quando *chegasse o tempo* de jogar seu joguinho de dedal. Constantino era em favor de Mitras, ou de outro conforme as circunstâncias, mantendo-se a meio caminho, em posição intermediária, com a única diferença de *um nome pelo qual chamar as coisas*. Sua moeda dizia de um lado: "*Ao invencível Sol, meu guardião*"; ao passo que do outro "*os primeiros chamados cristãos na Antióquia*"; era o senhor do *oitavo* dia, ou o dia do mesmo invencível Sun (Sol), chamado Sunday (Domingo). Ora, chegou a hora deste fanfarrão morrer, e ele desejou tornar completo o trabalho de sua condição de estadista, na consolidação do império pela influência cimentadora de uma nova forma de uma muito antiga religião persa e hebraica, a ser imposta pela mão forte do governo civil. Para este propósito, ele é batizado com grande pompa e cerimônia no Domingo de Pentecostes. E a esse respeito, o arqui-fraudulento Eusébio comenta o seguinte: "*E no próprio Domingo de Pentecostes, o sétimo dia do Senhor a partir da Páscoa*, AO MEIO-DIA *do dia*, PELO SOL, *Constantino foi recebido por* SEU DEUS." Parafraseemos o "leigo" de nosso "Agora vedes e agora não vedes. Estando o Sol no Sul como a beleza e a glória do dia – *ao meio-dia em ponto – no meridiano*, a alma de nosso *irmão* Constantino ascendeu em linha vertical diretamente ao seu Deus; e assim diz o mestre da Loja, "Amém".

Para finalizar, desejo referir-me a uma interpolação vergonhosa nos registros sagrados, servindo, mediante uma locução enganosa, ao propósito louvável de uma corrente para unir o edifício da Igreja de Constantino e Eusébio mais firme e compactamente. Quando o Mestre diz a Pedro: "Tu és Pedro, e sobre esta rocha eu edificarei a minha Igreja, e as portas do inferno não prevalecerão sobre ela"[245] etc., nada havia conhecido senão o Templo e a Sinagoga. A palavra Sinagoga significava a *Congregação*, e foi muito depois formada a facção ou divisão chamada *Ecclesia*, Igreja, ou *Separatistas* ou *Reformadores*. Pedro deve ter tido um olhar extremamente obtuso e vazio ao ouvir esta afirmação ofensiva. Ora, um religioso muito erudito, que captou a dificuldade, disse que esta evidentemente foi uma expressão usada *profeticamente*, a qual, com o auxílio do poder do Espírito Santo, Pedro foi capaz de compreender por *clarividência*. Mas "Ide! Ide!"[246]. É sinal de irreverência examinar muito de perto a confecção dos textos sagrados, em busca de sua composição. Devemos aceitar o modelo geral sem vã e desordenada curiosidade.

J.R.S. [247]

Cincinnati.

---

[245] *Mateus* 16:18 – E eu também te digo que tu és Pedro, e sobre esta rocha eu edificarei a minha igreja, e as portas do inferno não prevalecerão contra ela. (N. da T.)

[246] No original "Go to! Go to!", passagem de Macbeth, Ato V, Cena 1, de William Shakespeare: Go to, go to; you have known what you should not – Ide, ide! Ficastes sabendo mais do que seria conveniente. (Tradução em https://williamshakespearewilliam.blogspot.com/2009/05/ato-vcena-i.html) – (N. da T.)

[247] [J. Ralston Skinner.]

NOTA

"Eufrates" por certo parece estar fingindo bastante. Pois, por que deveria ser introduzida uma versão caldaica inteiramente imaginária, da qual ninguém jamais ouviu falar? Geralmente se afirma que o dialeto da Galileia na época de Jesus era o aramaico ou o siríaco. A substituição feita por Eufrates da palavra em hebraico (*cheth*) pela palavra caldaica ק para (*koph*) simplesmente torna toda a passagem inescrutavelmente ininteligível.

As Editoras de *Lucifer* lamentam não poder oferecer a Eufrates o capítulo e o versículo em apoio às palavras em questão por ser uma fórmula sacramental usada em iniciações, uma vez que tais detalhes podem ser encontrados apenas em livros *secretos*. Mas *uma* destas Editoras pode dar sua garantia pessoal de que estas palavras são assim dadas nas obras *secretas* de iniciação e que ela própria testemunhou isso. Além disso, eram comuns a todos os grandes Mistérios – os de Mitra e da Índia, bem como do Egito e Eleusinos. É provável que um exame cuidadoso das antigas obras hindus e, sobretudo, dos papiros egípcios possa fornecer as provas de seu uso nos ritos. – ED.

EDITORA TEOSÓFICA
LIVROS PARA VIVER MELHOR

Em Memória de Helena P. Blavatsky: por alguns de seus estudantes

Helena Petrovna Blavatsky foi, sem dúvida, a mulher mais marcante do século XIX. Como qualquer ser humano grandioso e pioneiro, ela evocou reações de muitos tipos. Havia aqueles que a difamavam, mas havia os que a conheciam melhor e falavam com admiração e amor sobre ela.

É inegável a força e a coragem de H. P. Blavatsky, e o seu legado ainda deixa o mundo deslumbrado, lançando uma luz benéfica àqueles que se aproximam de sua obra. O único grande objetivo que ela perseguiu, com altruísmo pleno e singularidade de propósito, foi restaurar à humanidade o conhecimento das grandes verdades espirituais que hoje chamamos de Teosofia.

Este livro contém depoimentos de vários estudantes sobre a vida impressionante dessa incansável trabalhadora em prol da humanidade. E o leitor encontrará aqui o que tornou H. P. Blavatsky tão especial e um enigma para a maioria das pessoas.

gráfika
papel&cores
Fone:61 3344.3101